WEIGUOYUSHI WEIJIAOLIFAN

# 为国育师 为教立范

## 陕西师大“课创大讲堂·课创三人行”精粹集纳

李贵安◎主编

陕西新华出版传媒集团
陕 西 人 民 出 版 社

**图书在版编目（CIP）数据**

为国育师　为教立范：陕西师大“课创大讲堂·课创三人行”精粹集纳 / 李贵安主编. —西安：陕西人民出版社，2022. 9

ISBN 978-7-224-14703-2

Ⅰ. ①为… Ⅱ. ①李… Ⅲ. ①中小学—课堂教学—教学改革-研究报告 Ⅳ. ①G632. 421

中国版本图书馆 CIP 数据核字(2022)第 177194 号

**责任编辑：** 许晓光
**整体设计：** 翟　竞

**为国育师　为教立范：陕西师大“课创大讲堂·课创三人行”精粹集纳**

**主　　编** 李贵安
**出版发行** 陕西新华出版传媒集团　陕西人民出版社
（西安市北大街 147 号　邮编：710003）
**印　　刷** 广东虎彩云印刷有限公司
**开　　本** 787 毫米×1092 毫米　1/16
**印　　张** 20.5 印张
**字　　数** 300 千字
**版　　次** 2022 年 9 月第 1 版
**印　　次** 2022 年 9 月第 1 次印刷
**书　　号** ISBN 978-7-224-14703-2
**定　　价** 58. 00 元

---

# 前言

2007 年，国家在教育部直属师范大学实行师范生免费教育计划，旨在为培养造就大批优秀教师和教育家奠定基础。部属师大闻令而动，参与免费师范生培养计划项目，聚焦“高素质、专业化、创新型”教师专业人才培养，取得了丰硕成果。

2012 年，进入新时代以来，中共中央、国务院密集发布系列重要教育改革文件，吹响了以“培养时代新人”为时代主题的教育改革冲锋号，大国强师战略应声而至。在此背景下，强调学科统筹，落实德智体美劳五育并举；强调学段统筹，落实小初高大研衔接贯通，成为时代基础教育改革主题，旨在各方协同形成合力，着力培养担当民族复兴大任的时代新人。

2018 年，中共中央、国务院颁发《关于深化新时代教师队伍建设改革的意见》强调，“到 2035 年，培养造就数以百万计的骨干教师、数以十万计的卓越教师和数以万计的教育家型教师”。然而，实践中师范院校聚焦未来教育家型教师培养的战略策划不够，推动课堂创新育人的特色抓手不多，与党和国家要求还有差距，西部教育更是这一改革“短板中的短板”。

习近平总书记指出，“西部强则中国强，西部教育强则西部强”。

陕西师范大学扎根祖国西部，弘扬践行“西部红烛两代师表”精神，积极对接新时代国家育人战略，率先开启“未来教育家型教师培养创新行动计划”，以创新为驱动，教赛融合，聚焦培育公费师范生之情(教育情怀)、理(先进理念)、育(思政育人)、创(课堂创新)等未来教育家育人特质，在全国范围内率先掀起课堂革命、育人革命，开创性地探索出了未来教育家型教师“一核四维”培养新模式，引领辐射全国卓越教育人才培养方式改革，给当代教师教育改革带来了福音。其中，“一个核心”指铸魂育人(即立德树人)；“四个维度”指师范生育人必需的厚植教育情怀、更新教育理念、聚焦思政育人、崇尚课堂创新四大核心要素。十多年来，实践佐证了改革的科学性，毕业生在课堂育人、先进教育理念传播、课堂创新推动等创新性工作方面表现优异，得到了社会的普遍认可。

这一成果的取得，得益于陕西师范大学有一批长期坚守本科教学一线、具有强烈的教育改革情怀、先进的教育理念、不断探索研究的课改先锋们。从 2007 年开始，他们响应党中央号召，从自己的点滴课堂改革探索开始，不断总结提高，把改革的火种推向全国，进而使陕西师范大学成为全国高校课堂创新的发源地。课堂创新的课改群体，从最初的个别人，发展到一群人；从成立师大课改团(目前已发展到 200 人)到组建“西部师范院校课堂创新虚拟教研室”；再到西部课堂创新研究院挂牌成立……一路走来，陕西师范大学课改先锋们将课堂改革创新的事业与智慧推向全国，引领全国高校课堂创新育人不断向纵深发展，成为全国高校课改史册上的一个重要篇章。

2022 年 3 月，陕西师范大学西部课堂创新研究院宣告成立。自研究院成立以来，以校内课堂创新骨干为核心的研究院专家们立即行动，创立“西部课创大讲堂”，打造“课创三人行”直播品牌，为全国战斗在课堂教学一线的教师、校长、管理人员以及师范院校的师范生，线上分享课堂创新设计的理念与智慧，为国家培养创新人才和实现课堂创新育人贡献出“陕西师大智慧和方案”。

“西部课创大讲堂 · 课创三人行”直播系列讲座，首期推出 11 讲，每一期由一位课创知名教授主讲，之后由与谈人、主持人和主讲人三人围绕主讲话题共同交流讨论，每期时间总计一个半小时，形成了独特的线上教育风格。参与直播的研究员们同时也是陕西师范大学课堂创新的佼佼者，他们中有人曾荣获陕西省乃至全国高校教师课堂教学创新大赛大奖，荣获国家级高等教育教学成果奖一等奖、二等奖，以及全国教育创新优秀奖，在全国高等教育界享有一定声誉。

为进一步扩大大讲堂直播的受益范围，使更多的课改人能深入学习并掌握课堂创新育人的要领和实践智慧，特将“课创大讲堂 · 课创三人行”专题 11 讲内容结集于一册之中，这就是《为国育师　为教立范——陕西师大“课创大讲堂 · 课创三人行”精粹集纳》。本书作为研究院成立以来首个课堂创新理论与实践成果集，以飨读者，以期更多课改有志者从中受益，并掀起课堂革命，培养时代新人。

敬请大家批评指正。

李贵安

2022 年 6 月

# CONTENTS 目录

# 第 1 讲

# 推动课堂创新　打造一流金课　培养时代新人

主讲人：李贵安 教授

（与谈人：衣新发 教授；　主持人：余海龙 老师）

【摘　要】奋进新征程，建功新时代。新时代、新思想、新理念、新战略、新使命、新目标、新要求、新实践、新征程、新篇章。对接新时代赋予教育的新使命，教育需要强化的主责主业和根本任务就是立德树人，就是育人。这对我国传统学校教育提出了严峻挑战。为此，我们要以习近平总书记关于教育的重要论述、全国教育大会以及习总书记关于教育的重要批示、指示精神为基本遵循，遵循教育规律，更新教育教学理念，充分发挥好学校教育中课程、课堂这个主阵地、主渠道作用，掀起课堂革命，创新课堂模式，打造一流金课，努力培养国家急需的创新人才，培养担当民族复兴大任的时代新人，培养德智体美劳全面发展的社会主义建设者和接班人。

【关键词】新课程理念；课堂创新；一流金课；时代新人

**余海龙：**

各位老师，各位同学，大家晚上好！

同时欢迎所有关注中国教育的各位教育界的和非教育界的朋友们和同仁们，大家晚上好！

很荣幸，今天晚上我能担任“西部课创大讲堂”直播活动的主持人，欢迎各位来到由陕西师范大学西部课堂创新研究院主办，教育部陕西师范大学基础教育课程研究中心、西部师范大学教师教育创新与发展联盟、陕西师范大学教师口语教学与研究中心联合协办的“西部课创大讲堂·课创三人行”在线直播会场。今天是本次活动的第一讲。

需要给各位朋友汇报一下的是，陕西师范大学在今年三月份正式成立了西部课堂创新研究院，由学校党委常委、陕西师范大学物理学与信息技术学院院长、教授、博导李贵安教授担任研究院的院长。那么，这样一个研究院成立的核心目的是什么呢？它的核心目的就在于促进落实立德树人根本任务，整合校内外各种研究资源，发挥陕西师范大学教师教育特色，做好西部课堂创新的研究，推动中国西部基础教育和高等教育高质量发展。加强与省内外各高校、院校、中小学以及学术机构和政府机构联动，协同创新大中小学衔接贯通的育人模式，切实推动高等教育以及高等师范教育的协同发展与基础教育教学质量的提升，努力建设成为西部基础教育发展和课堂改革创新提供研究、培养、咨询、指导、评估与服务的综合性研究机构。这也是陕西师范大学成立西部课堂创新研究院的一个初衷。

今天晚上，我们也很高兴，邀请到了我们的主讲嘉宾——也就是刚才给大家介绍的，西部课堂创新研究院的院长，同时也是陕西师范大学党委常委李贵安教授，给我们今天晚上做第一讲的主讲报告。提到李贵安教授，可能很多做课改的朋友们都很熟悉，曾任陕西师范大学教务处处长，现任陕西师范大学党委常委、物理学与信息技术学院院长、西部课堂创新研究院院长。

在我们刚开始正式进入今天讲座之前，可能很多老师也看到了我们播放的一个大概是2019年制作的新闻短片，针对陕西师范大学当时一流金课建设的相关情况做了一个总结。大家也可以看到，当时我们李常委担任陕西师范大学教务处处长，李老师在推动陕西师范大学乃至于中国的课堂改革、一流课程建设等方面，起到了非常重要的作用。今天晚上我们来进行第一讲，就有请我们李贵安老师给大家做主讲。

同时，我们今天晚上也有一位大腕儿，是我们陕西师范大学的衣新发教授。衣新发教授的学术背景特别好，就是我们这次活动主题这样的一个背景。衣新发教授，很多朋友可能也很熟悉，是陕西师范大学教授、博士生导师，现任陕西师范大学现代教学技术教育部重点实验室副主任，兼教学心理与创新研究室主任，同时，也是我们西部课创研究院的研究员。更厉害的是，衣老师 2018 年获得国家级高等教育教学成果奖一等奖 1 项，2021 年获得首届全国高校教师教学创新大赛二等奖，同时，还有一系列的教书育人成果。我们今天也非常欢迎衣老师来作我们本次活动的与谈嘉宾，在李贵安教授做完主讲之后的半个小时，将由我们的衣老师做一个主要的对话嘉宾。

闲话不多说，我们用网上热烈的掌声，欢迎李贵安教授开始我们“西部课创大讲堂 · 课创三人行”的第一堂讲座——推动课堂创新，打造一流金课，培养时代新人。欢迎李老师！

**李贵安：**

好！谢谢主持人！谢谢各位！

尊敬的各位领导、各位老师、各位同学、各位朋友，大家晚上好！

非常高兴，也非常荣幸，我们能够利用今晚这段时间，共同分享关于课堂教学改革创新研究方面的话题。这也是我们西部课堂创新研究院成立以来，推出的“西部课创大讲堂 · 课创三人行”的首讲，由我来主讲。希望今天的话题，各位老师、同学、朋友能够喜欢！好，咱们言归正传。

大家知道，2012 年 11 月 8 日，党的十八大在北京胜利开幕，五年以后，也就是 2017 年 10 月 18 日，党的十九大在北京胜利召开。十九大再过五年以后，就是今年的秋季，在北京将要召开党的二十大。在党的十九大报告中，习近平总书记向世界庄严宣告，中国特色社会主义进入新时代。进入了新时代，我们的各行各业都有了新的目标要求，这就是我们常说的：新时代、新思想、新理念、新战略、新使命、新目标、新要求、新实践、新征程、新篇章。所有这些新，对于我们教育领域、教育界而言，我们的使命目标就是立德树人，就是育人！我们教育的基本遵循就是习近平总书记关于教育的重要论述、全国教育大会精神以及习总书记关于教育的重要指示、批示精神。就育人而言，特别是对于培养创新人才、培养时代新人而言，很显然，我们传统的课堂模式很难达到新时代育人效果，也很难达到这样的育人目标。这对我们传统的课堂提出了严峻的挑战。

那么，我们身处课堂教学一线的教育工作者应该怎么办？这就是我今晚谈的话题——推动课堂创新，打造一流金课，培养时代新人。我们知道，育人的主阵地主要在学校，而学校教育中，育人的主阵地就是课程，主渠道就是课堂。为此，育人的主要场所——主阵地主渠道，我们一定要把它们创建好、建设好，把它们做好了，就能更加有利于实现我们的育人目标。所以，今晚我就选了这个主题，跟大家来分享。

**李贵安：**

今天的主要内容有以下四个方面：第一，对接时代要求；第二，更新教学理念；第三，掀起课堂革命；第四，产出教学成果。实际上，四个方面内容之间的逻辑关系就是：我们首先要知道，党中央在新时代对我国教育的新要求是什么？为了落实这个新要求，我们必须更新传统的教学理念，那么这些理念包含哪些方面？有了这样的理念，我们必须行动、行动、再行动，我们如何实施课堂革命，如何掀起课堂革命？通过课堂革命的持续实施，我们的人才培养能产生什么样的效果？也就是我们能取得什么样的育人成果。现在，我就从四个方面依次给大家分享。

## 一、对接时代要求

大家知道，党的十九大宣布中国特色社会主义进入新时代。对教育界而言，在党的十九大召开之后，仅仅一年左右时间里，可以看到，中共中央、国务院、教育部及相关部委，出台了若干重要文件，召开了诸多重要会议，大家可以看到第一页 PPT 里边的这么多内容，按照时间顺序展示，诸如《努力办人民满意的教育》《深化新时代教师队伍建设改革的意见》《教师教育行动计划(2018—2022)》《新时代全国高等学校本科教育工作会议》等，还有，2018 年 9 月 10 日教师节，习近平总书记在全国教育大会上发表重要讲话，紧接着，2018 年 9 月 17 日，教育部出台了一个落实上述文件、会议精神的文件，这个文件被称为是“新高教 40 条”等等。

大家可以看到，在短短一年中，出台了这么多非常重要的文件，特别是关于高等教育的文件，召开了这么多非常重要的会议，这在以往是很少有的。所以，我们说是吹响了新时代高等教育改革发展的冲锋号！高等教育的职责目标就是育人，就是人才培养。大家看 PPT 左下角，高等教育目标聚焦于培养——人才。

那么，在高等教育面向新时代的同时，在人才培养的长河中，我们的基础教育也没有落下。大家可看看这个(第二页)PPT 页面上列出的时间：从 2018 年秋季到 2019 年的六月、七月，也就是在十九大之后的一年左右时间里，在基础教育领域，中共中央、国务院也出台了一系列重要文件。可以看到，学前教育的规范发展，还有国务院办公厅专门针对普通高中印发了育人方式改革的指导意见，还有中共中央关于义务教育提高质量的意见，等等。到了 7 月 29 日，国务院在北京召开了全国基础教育会议，对上述的学前、义务教育、高中这些中央文件精神进行部署落实。所以，我们认为，这些文件要求吹响了新时代基础教育改革发展的冲锋号。

我们再稍微聚焦一下，大家可以看第三页 PPT。6 月 11 号发布的这个文件，是针对高中的，而 6 月 23 日发布的这个文件，是针对义务教育的，也就是专门针对小学、初中的。比较两个文件，可以发现，文件指导思想与强调的文本描述是有区别的。例如，对高中而言，重要的一点就是要求“坚决扭转片面应试教育的倾向”，这是针对高中特别提出来的，有人认为，这是新中国成立以来第一次也是唯一一次，以国务院令的形式给高中教育提出的指导意见，来指导高中的办学方向。而党中央对义务教育阶段的要求，包括小学、初中，提出坚持立德树人，培养时代新人；坚持五育并举，守住课堂主阵地；争做四有好老师，开创新时代义务教育改革发展的新局面。不难看出，我们义务教育阶段要聚焦一个词两个字——教育，而高中教育呢，要聚焦于一个词两个字——育人。刚才给大家介绍过，我们高等教育，聚焦于一个词两个字——人才。如果我们把它们按照学段递增顺序放到一块儿，就可以看到我们在人才培养、在育人方面是衔接贯通的。

当再加上国家对幼儿园的任务要求(第四页PPT)——保教，大家可能发现：从要求幼儿园聚焦保教，小学初中要求聚焦教育，高中要求聚焦育人，大学要求聚焦人才。联系起来看，保教—教育—育人—人才。仔细看，聚焦不同学段职责，一个学段职责的第二个字，正好是下一个学段职责的第一个字，也就是说，下一学段与上一学段，通过相同的字衔接贯通了起来！大家还可以看到，保教、教育、育人、人才，这些词，仅看左边，连起来依次是“保、教、育、人”，仅看右边，连起来依次是“教、育、人、才”。这说明，我们的立德树人、人才培养，从我们的学前、小学、初中、高中、大学，一直往后，都是一种自然地衔接贯通，最终要形成育人合力，实现协同育人。

具体而言，这个贯通，亦即学段贯通。从纵向而言，有这么几个关键词，大家要注意，国家是这样顶层设计的：小初高大，统筹策划，系统设计，各尽其职，兼顾前后，学段贯通，立德树人，育人为先。所以，这张PPT页面，我选取了四张照片(分别为：马拉松比赛、马拉松获奖、接力赛跑、接力交接棒)，其寓意就是：我们的育人从学前、小学、初中、高中再到大学，就好比马拉松比赛一样，人人都争抢跑向终点。那么由于中途要经过很长的路程，一定需要耐力，需要坚持，需要保持速度。尽管如此，也不是人人都能跑到终点，不是人人都能获奖。其间，也不排除在某时段、某路段上，有类似于接力赛跑中的冲刺一样，而且要在接棒区顺利完成交接棒。所以，学段的衔接贯通就如同接力赛的交接棒一样，必须衔接顺畅，不能出现问题，否则会影响比赛结果。

在横向上，大家都知道，2018年9月10日，全国教育大会在北京召开，习近平总书记发表重要讲话，提出努力构建德智体美劳全面发展的育人体系，立德树人，五育并举。这主要是在横向上，主要是指各学科协同齐发力，不能偏废，特别是德育要落实、体美劳也要加强。

继续看这张PPT：在三年前，亦即2019年3月18日，在全国大中小学思政课教师座谈会上，习近平总书记提出培养担当民族复兴大任的时代新人，我们的育人要解决好这个问题。尤其是我们的思想政治理论课，要解决好培养什么人、怎样培养人、为谁培养人的根本问题。要求我们必须贯彻新时代党的教育方针，坚持马克思主义的指导地位，贯彻习近平新时代中国特色社会主义思想，坚持社会主义办学方向，落实立德树人根本任务，坚持教育的“四为服务”，最终要培养德智体美劳全面发展的社会主义建设者和接班人。

前一段时间，也就是这个座谈会召开的三周年，大家又把它重温了一遍，除了思政理论课有这样的要求以外，我们开设的所有课程，所有的学科课程都要跟思政理论课同心同向同行，这里就涉及课程思政的概念，所以我们融入课程思政的学科课程也要打造一流金课。因此，对我们自己而言，要做好两件事情：首先，我们的思想政治理论课要跟我们其他学科专业融合到一块儿，这样的思想政治理论课才有针对性，才能提高亲和力和实效性。其次，对于我们的学科课程而言，过去大家往往重视传授学科知识，但现在谈到育人，我们必须把思政元素融入学科课程里，实现价值引领。这种结合和融合都需要我们进行课堂创新设计。这种对教学的要求，就是做到思政元素与专业知识有机融合、融通、贯通，做到润物细无声，力求课堂育人效果。所以，我们经常讲，听党话，跟党走，或者听党指挥，跟党走。那么党的话、党的指挥，我们如何融入我们的思政理论课当中，如何融入我们的学科教学当中，这是与以往传统教学的一个最大区别。

当前，又提出构建大思政的育人格局。我们过去的思政理论课往往重视理论，重视在教室里上课，而现在已经拓宽了，要展现许许多多的思政大课，通常都是指举办系列活动。在这种情况下，我们需要展现当代大学生的爱国情感、爱国强国、强国志向。思政理论课要达到很好的效果，就必须有针对性，要不断改革创新，课堂要具有吸引力，等等。所以，要把我们的思政铸魂融入素质教育的全过程。而且需要思政课跟社会大课堂结合，需要所有的老师对他们自己的课程进行挖掘，挖掘其蕴含的思政元素。把这样的学科课程与思想政治理论课结合起来，形成协同效应和育人合力，共同培养担当民族复兴大任的时代新人，培养德智体美劳全面发展的社会主义建设者和接班人。

这些都是党中央对教育立德树人的号召。要把这些东西做好，考核评价必须要跟上，这就是我们常讲的“育人改革，评价保障；评价指挥棒，办学有导向”。所以，大家可以看到，在 2020 年 10 月 13 日，中共中央、国务院出台了一个非常重要的文件，这个文件是最高级别的文件，是评价改革的文件。

**李贵安：**

《中共中央、国务院关于深化新时代教育评价改革的总体方案》，这个评价改革方案指出，重点改革任务有五大方面：分别是对党委与政府、学校、教师、学生以及用人单位，提出了改革要求，而这种要求是以评价改革来导向的。大家看看，党中央对各级党委和政府评价的改革，其目的是推进科学履行职责；对学校的评价改革，其目的是落实立德树人；对教师的评价改革，目的是让教师要践行教书育人，也就是说，教师不光要教书，更要育人，教书的目的就是为了育人、为党育人；针对学生也提出学生评价改革，目的是促进学生德智体美劳全面发展；同样，对用人单位的评价改革，以营造育人发展的良好环境。

这个评价改革总体方案发布 10 天后，2020 年 10 月 23 日，教育部就《深化新时代教育评价改革的总体方案》召开了新闻发布会。当时，时任教育部部长陈宝生做了总动员，中组部、中宣部、科技部、人社部，还有一些省级教育行政部门(上海、湖南、云南)、大学(清华大学)都纷纷做了表态。这个评价改革总体方案要求，对以往的评价有破有立，党中央给出了路线图和时间表。目前，各基层单位在国家评价改革总体方案精神指导下，都在加紧制订本单位的新时代教育评价方案，以落实中央的这个评价改革文件精神。

在 2021 年 7 月，中共中央办公厅、国务院办公厅又发布了《关于进一步减轻义务教育阶段学生学业负担和校外培训负担的意见》，这就是所说的“双减”的文件。“双减”文件在去年 9 月份开学正式实施，首先在义务教育学段实行，旨在减轻学生学业负担和校外培训的负担。义务教育“双减”实行一学期以后，接着，要求高中学段也参照义务教育阶段的“双减”执行，也就是说，高中的“双减”也开始了。为此，教育部在去年年底，还专门对高中办学发布了一个配套性文件——《普通高中学校办学质量评价指南》，给出了一套普通高中办学质量的评价指标体系。让大家知道，普通高中办学质量到底怎么样，是高是低，怎么来评价它，以后就依据这个指南来评价。这在以往是没有的，大家过去都往往以考试成绩、升学率等作为办学质量高低的指标，目前看来，远远不至于这些，还特别包含了育人，特别是推进素质教育。

大家知道，基础教育新课程改革从 2001 年就开始实施了。那么，大学推行新课程改革也不例外，具体从 2014 年教育部发布的文件开始。从基础教育新课程改革开始，到后来的高等教育课程改革启动，被称作是“基础教育新课改倒逼高等教育课程改革”。事实上，为推动大学的课堂革命，教育部在 2019 年专门出台了《关于一流本科课程建设的实施意见》，这个《意见》给大家印象最深的是，提出了“七个起来”的课程改革要求，即理念新起来、课程优起来、教师强起来、课堂活起来、学生忙起来、制度严起来、教学热起来。通过对这个文件的扎实落实，一定会改变我们传统上高等教育的积弊。所以，可以看到，基础教育在“减负”的同时，而高等教育在“增负”，其目的就是要整体提高育人质量。那么，最有效的抓手就是——推动教学创新，打造一流课程。最终的目的就是培育时代新人。

**李贵安：**

很显然，课堂革命，这是继课堂改革、课堂创新之后，最有效、最有力度的改革。这是我们今天晚上的主讲话题。既然党中央有了新时代育人的新要求，那么，我们一定要贯彻落实这些要求。首先，我们必须学习领悟新时代育人的新理念，必须更新理念，在教学过程中扎实落实。这就是咱们将要谈到的第二部分内容——更新教学理念。

## 二、更新教育理念

谈到育人理念，现在最流行的就是 OBE 理念，这种理念 Outcome-Based Education 实际上是一种认证理念。认证，就好像我们生产的产品，产品能不能出厂，必须要有产品的合格证，没有合格证，人家认为你生产的产品是次品。要获得产品的合格证，就需要提前进行产品的认证。同理，我们培养的人才到底怎么样，是否合格，也必须经过认证。这种认证理念现在逐渐成为国际共识的人才培养理念，其核心是学生中心、产出导向、持续改进。跟以往的教学理念已经不一样了，过去我们的教学是以教师的教为中心，现在变成了以学生的学为中心，以学生发展为中心。产出导向就是针对我们的育人质量而言的，我们的育人质量到底怎么样，我们的育人社会是不是认可，如果说社会不认可我们的育人，就要返回来查看我们的教育教学过程、人才培养过程与环节，然后必须要改变存在的问题，我们希望通过改变过程，能造就很好的结果。这是一个不断反馈、持续改进的过程。我们要遵循落实“学生中心、产出导向、持续改进”这一理念。为此，所有学段的人才培养都要聚焦到教学过程、课程建设、课堂改革创新上来，这是改革的核心与关键。当然，必须首先从理念更新开始。

**李贵安：**

关于新理念，新的教学理念，也就是大家知道的新课程改革所要求的理念。新课改的理念也比较多，跟大家直接有关的、用得比较多的教学理念包含三大方面。

第一个方面，是有关教学策略方面的新理念。总体而言，就是教和学之间先进的理念。例如，“主导和主体”，讲的就是老师跟学生之间的教学关系。而“情境教学”，反映的是我们所倡导的现代教学跟以往传统教学的重要区别，让学习者感受到我们的教学内容要有用处，学习后在社会上能够解决实际问题，教学的内容就是在真实生活情境中发生的。而“三维目标”，则跟过去所讲的教学目标不太一样，20 世纪八九十年代，那时教学目标是“二维目标”，被称为“双基”，即基础知识、基本技能。而新课程改革中，教学目标变成了“三维目标”，这是新课程改革理念下所有学科教学目标的通用表述方式。还有“信息技术与学科课程的整合”，这也是一个新的教学理念与要求。它要求学习过程中，必须要通过教育教学信息化来推动教育现代化，要将技术与学科知识整合到一块儿。这些都是教与学策略方面的新理念。

第二个方面，就是学生学习策略方面的理念。在学生学习方面，也有三个具体的新理念，即自主学习、合作学习和探究学习。这跟传统上的学习有很大区别，这三种学习方式我们一会儿要稍微地细谈一下。

第三个方面，就是教师专业发展策略方面的理念。我们常说，名师出高徒。教师不发展，学生怎么来发展？教师与学生的发展是一个教学相长的过程。在教师专业能力发展方面，我们非常重视教师的教学研究能力和教学创新能力的发展。

那么，接下来，咱们稍微详细地、具体地、有针对性地介绍一下这些新课改理念。

### （一）教学策略理念

#### 1. 主导和主体

教学一定是一个过程，在这个过程中有老师和学生两个要素，但他们两个发挥的作用是不一样的。老师起指导、主导作用，而学生呢，其主要任务就是学习，我们强调学生学习，强调学生必须是能动的和自觉的。关于这一点，我们许多传统的教学就达不到，特别是学生的主体地位体现不够。教师主导和学生主体是教学活动的两个侧面，我们所希望的真正的学习，实际上是学习者积极主动地构建，要求把被动变成主动。所以，新课程标准里有一句话，叫作"把要我学变成我要学"。

在这种理念指导下的行动策略要求，开展以学生为中心的教学活动。对老师而言，老师要明确自己是帮助者和促进者，不能像过去那样大包大揽。而学生呢，则是信息加工的主体、意义的主动构建者，是学生这个主体主动构建知识。关于主导作用，体现在这些好词好句上，大家看看 PPT 页面：激发学生学习兴趣，帮助学生形成学习动机，组织协作学习，开展讨论交流，启发诱导等等。要求老师们，无论你教的是哪个学段、哪个学科，一定要扎实落实好"激发、帮助、组织、开展、启发"等这些行为动词的要求，这是新课程理念的一种新的要求。发挥新时代教师的主导作用，要求教师必须转变观念，努力争做好"总导演兼节目主持人"这一角色。

### 2. 情境教学

大家知道，过去我们的传统教学，可能常常是从抽象到抽象，从模型到模型，从理想到理想，从理论到理论等等，教学效果很不好，导致许多学生认为，教学的内容是枯燥的，学的东西跟实践关系不大，实际中不一定能用上。那么，在新课程理念里，要求教学一定要尽可能与真实的生活情境紧密关联。

建构主义的课程和教学理论认为，学习知识的过程是建构的过程，是主动构建，就跟盖大楼一样。教学设计一定要重视创设学习环境。许多人都感知到了，现在的课堂学习，其硬环境、软环境都发生了改变，与以往的环境都不一样了。这种环境的变化，其核心是激发主动学习。建构主义学习论对情境教学十分强调，它认为，这是引发学习的启动环节，所以情境设计尤为重要。大家回想，一些搞课堂创新的老师，往往在开课之前，有的是语言描述开场白，有的是播放一段视频开场，有的是播放几页 PPT，之后，自然而然问题就产生出来了。有的问题是老师精心设计的问题，有的可能是同学们有感而发的，有的是学生自己主动提出的问题。所以，情景创设激活了学生的问题意识。

当学生学完前面的知识，面对新问题，利用以往学过的知识解决不了这个新问题的时候，这就给学生提出了新的挑战，这个时候，对新的知识的学习动机被激起，学生带着求新知的动机，开始了新知识的学习。在行动策略上，它要求情景创设要能激发学生的学习兴趣，要能突破教学的重点和难点，还要适合学生的发展。当然，我们设计的情境，要符合学生的认知发展水平。大家知道，不同的学校、不同的地区，例如东部与西部、城市与农村，即使是同一个学校里的重点班、普通班，这里的情况都是不一样的。所以，我们创设情境时，应结合实际，进行更精准的创设，这就要求提前有学情分析，有学习需要分析。

### 3. 三维目标

刚才说过，新时代强调育人，育人要有育人的具体目标，这个育人目标聚焦到每一门课程有每一门课程的课程目标，聚焦到每一堂课，就有每一堂课的课堂目标。总体而言，这些课程目标可以分为知识目标、能力目标以及情感态度与价值观目标。我们每一节课上完之后，是否能达到课堂目标，尤其是在对学生的心理健康、健全人格、社会责任、生活体验、情感态度等方面，要引导和培养，要注重目标的达成，这在新理念教学中相当重要。过去我们可能不太重视，或者是把它忽略掉了，现在又提高到了一个很高的高度来认识和落实它。

#### 4. 信息技术和课程的整合

要实现信息技术与学科课程的整合。整合不是简单的加和，要经历许多甚至一系列的程序。举一个例子吧，就用吃饭来举个例子。比如说，北方人喜欢吃面食，做面条的时候，有一种面叫菠菜面，你不能说我们在市场上买一捆菠菜，然后弄一碗面粉，二者放在一块儿，就叫菠菜面？很显然，它不是我们所说的菠菜面。真正的菠菜面，它一定是经过相当多道程序最后做成的，是跟菠菜颜色一样的绿色的手工面条，大家最爱吃的手工面！大家想想，相对于机器做的面条，为啥人们都爱吃手工面？而且手工面为啥比机器面值钱？大家仔细想一想，这个制作过程包含着若干要素的整合、融合，所以，对于课程而言，整合就是把技术、资源、方法、人力、内容等，结合、融合到一起。大家要高度重视，提高认识，特别是，信息技术对于教育现代化的推动具有革命性的影响。

### （二）学生学习方式理念

#### 1. 自主学习

自主学习是一种高品质的学习状态，是一种个性化的学习方式。它能够有效促进学习者的发展。中国学生往往缺乏这种学习方式，因为学生从小学到初中、高中，再到大学，许多事情都是被安排好的，学生自身能自主、做主的东西比较少。但是教学新理念有这样的要求，特别是现在我们身处终身学习的社会，要学会自主学习这种高品质的学习方式。关于自主学习，它有这样的基本特征：学习者参与确定学习目标的提出，自己制订学习计划，参与设计评价标准，积极发展各种学习策略和思考策略，在解决问题的过程中学习。

2. 合作学习

合作学习是建立在自主学习基础之上的，它强调小组或者是团队的力量。在这种情况下，小组或团队里每一个人都要承担任务，要有责任，大家要积极配合，要交流、互动、沟通，要相互信任，共同完成任务。这就相当于我们在运动会上，有些项目针对的是单个人的项目，例如赛跑，看谁跑得快。但有些比赛项目，例如接力赛，作为整体考核，看整个团队跑得怎么样，往往跑得最慢的一个选手影响了团队整体的成绩。所以，合作学习强调的就是团队的力量，我们传统的教学缺乏的就是这个。

3. 探究学习

它实际上也是一种更高级的学习方式和教学方式。它要求教学过程中，要创设一种情境，就像科学家在做学术、做科研一样，要经过一个过程——探究的过程。也就是说，在教学中创设一种类似于学术或科研的情境，通过学生自主发现问题，进行实验、操作、调查、搜集和处理信息、表达与交流等探索活动，获得探索精神和创新能力发展的学习方式和学习过程。这种教学方式实施过程中所受的影响因素比较多，但它在培养创新人才方面非常重要。

### （三）教师教学发展理念

在教师的教学发展中，最重要的，也是最高层次的两个专业能力，就是教学研究能力和教学创新能力。

1. 教学研究能力

师范生大学毕业后，要到中小学校去上班，首先是被列入新入职教师行列，从事教学工作一段时间后就转为合格教师，再教学若干年后就变成了骨干教师，再往后可发展成为优秀教师以及专家型教师。处于不同阶段的教师，其具备的专业能力不一样，从新入职到从教几十年后，教师的这些专业能力从前至后，依次为基本能力、教学能力、教育能力、教学研究能力以及教学创新能力。大家可以看出，教育能力比教学能力的层次要求高，我们最看重的就是更高层次的教育教学研究和教育教学创新能力。

需要强调的是，作为教师一定要处理好教学和研究之间的关系。有这样一句话：“有教无研则浅，有研无教则空。”“有教无研则浅”，它是说教师搞教学的同时还要搞好教学研究。现实生活中就有这样的例子，有人教了一辈子书，但就是不搞研究，既不搞学科研究，也不搞教学研究，那么这种情况下，其讲的课就是浅层次的。那么，另一种极端的情况就是，“有研无教则空”，也就是说，有人一直在搞研究，发表了大量文章，但他就是不愿投入本科教学，甚至连课都不想上，那么在这种情况下，你的文章就是花拳绣腿，对教学发挥不了作用。所以，真正做得好，我们所期望的就是教研相长。要求老师除了把研究做好，还必须把教学搞好，而这个研究，既包含学科研究还包括教学研究，我们要把学科前沿和教学研究前沿的研究成果变成教学内容传给学生，那么在这种情况下，我们的教学才称得上是高质量的。所以，教研相长，不可偏废。

教师的研究能力具体包括多种，这里给大家列出几个：首先是课程设计能力，这是很重要的教学能力，过去被称为写教案，现在称为教学设计。教学设计由老师策划制作，老师就相当于导演。我认为，老师这个角色的最高境界，就相当于央视春节联欢晚会的总导演兼节目主持人，如果这个导演很厉害，是著名导演，且节目主持人是著名的主持人，那么这样的春晚节目就值得大家期待。所以说，课堂是老师设计出来。需要强调的是，在晚会上表演的主要是演员，而不是导演和节目主持人，大家一定要把这个关系厘清楚。因此，新理念的课堂中，进行展示的应该主要是作为主体的学生，而不是作为导演的老师！其次，教学研究能力依次还有行动研究能力、说课反思能力和课题研究能力，这里不再赘述。

所以，我们过去认为老师这个职业主要任务就是传道、授业、解惑，但是现在特别是在新时代，它的表述有了新的变化：唤醒、激励、鼓舞、启迪和点亮，所用的词不一样，实际上反映的价值取向不一样，反映的理念有变化，大家仔细理解教师这个角色的作用，非常有意思。

### 2. 教学创新能力

谈到教师的教学创新能力，必然首先要谈谈教学创新。大家知道，创新驱动是国家意志、时代主题，要建设创新型国家和创新型社会，必须依靠大批的创新人才，而大批的创新人才必须靠创新教育来培养，这种创新教育要求，必须有大批的创新型的教师，创新型的教师就必须像创新型的导演一样，例如，著名的、国际级的导演张艺谋，他导演了2008年北京夏奥会和2022年北京冬奥会包括残特奥会的开幕式和闭幕式。他严格贯彻落实了党中央的办奥要求——简约、安全、精彩，他依靠的就是创新，依靠创新来落实办奥理念和要求。所以说，老师一定要努力成为创新型的老师，这样，其设计的课堂一定是创新的课堂，采用这种课堂培养创新人才，创新人才就距离我们越来越近，而且产出的效率会很高。因此，教师一定要提高其教学创新能力。

那么，怎样来实现创新呢？教学创新是个大概念，可以把它细化一下，具体可分为理念创新、模式创新、内容创新、手段创新、环境创新、评价创新，等等。为方便起见，我给它设计了一个结构模型框图，这个图形的上边代表课堂理念，最下边部分代表课程平台，中间部分就是创新的方方面面，如那些手段、目标、模式、角色、环境、评价，等等。这个框图大致分为三层结构。猛然一看，大家猜猜，看这个图像什么？有人可能已经看出来了，它像一个大蛋糕！是的，现在再来看看右边这个真实的蛋糕照片。这个课堂结构模型框图与真正的蛋糕相比，从外形上、结构上都与蛋糕确实很相似。这个蛋糕结构跟左边课堂结构模型有何实质性相似之处？可以看出，它们都是三层结构。可以看到，这个蛋糕最上边写有字。其内容比如，像寿比南山，福如东海；生日快乐；Happy Birthday！等等，这些都属于理念性的，尽管不值钱，但是过生日的人看到、听到后一定非常高兴！

蛋糕上用奶油写出的祝福话语就如同我们欣赏的这个课堂理念一样，大家都喜欢，都在最上层。最下边是奶油蛋糕的主体——蛋糕，凡是蛋糕应该都一样，这就跟我们的课程平台、课程内容是一样的，是基础部分。能有较大变化的是在第一层与第三层中间夹的这部分——不同种类的水果。不同时令有不同的水果，给别人送蛋糕，不同的人对水果有不同的喜好，其爱什么水果与不爱什么水果你应该知道，所以，要想办法挑选其最喜爱的水果！如果当地没有这样的水果，你可让蛋糕店从南方空运过来这种水果，用这种水果做蛋糕，把这个蛋糕送给过生日的人，你想想，你送的生日蛋糕，会有什么样的效果？一定是令过生日的人深深地感动！这就是效果！同理，我们设计的课堂结构也是一样，在新理念下，在内容之上的中间这一层，包含有诸多的可变要素，对这些要素要进行创新，最终实现课堂整体的创新效果。我给它起了一个名字，叫课堂创新蛋糕式层级模型。

接下来，再谈谈新课改的发展。

新课改，就是新课程改革的简称。新课改的 1.0 版，是指我国 2001 年开始实施的基础教育新课程改革。1999 年，国家提出实施素质教育，教育部落实这个决定从基础教育新课程改革开始，从 2001 年秋季开始。

新课改到底在改什么？就是改变传统的学习方式和教学方式，是学生学习和教师教学方式的转变。这种转变强调，要形成积极主动的学习态度。过去的学习方式总体上而言是被动的，也就是说，学生的学是被动的，老师的教也是被动的。通过课程改革，要达到“把要我学变成我要学”，形成积极主动的态度。

因此，我们要使传统的学习方式向现代的学习方式转变。传统学习方式的特点：被动性、依赖性、统一性、虚拟性和认同性，而现代学习方式的特点也用五个词来表示：主动性、独立性、独特性、体验性、问题性。所以，课改就是要改革学习的方式，改革教的方式，使传统教学转变成现代教学。

这种学习方式的转变，最重要的是理念的转变。其核心理念就是为了学生的全面发展，使学生走向社会前，它的基本生存能力在学校里要得到训练，也就是说，要训练自主学习、与人合作、信息的收集与处理、学会办事和独立生存能力，等等。注意，无论哪一个学段，无论上什么课，都要注意给学生提供这些能力的训练，使学生未来在社会上具有很强的生存能力，这就是学生的发展。

**李贵安：**

新课改的总体目标就是“三个面向”，即面向现代化、面向世界、面向未来。课改的核心任务就是实现转变和改变，这个转变和改变就是要改变学生在学校里的生存条件，使得改变后培养出来的人更具有创新精神和实践能力，要不断提高学生的核心素养，培养创新人才。大家知道，不同学校的学生所处的学习环境往往是不一样的，可以认为，学生所处的生存条件是不一样的，所以，课改就是要改变这种条件。

再来谈谈新课程改革的 2.0 版。刚才提到，2001 年开始的基础教育新课程改革被称为新课改的 1.0 版，到了 2014 年，也就是说，新课改实施了 13 年后，课程改革迎来了一个新的变化，其标志性文件就是教育部 2014 年 3 月 30 日颁布的《教育部关于全面深化课程改革　落实立德树人根本任务的意见》。这个文件的关键词——深化课程改革，落实立德树人。文件的发布标志着新课程改革的 2.0 版启动了。这个文件出台的时间节点，刚好是在党的十八大胜利召开之后，因此，课程改革的指导思想里，已有十八大的精神内容融入进来。例如，大力弘扬中华优秀传统文化、培养社会主义核心价值观等要求，还特别强调，课改要立足于中国国情，具有世界眼光，面向全体学生，实现人人成才。

新课改 2.0 版相较于 1.0 版，最大的变化或者亮点就是“五个统筹”。具体如下：

第一个是学段统筹。即小学、初中、高中、本专科、研究生等学段统筹。过去我们认为新课改都是在基础教育学段进行的，大学根本不需要改。但是从 2.0 版开始，要求必须学段统筹，也就是说，从基础教育到高等教育(包括职业教育)，都得进行课改，这被认为是基础教育课改倒逼高等教育课改。

第二个是学科统筹。即各学科需要统筹改革，特别是语文、历史、体育、艺术等学科，这就是我们所说的德智体美劳“五育并举”。

第三个是环节统筹。即统筹课标、教材、教学、评价、考试等环节。教学要与时俱进，首先要及时修订课标，当课标修订后，就是紧随其后的教材、教学、评价等的相应修订。

第四个是力量统筹。即统筹一线教师、管理干部、教研人员、专家学者、社会人士等力量。大家常讲的“三全育人”，即全员、全程和全方位，其中的全员就是指各级力量的参与。刚才讲到的第一个统筹——学段统筹，正是“全程”育人的体现。

第五个是阵地统筹。即统筹课堂、校园、社团、家庭、社会等阵地。没有这些阵地参与育人，谈不上是全方位育人。

## 三、掀起课堂革命

各位老师，刚才在讲座的第一部分重点介绍了党中央对教育的要求；为了贯彻落实党中央的文件精神，在第二部分重点介绍了新时代的教育理念，要求教师及时更新教学理念，为理解好、落实好文件精神打下基础；在第三部分，将分享这些理念在课堂上具体怎么实施？怎么改革我们的传统课堂？为培养创新人才和时代新人，我们必须掀起课堂革命。

**李贵安：**

基础教育在改革了十几年之后，倒逼高等教育开始实施改革。高等教育改革，主要聚焦在创新教学理念、打造一流课程上。这就是所说的大学新课改——大学课改在行动。

2018 年秋季，教育部高教司吴岩司长在广州召开的中国大学教学论坛上讲话，首次提出“金课”概念，“金课”是相对于“水课”而言的。水课，泛指低阶性、陈旧性、不用心的课程。而金课，是指具有高阶性、创新性、挑战度的课程。这就是所说的金课标准，即“两性一度”标准。

具体而言，高阶性是指将知识、能力、素质的有机融合，培养学生解决复杂问题的综合能力和高级思维；创新性是指课程内容反映前沿性和时代性，教学形式体现先进性和互动性，学习结果具有探究性和个性化；挑战度是指课程有一定难度，需要跳一跳才能够得着，对老师备课和学生课下学习都有较高要求。这是大学课改对课程的总体要求。

**李贵安：**

2019 年，教育部发布《教育部关于一流本科课程建设的实施意见》，开启了大学课改的行动。其总体目标是：全面开展一流本科课程建设，树立课程建设新理念，推进课程改革创新，实施科学课程评价，严格课程管理，立起硬规矩，夯实基层教学组织，提高教师教学能力，完善以质量为导向的课程建设激励机制，形成多类型、多样化的教学内容与课程体系。其核心是推动教育教学改革创新，不断提高教师的综合能力，最终要培养好人才。

建设的内容，可总结为“七个起来”：转变观念，理念新起来；目标导向，课程优起来；提升能力，教师强起来；改革方法，课堂活起来；科学评价，学生忙起来；强化管理，制度严起来；政策激励，教学热起来。

需要重点强调，名师出高徒。必须要重视基层教学组织建设，要有真团队，建大团队，要面对真问题进行研究解决。要把课上好，就必须注意改革教学方法，让课堂活起来。课堂的创新性，其最重要一点就是互动性。目前，许多课堂在改革，但就是缺乏互动，甚至根本不互动。我常用作文中的一个词来说明，叫作“形散而神不散”。就是说，课堂咋看上去很乱的样子，但其“精神内涵”不乱。还有一句话，英文是这么说的——It is not messive，it is creative！意思是说，这不是乱，而是创造。我们就需要创建这样的课堂。

目前，大家已形成了这样一个共识：要打造金课，要把教育主阵地做好，课堂就必须要从理念、模式、内容、考核评价等方面，全方位地改革创新。有人总结出，课堂教学从低层次到高层次，依次有五重境界：从传统上学生上课不说话，而只有老师滔滔不绝地讲、学生静静地听的“Silence”课堂，分别上升到“Answer”(回答)、“Dialogue”(对话)、“Critical”(批判性思维)，再到最高境界的“Debate”(争论辩论)课堂。我们的课堂创新就是要努力从第一个级别跳出来，发展到后边的级别。课堂质量越高，“学生中心”就体现得越好。所以，实现课堂创新进阶的过程，就是课改的过程，就是从课程聚焦到课堂，从改革到创新，再到革命。

**李贵安：**

刚才谈到，基础教育新课程改革倒逼高等教育课程改革，那么，大学的课堂改革、课堂革命实践是什么样子？这里给大家分享一下我们陕西师范大学的做法，分享一下我们的课堂改革创新实践探索。

实际上，我们的课堂创新实践已经持续很久了，十多年来，我们一直都在坚持改革。从最初的个别老师的课堂改革发展到一批人的课堂改革；从个别专业的课堂改革发展到一批专业的课堂改革行动；从师范专业的课堂改革发展到非师范专业的课堂改革，等等。

这张 PPT 上的照片是 2019 年拍摄于我的课堂。可以看到，这是物理公费师范生卓越班的课堂，我给他们上课，采用翻转课堂，体现学生中心。这几张照片是 2020 年拍摄的，可以看到，小组合作、小组展示，小组同学进行质疑与回答，如果立刻回答不上来，还可以申请 30 秒到 1 分钟的小组内部紧急讨论时间，讨论之后再进行回答，之后就是老师的点评、精讲释疑。在这种课堂模式下，老师可以变成学生来提出问题，学生进行答辩。

再看下一页面。这些照片是 2020 年 10 月拍摄的。大家看，本来是小组跟小组之间进行的争辩，竟然演变成了同一个组内持两个不同观点的组员之间的争辩！当大家就所提问题在小组讨论时，研究生助教也与小组一起参与讨论、指导。

这些照片是 2021 年 10 月拍摄的我的研究生的课堂活动情况。大家看这样的课堂，都是在 Critical、Debate，充分体现了以学生学习为中心。看看这些学生的表情与目光，就知道学生真正在学习，积极地学习，课堂有获得感、成就感。

再看这些照片，我们物理学院的《量子探秘》公选课课堂，也属于这样的改革课堂。可以看出，这个课堂也非常热闹，这是我们学院知名海归教授郑海荣在上课，她是陕西省教学名师，是学校引进的大牌教授，她除了科研突出外，也在坚持课改，她课堂的特点是双师课堂，即两个老师在课堂上共同施教。

这里还有我们的专业课大班互动课堂。这是我们学院的教师党支部书记王恒通老师，他给物理专业的大班上课，大家看看，课堂的互动气氛是什么样的。还有这张照片，我们学院的党政班子成员，都在观摩学院这位老师的创新课堂，我们的许多老师都在进行课改，学院现在推行“党建+课改”，党建引领课改，全员参与，培养创新人才。

再来看看，陕西师范大学的思政理论课大班互动情况。学校设有“思政课大班互动”课题研究项目。通常认为，小班专业课好进行课改，大班公共课由于人多而根本不好进行课改。那么，能否让学生的大班思政课堂也有效互动起来？看看我们是怎么策划实施的。

**李贵安：**

这是中国近现代史纲要课堂。所有学生要分成小组，六个人分为一个小组。怎样来划分小组，针对什么样的课堂专题问题讨论，怎样查找资料，小组如何相互交流使大家达成共识，选派哪一位小组成员代表小组在讲台上展示，等等，这些问题需要老师提前考虑。照片显示，老师在各小组交流讨论时进行及时指导，这些站起来的同学都是各小组选推出的展示代表，他们都竞相举手准备发言。这些照片是小组代表们在讲台上展示发言的情况，这些照片是老师在组织讨论与点评。这种课堂模式就是体现学生学习过程的翻转课堂模式。

这是另外一位老师的思政理论大课堂。看看学生讨论多么认真、投入，而且掌声阵阵，大家都感到有成就感，老师也非常高兴、非常开心，没想到自己的学生原来有这么厉害。人常说，高手在民间。看看这些学生在提问，提出的问题都很有水平。这位是我们马克思主义学院的张教授，他是负责学校思政课教学的副院长，也负责思政理论课教学改革。可以看到，在学生展示时，张院长把学生回答过程中的核心词、关键词都写在黑板上。为争得上讲台发言机会，有的小组代表往讲台上冲，讲完之后又赶紧往下跑，以给其他小组留下上台展示的时间，展示过程中台下同学掌声不断。看看这些学生的表情，老师受到感染和鼓舞，即席点评、演讲，效果很好，同学们给老师以热烈的掌声。张院长课后激动地说：“哎呀，没想到我今天能发挥得这样好！更没想到学生有这么厉害！这样的课堂真是太棒了！”平常上课，老师很少给学生展示表现的机会，学生交流讨论也很少，老师们也很难看到学生课堂上优秀的表现。

这又是另外一位思政课老师的课改互动课堂。小组展示采用一人模式、两人模式，这张照片显示的是三人模式。看看这个学生展示中手势多么夸张。这个页面是一位老师上的马克思主义基本原理课，这节课上，我们共同创造了一个双师课堂。学生小组讨论后争相举手申请发言。一个人展示不行就上两个，两个人上台不满足就上三个同学展示。大家注意，这三个人还不在同一个组里，分别来自三个小组。台上代表展示，台下其他小组的同学可以直接质疑追问，往往会形成台上与台下激烈辩论的场面，看看这张照片就是这种情况。这个时候，正是体现老师智慧与点评的专业水准的时候。

**李贵安：**

通过上述诸多课堂照片可以看到，我们的思政理论课进行了大量的课堂改革创新，尽管专业不同，年级不同，班级规模也不同，但这些改革的课堂都有共同的特点，即解决了学生到课率低、抬头率低、参与率低、学习效率低的老大难问题。课改使课堂面貌焕然一新，与传统课堂情况截然不同。

这其中的关键是什么？刚才谈到了老师，新时代老师的新角色，就是导演兼节目主持人，其最高境界就如同央视春晚的总导演兼节目主持人的角色。因此，这些课堂都是老师精心策划设计出来的，具体执行过程中，学生及小组可以创造性地发挥。因此，老师在课堂创新方面至关重要。

那么，老师的专业水平怎样提高，如何提高老师的课堂策划与设计能力？我们的抓手就是陕西师范大学坚持了十多年的教师教学三大赛。

第一大赛就是青教赛。全称是青年教师教学基本功大赛。从最初比赛分为两个组，即文科组、理科组，发展变成文科组、理科组、术科组，再进一步发展增加到文科组、理科组、术科组和全英语组，再拓展变成文科组、理科组、术科组、全英语组、公共课组，近期，这项比赛拓展为现在进行的文科组、理科组、术科组、全英语组、公共课组以及课程思政组，共计六个组别。全校 35 岁以下的老师都必须报名参赛，比赛分学院与学校两级，老师们的参赛积极性很高。这些组别的演变拓展体现了我们坚持专业办赛，坚持创新，不忘初心。

第二大比赛是教师实验技能创新大赛。教师实验技能创新大赛，是专门针对实验教师的比赛。多年的比赛坚持了下来，这些是历届实验创新大赛的部分比赛照片。

第三大比赛是教师课堂创新大赛。这是目前我们最高境界的教师教学比赛。教师课堂创新，所有教师都可以参加比赛，前提是你的实际课堂一定要是真正创新的课堂。陕西师范大学开启了全国最早的教师课堂教学创新大赛，坚持多年的课堂创新大赛，影响不断扩大，我们把师大的智慧和方案贡献给了陕西省。

在 2018 年，由我们陕西师范大学承办了首届陕西本科高校教师课堂教学创新大赛，陕西省的比赛方案包括评价指标、大赛平台等，都是沿用或借鉴了师大自己校内比赛时的方案，因此，师大的智慧贡献给了陕西省。这些是 2018 年比赛时的照片，当时还有面向全国直播的新闻发布会、颁奖仪式。

第二届陕西高校课堂创新大赛是针对陕西省内专科高校的比赛，于 2019 年秋季进行。师大又把经验传给了高职高专承办大赛的学校，我给承办单位的管理团队和教师进行了课堂创新专题培训。这些照片记录了当时陕西高职高专比赛的颁奖场面。

到了第三届，实际上是本科比赛的第二届，于 2020 年，仍然由陕西师范大学承办，也就是第三届陕西本科高校教师课堂教学创新大赛。陕西课堂创新大赛的口号是“课堂革命　陕西行动”。所以，我们陕西师范大学已把“课堂革命　师大行动”(2017)推动拓展到“课堂革命　陕西行动”(2018)，再到“课堂革命　西北行动”(2019)，再到“课堂革命　西部行动”(2022)，也就是我们将要承办的西部师范大学教师教育创新与发展联盟教师课堂教学创新大赛，我们称它为“课堂革命　西部行动”。2020 年，第三届陕西本科高校教师课堂教学创新大赛决赛的时候，由于当时受疫情影响，决赛在网上进行，这些是当时比赛的照片。而首届决赛时，参赛教师把自己的学生带到了师大校园来参赛，当时的比赛场面非常壮观，而且是面向全球现场直播。这项开创性的举措当时影响很大，当时教育部的领导、许多省市教育行政部门及大学的同行们都给予了很高的评价。

这张照片是首届全国高校教师课堂教学创新大赛决赛时的照片。全国大赛的发源地在陕西省，陕西大赛的发源地在我们陕西师范大学。全国大赛的决赛于 2021 年 7 月份在复旦大学举行，陕西高校军团取得了优异的战绩。这是代表陕西高校参加全国大赛决赛的我校选手衣新发教授，他在全国课堂教学创新大赛中斩获了二等奖，他参赛的课程是创造型教学。第二届全国高校教师课堂教学创新大赛决赛将在西安交大举行，全国高校都在铆足劲进行备战，我们拭目以待。

**李贵安：**

那么，讲了这么多，什么是课堂革命？能否用一句话简单概括一下？——课堂革命，就是把沉默单向的课堂转变成碰撞思想、启迪智慧的互动场所。

“沉默单向”是对传统课堂的描述。其中，“沉默”是指学生上课点头、摇头，一堂课学生始终保持沉默，不说话，而“单向”是指老师滔滔不绝地向学生单向输出，我们通常把这种传统的课堂称为“填鸭式”“灌输”。我把这种传统课堂称作是“Tell-Listen”式结构，是“认同课堂”，老师的任务是告诉学生知识，学生的任务就是静静地听讲。可以想象，这种课堂很难培养出大批的创新人才。而新时代，我们的课堂要变成什么样子？就是要变成“碰撞思想、启迪智慧”的互动场所。要实现“碰撞思想”，一定是两人或多人的思想碰撞，是师生之间、生生之间、不同小组之间，通过互动，达到碰撞、交流思想，最终，必然启迪了同学们的智慧。为此，必须对传统课堂实施改革、创新，以至于达到课堂革命。这样，我们的课堂也就从传统意义上的教室、课堂变成了一个互动场所。

举个例子，央视春节联欢晚会的演播大厅，它就相当于一个课堂，演员就相当是学生，当然，导演和主持人就相当于我们的老师。这里，课堂就变成了广义上的场所。例如，我们骑着自行车边骑边交流讨论学习问题，自行车及活动场所就可认为是课堂。在飞机上讨论问题，飞机就是空中课堂；在互联网上讨论学习问题，就是网上课堂、在线课堂，等等。所以，传统意义上的课堂在新时代理念下，要变成互动场所。

这里有形式的要求，也有内容的要求。

## 四、产出教学成果

教学成果有各种类型的呈现方式，各类型的成果都有国家的要求。当然，作为大家公认的成果，必须体现新理念，也必须有实践的新做法，还应有相关的教学研究，最后自然而然地就会产出新的大成果。那么，什么样的东西属于教学的成果？也就是说，教学成果都有哪些表现形式？简单地说，教学成果是指在育人过程中产生的各类成果。尽管成果的形式各不一样，但通常重要的成果有以下几种：

第一种成果，是我们说的金课，即一流课程。

教育部实施的“双万计划”，包含课程与专业两个方面。其中，金课要评选出一万门国字号的金课、一万门省级水准的金课，两个级别共计评审两万门，即“双万金课”，属于教育部与省上分别评选出的并给予支持建设的课程。金课评审要求很多，可以说是涉及课堂的方方面面，条件也比较苛刻，但凡称得上一流课程的，一定是课堂创新效果比较明显的课程，是得到大家认可的课程。基于课堂创新的金课，都一定强调课堂的互动性，强调翻转课堂模式。这首先体现在理念的创新上。我们团队主讲的物理学导论课程，被教育部评选为首批国家级一流课程(2020年)。

第二种成果，是课程思政示范课。

高校的老师们都知道，这也是教育部新开启的育人课程的评审。由我负责的我们教学团队主讲的物理教材分析与教学设计课程，获批首届国家级课程思政示范课(2021)，我们团队也被评为国家级课程思政教学团队，团队成员也被教育部认定为国家级课程思政教学名师。课程强调，把课程思政育人元素有机融入课堂教学中，做到育人润物细无声，而且能体现本课程的特点与本团队的教学特色。这些都需要对传统课堂进行相应的改革创新，目标是提高育人效果。

第三种成果，就是教育教学研究项目。

要搞教学创新，前提是对教学中的问题进行创造性地解决，解决问题首先需要研究。要研究有意义的、重要的、真正的问题，这些问题一般都是教育教学研究课题，是要申请立项的。这些研究问题、选题均来自一线的课堂教学，要把教学中发现的问题进行凝练、研究，我们称为做教改项目。因此，若老师的教改研究获得了校级、省级，甚至国家级的立项，就说明了你的研究工作的重要性。这是教学中的一种常见的成果形式。

第四种成果，就是优秀教材。

这是教学类成果的另一种形式。目前，国家启动了优秀教材奖的评审。从 2020 年开始，每四年一届，评审国家级优秀教材奖，还有教材建设先进集体、先进个人评审，等等。教材要能获得大奖，教材一定是在立德树人、育人育才等方面发挥了很大作用。各学校都在这方面争相努力工作，希望自己的教材能获奖。但不管怎样，教材的创新至关重要，无论在内容、形式，还是在使用效果上，尤其是在大课堂上是怎样发挥作用的，发挥得好，这个成果就很有意义。

第五种成果，是一个专有名词，称作教育教学成果奖。

它包括基础教育、职业教育和高等教育三个领域，也被称为教学领域的三大奖。它是一个综合的奖项，不像上述四个成果，它们都是单向的、某方面的、阶段性成果，它们通常是教育教学成果奖的重要支撑。可以说，教学成果奖是人才培养中相对终结性的成果，是要看解决问题的方法手段、创新点，更重要的是看效果，也就是看应用、推广、辐射效果。

对陕西师范大学而言，我们最大的成果就是提出了“推动课堂革命、育人革命的 EFFECT 模式”。师范大学跟其他综合性或者多科性学校最大的区别就在于，我们的主责主业就是培养未来的优秀教师、卓越教师、未来教育家型的老师，甚至是教育家。要培养未来国家需要的大批创新人才，要求学生的老师首先必须是创新型的老师，而这个创新型的老师是在师范大学培养出来的。关于创新型教师的培养，我们做到了基础教育和高等教育的贯通培养，体现的是创新性理念，在落实党中央提出的小初高大贯通，五育并举，协同素质教育，立足核心素养，大学、中小学、政府、新闻媒体“四位一体”联动推动，形成良好的氛围，打造高效课堂。我们提出，在“减负”的同时一定要提高课堂育人效率。我们把这些核心的关键词放到一块儿，其英文词组的第一个字母就组成一个新单词“EFFECT”，该单词的汉语意思就是“影响”，我们给出的寓意是：陕西师范大学的课堂创新、育人创新要在国内外产生重要影响！我们给这种推动模式创设了一个大型飞机模型示意图。看看这个图，这架飞机每一侧机翼下有两个发动机，发动机越多推力越大。因此，中国的教育改革必须要强力推动，而且，离不开横向上这些要素的联动协同推动。

最后，需要强调的是，要产出成果，必须投入教学、投入改革，而且最关键的就是教育教学改革、教学创新、课堂创新。课堂革命的核心就是立德树人。我们在人才培养中，践行为党育人、为国育才使命。

**李贵安：**

最后一页 PPT 课堂革命、育人革命的号角。

我们号召大家：立即行动起来，掀起课堂革命、育人革命之风暴，创新课堂模式，创新育人方式，打造一流课程，全面发展素质教育，为培养创新人才，培养担当民族复兴大任的时代新人，培养德智体美劳全面发展的社会主义建设者和接班人而努力奋斗！

页面右边，就是我给出的神舟飞船发射时的一张实况照片。寓意深远，大家可以这样考虑：要把航天员从地面送到一定的轨道，在纵向上，必须通过长征火箭一级、二级依次点火接续推进，同时，在横向上，少不了四个小火箭助推器共同点火推动。这样，纵向与横向联动形成合力，才能把我们的航天员送上预定轨道。

同理，我们的育人工作也是一样的道理：小孩从出生以后，通过学前、小学、初中、高中、大学等不同学段，不断学习成长，往前进，一棒接力一棒地接续受教育，这期间不能出现任何问题，而且在每一个学段都离不开我们的家庭、社会、政府、新闻媒体等各个方面的支持，各方面要形成合力，促进育人。这就是我们所说的全员、全程、全方位育人，即“三全育人”。

**李贵安：**

屏幕前的各位朋友，今天是五一假期的最后一天，更重要的是，今天是五四青年节，我把这张专门准备的 PPT 页面的内容送给大家，特别送给今晚坚守在屏幕前的、战斗在教学一线的青年教师朋友们。

奋斗是青春最亮丽的底色。敢于创新突破，青春勇担当。奋斗，永无止境。征途漫漫，唯有奋斗。这些都是习近平总书记勉励青年的话语，我借用过来送给大家。好，今晚我的分享内容就先到这里，一会儿再交流，谢谢大家！

**余海龙：**

好，谢谢李老师！

李老师给我们率先垂范，按照计划，所有讲座主讲人是按一个小时的时间设限的，时间刚好一个小时。好，接下来，我们有请今晚的与谈嘉宾——衣新发教授！

**衣新发：**

好，谢谢，谢谢啊！

**余海龙：**

好的。李贵安老师，做了一场非常精彩的讲座。刚才，我在刷一些相关资料时，不断有很多听众朋友们在网上发表观点，纷纷表示，感谢李老师的精彩讲座，而且有一些我估计是李老师原来的学生或是粉丝吧，纷纷表达，又听到激情澎湃的李老师的讲课了。李老师一直坚持在一线亲自给学生授课，所以在学生当中，他是一位非常好的老师，而且愿意和学生沟通。

下面要把时间交给今晚的与谈嘉宾——衣新发教授。衣老师，您也是专门做创新的、做课改的、做研究的教授，所以要稍微难为一下您。刚才您听完了李贵安老师的讲座，您的整体感觉是什么，感受是什么？请您用几个关键词给我们概括一下，谢谢。

**衣新发：**

好的，谢谢余老师！感谢李老师的精彩报告，确实如海龙老师刚才说的，的确整个报告是激情四射、创意迭出，我也感受到这种情真意切，同时也是语重心长、铿锵有力啊！我觉得这个报告有四个特别关键的，需要我们去关注：

第一个是国家在求新。这样的一个方向是国家的重大的需求。课堂教学的创新、一流课程的建设、时代新人的培养，都是国家的重大需求。

第二个是理念要更新。我们的理念要更新，现在的课堂理念，包括自主、合作、探究，包括学思结合，知行统一，这样的课堂理念都是更新的，都在我们的新理念系统里。

第三个是行动要革新。我们的行动要变化，新的课堂，在相应的时间空间里，行动会不一样，会产生新的效果。

第四个是要推陈出新。是指成果要推陈出新。在原有传承的基础上还要出新，不断地探索新的、更有效的育人方式。

所以，我总结为这样的“四新”，就是国家求新、理念更新、行动革新、成果出新。这是我的感受，跟各位分享。

**余海龙：**

很好！特别感谢衣老师，给我们做了这样一个提纲挈领式的、让我们快速掌握李老师讲座重点的一种分析和总结。

其实，刚才在听李老师讲座的时候，我们也一直有一个很深切的感受，如果说陕西师范大学以 2015 年师大课改团成立作为一个标志的话，到今天我们的课改工作已经走过了整整七年。但如果再往前推，推到 2007 年，那时我们的宋永成教授在历史专业师范生的课堂当中，已经开始推行师生的换位，或者说是学生的课堂展示，或者按今天来讲，是翻转课堂教学模式，从 2007 年到现在，有差不多 15 年左右的时间了。那想请教衣老师，也想请教我们的李贵安老师，为什么陕西师范大学能够成为全国的课堂创新发源地，尤其是高等院校课堂创新大赛的一个发源地呢？是什么促成了这样一个现象的产生？衣老师，您来先谈谈！

**衣新发：**

好的，余老师，谢谢！

我们经常跟省内外高等教育界同行、大学老师一起交流，我们时常会非常自豪地去分享，我们陕西师范大学的确是全国高校教学创新的发源地。我自己的体会，有一些因素，它造就了陕西师范大学，虽然我们身在西部，但是在创新这方面，尤其是课堂教学创新这方面，进行了多年的探索，我们走在了前面。

第一个因素，就是陕西师范大学本身自己的学校定位。因为陕西师范大学是师范院校，在校生中，师范生的占比在所有部属师范大学里是最高的，而且学校地处西部，是西部唯一的部属师范大学，本身有这样的一个定位，如何来立足西部、扎根西部、服务全国，进而能够引领全国。由于这样的定位和使命，使得创新的基因就出在这个定位里。

第二个因素，就是陕西师范大学是一所培养育人之人的高校，这个创新也是有传承的，就是我们要培养创新之人。创新是一种发展的立场和定位，更重要的是有一批人在做这样的工作。咱们西部课堂创新研究院的各位老师，毫无疑问，大家都在各自的课堂上，虽然咱们的课程不一样，但是都在践行创新这样一种理念，都在思考和践行如何去落地，如何让创新跟自己的课相结合。刚才播放的宣传片里，余老师把自己的课跟直播相结合，宋老师更好地实现了学生主体地位，所以不同的老师在自己的课程中有不同的方法。

像更早一代的老师，现在可能都有80多岁的，例如，原物理学系张熊飞教授，他在陕西师范大学工作时提出的诱思探究教学法，课堂上诱发学生思考，然后进行探究，进而深入学习，有深度地学习，这就是具有金课的“两性一度”特征的学习。在这方面，咱们学校从老一代，比如说历史文化学院的王国杰教授、政治经济学院的金延教授，他们都是前辈，曾督导过我的课堂，他们在督导年轻人上课的时候，其本身提出的标准和指导思想就是创新。所以，创新之人做教师是培养学生创新的一个特别核心的因素。

陕西师范大学的创新就是一个不断创新的过程，刚才李老师介绍了我们学校开启的教师三大赛以及我们在日常教学里体现出来的创新。一路走来，我也体会到我们本身，比如说，跟省内高校的一些协同，包括省内本科院校跟高职高专类院校的协同，也包括师范院校之间的协同，这样的一个协同过程，就让创新从局部的探索变成了共识。这种创新又跟我们国家现在的发展更好地对接上了。

所以说，这样的一个过程，就注定了我们的创新是可持续的，如果教师三大赛只是咱们自己玩儿，只是校内自己来进行，那这件事的影响力和它的效果就是很有限的。

另外，就创新成果方面而言，在创造力心理学里，它有一个非常严谨的定义，具体而言，就是不管怎么创新，你必须要有相应的成果。对于我们课堂教学创新者来讲，我们的课堂教学里能不能形成一个刚才李老师说的，碰撞思想、启迪智慧的一个互动场，这个场叫 Field，这个场可能是看不见的，就像磁场一样，但是它真实存在。学生的发展，就是在这个场里实现了发展，包括我们建设的一系列这样的金课，它成为各种各样的标准和制度，这都是我们的产品。

总之，我们陕西师范大学的创新的定位、创新的立场、创新的人群、创新的过程以及创新的产品，这些因素就注定了我们陕西师范大学是高校教学创新的发源地，这是我的一个不成熟的观点。请李老师，请余老师批评指正。

**余海龙：**

对，衣老师您是亲历者，李贵安老师是推动者、引导者，我们想再听听李老师的观点。

**李贵安：**

好，刚才，衣教授讲得非常好，他的总结概括也非常到位。

就时代而言，有创新的需求，咱们师大的教学有创新的传统。我在教务处整整工作了 13 年，我一直在想、在强调，陕西师范大学的课堂跟其他非师范院校相比，我们应有什么样的区别？为什么我们叫师范大学，与非师范院校主要区别在哪里？如果把这个问题想清楚、解决好的话，就能处理好我们主责主业与特色发展问题。作为师范大学，我们主要是培养老师的，如果我们有创新的理念与目标，又有这样的策略，有这样的实践，我们培养创新型的学生，这些学生毕业后走上岗位当老师，他就会把这些创新的基因通过课堂传递给学生，这与传统上的培养有很大区别。

刚才衣教授讲到创新基因的时候，我脑海里立即就想到了几个人，他们在教学方面非常厉害。最早一些的是我们学校老校长、数学家王国俊教授，他写了一本书《讲授艺术通论》，把教学当艺术来做，建议老师们好好看看这本书。在王校长之后，当时就是物理系的张熊飞教授，他提出了当时在全国非常有影响的——诱思探究教学法。还有，衣教授谈到的历史文化学院的王国杰教授，被大家称为麻辣教授，听过他讲课的人都知道，他的课堂常常座无虚席，往往下课了还有同学围着王老师讨论问题。距离现在比较近的就是咱们学校的胡卫平教授，他提出的思维型教学以及开发的学思维课程，在全国有相当多的实验校，等等。我们学校有这样的创新传统和基因，这就是作为师范大学的主责主业——培养未来创新型的教师，这些创新型的教师再培养创新型学生。

我要谈的第二点就是，从个体到团队，再到我们这个大集体。当谈到课改刚开始的时候，必然会谈到刚才给大家提到的宋永成教授。宋教授在 2007 年搞课改时，请我给他当顾问，那时搞课改的只有少数教师，但是到后来，搞课改的教师不断增加，直到 2015 年有了较大发展，现在师大的课改创新团已有 200 人，其中我校搞课改的知名大腕都在这个团队里，这是从个体到团队，再到大集体。

另外，现在都在强调协力育人、育人合力。我们搞课改，培养创新人才、培养时代新人，都强调形成合力，强调协同创新，我们非常注意把大家聚集在一起干事业。西北课改名校共同体就在这个课改创新群体里，西部课创研究院、西部课堂创新虚拟教研室、西部师范大学教师教育创新与发展联盟等，都是一个创新的团体，我们希望把大家都拢到一起，去做课改育人的大事业。

课改的发展离不了强大的推动力。为此，在长期的课改实践中，我们在全国率先提出了"四位一体"推动与深化课改机制，那就是大学、中小学、政府部门，还有媒体，这"四位一体"联动推动与深化课改，在全国产生了很大影响。我们的课改组织是一个非常包容的组织，是一个有志同道合的、有强烈教育情怀的教育改革者的联合体。我们师大教师的青教赛、实验技能创新赛、课堂创新大赛，从无到有，从师大走向陕西，不断发展壮大，靠的就是不断地改革创新。

基于陕西师范大学这批改革者，我们创设了一个更新的平台——西部课堂创新研究院，地处西部的人们要把西部自己的事情做好，我们希望西部更多的大中小学的老师们，我们一道，团结起来，把我们的课堂教学搞好，把我们的创新和育人工作做好，这是师大的主责主业，是我们当之无愧的责任，我们大家对此应该有很大的信心。

**余海龙：**

好，谢谢，谢谢李老师。

刚才，李老师谈到的，特别是我们的青教赛，因为我个人也是青教赛的一个亲历者，从最开始青教赛，我刚留校作为年轻教师，担任青教赛第一届理科组的主持人，一路走来，是在向很多老教师学习。到后来，我自己参加了第七届青教赛，再后来，又参加咱们全校的课堂创新大赛，最后，又代表学校参加了首届陕西省本科高校教师课堂教学创新大赛，并获得了一等奖。一路走来，在赛教过程中收获满满，而且在这个过程中，我们陕西师范大学，特别是教务处，不断发现并克服在评比过程中的不足，不断创新完善比赛机制，从最初的仅有文科组与理科组两个组，一直发展到现在的六个组比赛，使我们的大赛系统更加健全、科学、合理。

通过参加大赛来不断提高教师教学能力，这也是一种通过多角度来评价教师专业能力的手段。它构建了一个全新的评价系统，对于特别热爱做教学的老师来讲，是一个鼓励，是一个激励。

好，我们继续把话筒交回到衣新发老师。

衣老师，您一直在做创新，今天在现场也有很多在职的大学老师，包括有一些我们自己毕业的校友，他们都在问问题。

**衣新发：**

谢谢。

**余海龙：**

老师们问了一个最核心的问题，就是两个字——创新。在您看来，结合我们现在新时代教育发展的内在要求，高校教师可以通过哪些途径，去提升自己的教学创新能力呢？

**衣新发：**

好，我简单地分享一下，说的也不一定对，但愿能起到抛砖引玉的作用。正如刚才两位老师所说，如何为教师的教育教学创新营造环境氛围，其实刚才提到了一个非常重要的内容，就是比赛。比赛是很重要的。我们能够把最优的表现拿出来，不同专业能够共建共享，共同见证彼此的精彩。组织者、管理者能够调整这样一个制度，能够另设赛道或者赛场，我觉得有一个创新的氛围。比如说咱们的教务处，这常常是咱们课堂教学的策源地，再到咱们教育厅，到中国高教学会和教育部的高教司，现在都把我们课堂的创新、一流金课的建设，作为培养创新人才、培养时代新人的需要，这是人才培养特别重要的一个基础，应该说是一个特别核心的途径。

第一，进行理念的更新。各位老师要把握住一个需求，就是时代的需求。就创新而言，在课堂里要有一个创新的思考，老师们要把握一个时代的要求。进而，去更新理念，这是最重要的，就是大家要知道现在是什么时代，是创新时代，我们的理念要随时更新。

第二，进行学科的创新。刚才李老师在报告里也讲了，它在教学里边有实现，既要你在研究方面有创新，你在教学方面，也就是所谓的条件性知识，跟实践性知识都要有相应的提升和发展，不是说，我们光有 Passion 就够了，你要有相应的专业知识的学习。这方面包括创新，包括创造，包括学科的新进展，包括一些先进的教育教学的方法。即使是想把一个课件做得更漂亮，也要进行新的学习，更不用说更复杂的了。那么，信息技术、人工智能、虚拟现实技术等，如何服务于教学？所以我觉得第二个，就是要不断更新有关课堂教学创新所需要的知识。

第三，要不断地拓宽眼界。比如说，在专业领域，去听专业学术报告，不见得都能听懂，如果跨专业的话，可能就更难听懂。但是在教学方面，我们不管身在哪个学科，你去听文科、理科、术科的课程，那可能没有那么大的专业跨越的障碍，所以我们的眼界要开阔。古今中外的，所有能够帮助我们课堂创新的，这样的做法、这样的技术、先进的探索等，都应该能够为我们所用，要不断开阔、丰富我们的经验。

**余海龙：**

兼容并包。

**衣新发：**

对，要思想自由，要兼容并包。无论陕西省的大赛也好，还是全国的大赛也好，都有非常多的以往探索的一些课例和案例，包括教学设计的样例，这些内容我们都可以拿来，为我们自己所用。我觉得就是大多数大学老师上课，可能教学设计就不会做得那么深入，这个教学设计就可以有一个更优化的方案，要有一个比较丰富的一个眼界。

第四，就是关于什么样的课是一节好课。“两性一度”在我们 45 分钟、50 分钟应该如何去衡量，应该如何去检验？这需要一个标准，现在要更新这个标准，其实好课，它是可以操作的，是可以看得见、可以摸得着的。那么，这样的一个标准，我们要进行优化，进行调整。

第五，教育教学、育人。这个方面特别重要。要提升我们更强的一种内在的力量，内在的愿望。同时，我们可以把自己的课刻录下来，看看我们现在课里最主要的问题是什么？是否存在沉默单向？这种过度的讲授和灌输，讲授没错，但是如果是沉闷的，只视讲授为唯一的教学方式，这个本身是有问题的。所以，要找到自己课堂里有什么问题，要从自己来改变，我觉得这是特别重要的一步。从而，让课从常态课到赛教课，能够不断优化、不断提升。

第六，也是最后一个方面，就是要通过比较好的传播、比较好的总结凝练，能够把我们创新的思想惠及更多人，让更多的同行产生思维的碰撞。

我觉得这六个方面，是提高我们教师教学创新能力非常重要的六个方面，即理念更新、学科创新、眼界开阔、标准优化、动机提升与发现问题，以及进行比较好的凝练传播。

谢谢余老师。

**余海龙：**

谢谢，谢谢衣老师。李老师，您对创新和教师自身的成长，这二者的关系是怎么看待的呢？

**李贵安：**

非常感谢衣新发教授对创新的深刻阐述。

衣新发教授，是德国毕业的博士，是清华大学的博士后，他是专门研究创造性心理学的，所以，衣新发教授是我们课堂创新研究院创新团队中创新理论的提出者和推动者。而余海龙老师作为青教赛、课堂创新大赛的参赛选手，从陕西师范大学校赛到陕西省高校的比赛，都分别获得了一等奖，是大赛的实践。至于我自己，由于我当时在学校教务处从事管理工作，可以认为，我是咱们课堂教学创新大赛的策划者、推动者和实践者。

教师要把课堂创新做好，学校要帮助教师把课堂创新做好，大家首先要有一个共识，就是创新驱动是国家意志，是时代的主题，需要我们个人跟集体同频共振。对个人而言，衣新发教授刚才讲得很清楚，教师要提高自己的创新能力，包括从理念方面、模式方面、内容方面以及形式方面等等。作为组织者而言，要达到同频共振，就要创建平台，推动大赛。以赛促教，以赛促学，以赛促创，以赛促新，以赛育人。

举个例子。如果没有四年一届的奥运会，没有四年一届的世界杯，也就没有了诸如亚洲杯、欧洲杯比赛，也就没有了中超、中甲联赛，也就没有现在的校园足球联赛，等等。因此，一旦有比赛，大家都会想着参与，想着怎么样来提高、来培训，来争取好成绩。创新也是一样的道理，一旦我们要求课堂创新，并开启课堂创新大赛，老师们会跟学校同频共振，会响应学校号召，而学校给老师们搭建了很好的平台，在创新理念指导下，在实践中不断研究总结，不断发现问题、解决问题，不断改进优化解决问题的方法与途径，再往上一步一步前进，最后一定能做得非常好。因此，教师自身的专业成长本身就包括教师创新能力的发展。

最后，需要强调一点，教师一定要有创新的情怀，不要把这项伟大的事业当成普通的工作和任务，一定要作为事业，我们要有做好这项事业的情怀，如果能做到它，这个时候你干起来就不感觉到累，能坚持，而且越干越有成就感，越有收获感。所以，我也希望更多的老师，更多的单位，把这件事情一定当作一个功德无量的使命担当来做，为党和国家培养创新人才、时代新人做出我们应有的贡献！谢谢啊！

**余海龙：**

好，谢谢李老师，谢谢！

时间总是过得很快啊。因为我们讲座提前商定好一个规则，每一期主讲教师主讲一个小时，然后，由主讲人、与谈人、主持人交流碰撞半个小时。今天的这个时间，基本接近尾声了，我们两位大教授时间掌控得非常好啊。

其实，我刚才听完两位教授的这个评论后，也有一些自己的想法。比如说，刚才衣老师就讲到了一个问题，其实也是很多一线老师常常思考的问题，就是我的赛教课和我的常态课如何达成统一？赛教课和常态课之间一定是矛盾的吗？

包括刚才李老师其实给我们也回答了，就是赛教课。启迪或者说是启发一种新的教育观念。而这样的一种观念最终是要运用到常态课中去了。所以，评价一个老师的课是不是讲得好，不应该只是看他一两节的赛教课，可能更多要看他在常态课中能否真正地体现出来。

比如说，“两性一度”，真正激发学生参与意识，真正敢于把课堂交还给学生，让学生在课堂中唱主角儿，在学习过程中，老师是帮助学生发现问题、解决问题，而不是大包大揽、满堂灌式的教学方法。刚才李老师讲到的特别重要的一点就是创新，它其实不是个人的一个观念，我们在做的创新的工作，是一个国家的意志。

就像前不久，2022 年 5 月 2 日，习近平总书记给中国航天科技集团空间站的建造青年团队有一个回信，回信中是这样讲的：建设航天强国要靠一代代人接续奋斗，希望广大航天青年，弘扬两弹一星精神、载人航天精神，勇于创新突破，在逐梦太空的征途上发出青春的夺目光彩，为我国航天科技实现高水平自立自强再立新功。其实，总书记的这个话里一个很核心的点，就是勇于创新突破。而我们现在做的事情，其实也在回答我们之前讲的钱学森之问，就是我们的高等教育为什么不能培养出杰出的人才，这里边一个很重要的热点话题，就是如何由中国制造走向中国创造，而为了达到中国创造很有必要的一点，就是从教学方式上、对于学生评价上、教学手段不断提升上，都能够真正做到创新二字，可能需要的不仅仅是教师的情怀，而更多需要的是一种肩负民族、国家明天和未来的责任和担当。

今天是五四青年节。得青年者得天下。青年人，最容易创新，因为他没有条条框框的束缚这个问题。

所以，我觉得今天的讲座，包括我们两位教授后面进行的一种思想的碰撞，给所有的年轻老师，包括在校的师范生都带来了一个全新的、教学观念上的、意识上的碰撞和改变。

**余海龙：**

今天，我们第一次“课创大讲堂 · 课创三人行”直播到这里就结束了，感谢两位嘉宾——李贵安教授和衣新发教授的亲临现场，也感谢我们所有的听众朋友们在线上的倾听，我们下次讲座再见，谢谢大家！

**李贵安：**

谢谢，谢谢大家，非常高兴，下次再见！

**衣新发：**

谢谢，谢谢，非常感谢！

**余海龙：**

谢谢大家！

# 第2讲

# 创新素质的激发与培养

**主讲人：衣新发 教授**

**（与谈人：何宁 教授； 主持人：余海龙 老师）**

**【摘　要】**为更好地建设创新型国家、更有效地应对百年未有之大变局，必须全面加强创新人才，尤其是科技创新后备人才的培养。正所谓，创新的教育要靠教育的创新。首先，理念转变是基础，教育者应意识到“处处是创造之地，天天是创造之时，人人是创造之人”，并建立“创新素质是可以培养的”这样的基本信念，相信任何一名教师在任何一节课上都可以激发或培养任何一名学生的创新素质；其次，能力提升是关键，教师应从课堂教学的动机激发、认知冲突、自主建构、自我反思和应用迁移等思维型课堂教学的五大原理出发，有针对性地提升创新教育能力；最后，制度建设是保证，学校在课堂改革、教育评价、作业设计、校本课程研发和校本研修等方面应建立创新素质教育为导向的制度体系。

**【关键词】**创新素质；教育创新；理念转变；能力提升；制度建设

**余海龙：**

各位老师、同学、所有关心中国教育改革的朋友们，大家好！我们今天举行的是“西部课创大讲堂”的第二讲，大家现在看到，今天的主讲嘉宾衣新发教授已经把本次分享的主题：《创新素质的激发与培养》，在屏幕上共享出来了。

今天我们要谈到一个很关键词汇：创新。从党中央和国务院的角度来讲，很早国家就提出来了“大众创业、万众创新”，从全国的层面来讲的话，相当长一段时间里边，大家谈论的一个话题，如何由“中国制造”发展到“中国创造”？说中国的学习能力很强，建造的能力也很强，复制的能力也很强。如何在全世界的范围里边能够提高或者说是展现出我们国家的自主研发的能力？而创新恰恰是我们在教育培养过程当中最需要关注的一个问题。所以我们今天和各位老师们一起谈一谈关于创新的话题。

今天我们的主谈嘉宾是衣新发教授，衣老师是陕西师范大学教授、博导、西部课堂创新研究院研究员，现代教学技术教育部重点实验室副主任，被中国科协主管的期刊《科学中国人》誉为“中国创新教育的播火者”。今天也很荣幸能够请到的与谈人，是西部课创研究院的研究员，陕西师范大学教授、博导，陕西省教学名师，陕西师范大学心理学院副院长何宁教授，欢迎二位教授来到我们“课创大讲堂”！

我们先有请衣教授开始今天晚上的讲座！

**衣新发：**

好的，感谢余老师，感谢何老师！

在线的各位老师和同学，大家晚上好！

我们课堂创新大讲堂从第一讲的青年节来到了今天的母亲节，此刻我的心情也很激动，跟大家来分享一个主题，这个主题具有非常重要的时代意义，叫作《创新素质的激发与培养》。我争取在一个小时之内把报告内容跟大家分享完，然后用大约半个小时的时间做一个交流。

2022 年的全国两会里边有一个总结，这个总结告诉我们，大力发展各级各类学生，尤其是儿童青少年的创新能力，是国家当前的一个特别重大的需求。我们也可以结合今天母亲节的主题来说，这是祖国母亲的一个重大的需要。

总结里提到，我国的创新能力需要进一步增强，战略科技力量要加快壮大。我国在关键核心技术攻关方面取得了一些进展，比如载人航天等等一些领域，但是，与发达国家相比，我国整体的创新能力仍然不够强，尤其是在科技发展水平方面、科技对社会发展的支撑方面，还存在比较大的差距，科技对经济社会增长的贡献率低于发达国家的水平。所以说怎么样培养我们中国人的创新能力，怎么样在学校教育中有效地激发和培养学生的创新素养，在我们今天的教育的环境中是一个非常重要的主题，是每一个教育人都应该深入研究的议题。

众所周知，教师教育是师范大学的主责主业；培养学生创新素质、实施创新教育应该是我们所有教育人的主责主业。由此，今天我的分享内容主要分为五个部分：

第一部分，创新素质的激发与培养方面的悖论。主要分析有哪些想法、思维定式，对我们培养创新人才、培养人才的创新素养可能会产生阻碍；

第二部分，跟大家共同来研读创新的定义，分析创新的类型；

第三部分，创新素质的特点与表现；

第四部分，创新素质的发展趋势与形成过程；

第五部分，重点分享如何有效地激发和培养儿童青少年包括成人的创新素养。

要知道，从幼儿园到中小学、大学、研究生和博士生，乃至更长远的人生发展阶段，创新的素养都是在不断发展，都是在不断提高的过程中。但是，可能我们文化教育中的一些因素，会对它的发展带来不利的影响，我们教育者就要从教育自身出发，有效地激发和培养创新的素质。

## 一、创新素质激发与培养的悖论

首先，我们来看创新的一个悖论。了解到该悖论，是我某次参加一个会议，有一位国家级的教学名师，他讲了一段话，这段话我听了以后感到特别惊讶，我以为我所认同的关于创新素质的概念，在很多老师中间大家都是有充分共识的，尤其是名师应该对创新有更加充分的认识，但是听了这段话以后，我就惊讶了，然后我就觉得特别有必要把这段话单独提出来：

创新的比例大概有多少？比如100件事情或100个人，没有几个创新的，有五个不得了了，如果有五个创新，就不是今天的中国了。所以，现在的情况是，从上到下、从南到北，头脑都有点儿发热……实际上创新没那么容易，哪里有那么多创新？请大家设身处地想一下，MIT，它是理工，可它创新吗？没有！他们强调学派，学派就很厉害了，一个学科有个带头人，不得了的。好像也没强调、没说什么创新。课堂上能把学生教会、教好的工作就好了……

针对他这样的一段话，我在很多的交流培训与讲座中间做过随堂调查，发现相当多的老师都很认可。不少人都认为创新是少数人才能做到的，不是芸芸众生都具备的。有的老师在我讲座的时候，就会过来直接交流，说自己都没有创新，就更没办法教学生创新。

这是一个比较普遍的悖论，可以看到，一方面，国家对创新是一个非常大的需求，另外一方面，可能我们有些老师，会认为自身不具备创新素养，进而认为自己无法培养创新素养。故此，这两者之间形成了一个明显的悖论，我们先不去评判这位老师他这句话的对与错，我们先来看创新素质的定义。

## 二、创新素质的定义与类型

### (一) 创新素质的定义

我们今天就把创造力跟创新视为同义语来介绍，这个定义是北京师范大学林崇德教授于20世纪80年代提出来的。定义包括三个要素：第一个是目的，我们创新有目的，即创新的目的性，比如我们讲课堂教学创新，意味着我们要变革课堂教学的模式、方法和内容。在上一周李贵安教授的报告里边，大家也都能充分地感受到，无论是国家、学校，还是教师自身，都有对于创新的一个追求——这是创新的目的；另外，要运用一切已知的信息，所以创新的第二个要素是它的信息性，所谓站在前人的肩膀上，无论是我们今天说的线上线下混合课堂，还是自主、合作、探究的教学模式，都是建立在原有的关于教学的创新探索的基础上；创新素质定义的第三个要素叫作产品性，创新与否，最终还是要通过产品来评判。创新型的产品要满足两大特点：第一，新颖独特；第二，有个人或者社会的价值。新颖独特有价值的产品，如果我们能够产生出来，这样的一种心理的品质就叫创新的素质。总结起来，创新素质（创造力）就是根据一定的目的，运用一切已知信息，产生出某种新颖、独特、有社会或个人价值的产品的心理品质。林崇德教授还建立了一个等式：

创新（创造性）人才＝创新思维+创新人格

陶行知在《创造宣言》中提出：处处是创造之地，天天是创造之时，人人是创造之人。如果结合林教授的话与陶先生的总结，我们就可以认为，所有满足前面讲的这三个要素的心理品质就是创新素质。

所以，定义跟《创造宣言》的结论，是能够相互支撑的。所有符合该创新素质定义的行为表现，都是创新素质的一种展现。接下来，我们再来看一下中国学生发展的核心素养（图 1），从实践创新的维度和科学精神的维度，就能非常清晰地看到创新的素养。

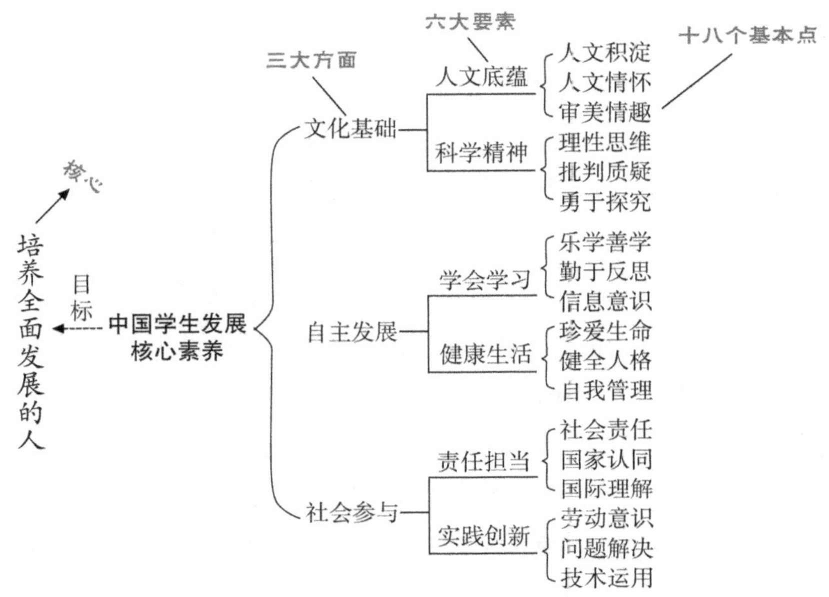


图 1　中国学生发展核心素养示意图

### (二)创新素质的类型

1. 创造力的4C理论

我们如果结合创造力4C理论，就能更清楚地看到创造力无处不在、无人不有的特点。因为创造力的英文单词是Creativity，C打头的英文单词，所以这里简写为C。创造力的4C理论告诉我们，世界上至少有四种创造力，依次是杰出创造力、专业创造力、小创造力和迷你创造力。

2. 杰出创造力

杰出创造力为Big C或大Creativity，毫无疑问，这部分肯定是创造力，像我国的莫言在文学领域，像屠呦呦、杨振宁、李政道在科技或医药领域，像牛顿、爱因斯坦、达尔文、门捷列夫等在各自领域，都体现的是杰出创造力；当然也包括我国的孔子、孟子、孙子、庄子、老子，在春秋战国时代，开辟了轴心时代的一系列伟大思想体系，他们的创新思想，对中国人和中华文化，有上千年的持续影响。

3. 迷你创造力

但是，在创造力的整体分类里面，不是只有杰出创造力，更重要的是还包括学习过程中的迷你创造力，这是每一天都在发生的。学了《从百草园到三味书屋》，里边有鲁迅先生的名句："不必说碧绿的菜畦，光滑的石井栏，高大的皂荚树，紫红的桑葚；也不必说鸣蝉在树叶里长吟，肥胖的黄蜂伏在菜花上，轻捷的叫天子(云雀)忽然从草间直窜向云霄里去了。单是周围的短短的泥墙根一带，就有无限趣味。"有湖北恩施州清江外国语学校的柯敦宝仿写出："不必说镶在青山中的天眼，呼啸而过的高铁，凌空翱翔的C919，直上云霄的神舟飞船。也不必说鸟巢中的你追我赶，西湖畔的运筹帷幄，天安门前的强国重器。单是家乡周围一带，便可以领略祖国的日益强大。"还有同学仿写出："不必说葱葱郁郁的树木，金黄色的黄菜花，漂亮的荷花池，白如玉的白睡莲；也不必说狠毒的蛇在草园找食吃，蜜蜂在花丛里辛辛苦苦地采蜜，遍身金闪的金鱼在荷花池游来游去，轻捷的蜻蜓在睡莲花上休憩。单是荷花池一带，就让人回味无穷。”这种根据“不必说……也不必说……单是……就(便)……”的句式完成的仿写就是创新，是微创新的体现。学生能够套用鲁迅先生的句式，来描述自己的生活，在创造力心理学的领域看来，这本身正是创造力的体现。

4. 小创造力与专业创造力

4C的第二个创造力类别叫小创造力。在一定的范围内，比如说在教师群体中，一个新的教学探索，在教师所在的教研室、所在的学校产生一定的影响力，就可以称为小创造力。如果这样的教师经过更长时间的探索，在所在的区域，甚至在全国都产生了比较大的影响力，比如在江苏南通，有一位小学语文老师叫李吉林，她发现情境的创设对于学生小学语文的学习非常重要，经过多年的探索和凝练，她创造性地提出“情境教育”的理论体系；有一位在陕西扶风二中工作的叫张熊飞的高中物理老师，实践中发现在物理课里诱发学生勤于思考是提升学生学习素养的重要途径，从而凝练出了“诱思探究”教学理论，在全国产生了非常大的影响力，后来这位老师成为陕西师范大学的教授。像李吉林老师、张熊飞老师、于漪老师、霍懋征老师、林崇德老师、魏书生老师、李镇西老师、李希贵老师、程红兵老师和窦桂梅老师等都在教育领域达到了专业创造力的水平，他们是我国教育战线的一面面旗帜。

所以，各位，创造力最起码可以包括这样四个类别：迷你创造力、小创造力、专业创造力和杰出创造力。我们当然不能只把创造力理解为少数人才能有的杰出创造力。我们再次回到那位名师总结出来的这段话，大家用心体会，他是不是有一点儿把创造力、创新窄化为杰出创造力的范围了？

5. 从爱因斯坦的小板凳到相对论的提出

总结而言，创新素质的类型至少包括四类。我们各位都耳熟能详的一个故事叫作“爱因斯坦的三个小板凳”。

三个小板凳的故事可能确有其事，甚至这个故事还被写进了我们的语文学习资料。这三个小板凳的故事告诉我们，爱因斯坦在很小的时候，他制作了一个小板凳，很像我们今天的劳动课，或者叫综合实践活动课，在当时的德国，也有这样的课。当时爱因斯坦的老师可能在创造力认识方面比较不给力，他不认为这是创造的体现。因此，这位老师直言不讳地说爱因斯坦制作的小板凳很糟糕，当众就对爱因斯坦表达了否定，爱因斯坦低下了头——通过这个镜头，大家能够看得出他的老师当众批评他，所以，大概率这位老师不是什么好老师；此外，小爱因斯坦本人，他的内心是很强大的，他拿出两个更不像样的小凳子说："老师，其实世界上有比这第三个小板凳更不好的，那就是我制作的第一个和第二个小板凳"。

这样的一个故事，就可能体现了爱因斯坦从迷你创造力逐步发展到杰出创造力的过程。在这个简短的师生对话里面，蕴含着他日后做出杰出创造力的心理能量。他可能在想，虽然外界(教师)给我的评价是这样的，但是，我内心对自己有一个更加积极的评价。我们宁愿相信，爱因斯坦的这位老师只是个案，只是小概率事件。尤为重要的是，在爱因斯坦这样绝世少有的杰出创造力人物的身上，我们也看到了迷你 C 的影子，而且这样的素养可能是他发展出 $E=mc^2$ 这样杰出工作的基础性心理模式。

### 6. 创造力这种能力人人具备、无处不在、无时不有

迷你 C 到杰出 C 四个类型之间在创造力的层面上，本质其实是一样的，只是说二者的影响范围、影响领域和影响人数的多少存在差异。所以，你看我们今天的劳动课里，很多学生也开始制作小板凳，很多组织活动的人还说："我们要像爱因斯坦学习，制作出漂亮的小板凳"，但是，现在很多的劳动材料都是制式的，孩子们只是使用一下木工的组装工具，似乎孩子们缺少了犯错误的机会。不少材料包已经给孩子设定好了相应的材料与组装顺序，学生们只要用螺丝刀把这些材料组装起来就可以了。正因为如此，在现实的创新教育里，可能不同程度地存在着一定的误区。

我女儿喜欢唱歌，她用某一个智能手机的 App 把自己喜欢的歌唱出来，然后唱得还不错，虽然不认识那个字，但是能跟上音调，能唱出来，自己也觉得很高兴，而且能保存、能加工成 MV 的效果。我们反观，是不是她有目的？而且，还利用了以往的信息产生出一个新的产品，她自己觉得很有价值，也很高兴，这也就符合了刚才提及的创造力的定义，所以最

起码这样的活动要算作迷你创造力的范围。

最近以来，一个特别重要的话题是，从 2022 年秋季开学开始，劳动课将正式成为一门独立的课程，中小学生首先要学会做饭。我们小的时候，因为生活的需要，就自然学会了做饭。其实做饭这件事，它不仅仅是劳动光荣这么简单，这里边就蕴含着创新素质培养的充分的要素。做饭本身，有目的，这是开始；第二个问题，饭怎么做？放多少米、放多少水、淘几遍、程序是什么，如果用高压锅有高压锅的程序，用我们普通的锅，你还要看着锅，不要让它烧煳了，做过的都有经验。其实，对孩子来说，这个过程里面，还是有一套程序的，做饭人只有各方面把握得比较好，才能做出一锅软硬适度、香味扑鼻和颜色可人的一锅饭。

如果要做饭的话，做饭当然比煮粥更专业一些，它的创新程度似乎要更高一些。各位如果给小孩子机会，让他们去缝个枕头，抑或只是包一个煎饼，煎饼的菜和煎饼本身可能不完全是他做的，这本身也蕴含着素质培养的要素，当然你如果让小孩炒土豆丝，从洗开始到去皮儿，到炒出来，包括做西红柿炒鸡蛋、做红烧排骨，等等，这里边其实都蕴含着创新素质培养的教育要素，这样的行为都符合我们前边提及的林崇德先生提出的关于创新素质的定义。因此，陶行知先生讲的那句话，天天、处处、时时、人人，它散发着创新素质培养方面真理般的光芒，他那句话是永远不会过时的，非常符合 4C 等等这样的创造力心理学的理论。

### 7. 讲故事与文学创造力发展

我们刚刚提到莫言，他在诺贝尔奖的颁奖典礼上的致辞，主题为“我是一个讲故事的人”。讲故事这样的一个我们耳熟能详的、非常小的一个日常行为，跟他后来文学领域的创作，其实有着非常紧密的关联。

莫言小的时候就喜欢到集市上听故事，回来以后把听来的故事讲给他的妈妈听，据说，如果他妈妈确信他是听故事去了，而不是疯玩乱跑，就可以免予妈妈的惩罚。所以，你看莫言他发展得好，首先还是因为他有个好妈妈，她认为孩子去集市上听故事，听完了以后回来讲给她听这是正事。各位请注意，莫言的妈妈对他终生发展的影响应该是非常大的，他在很多演讲或文章中，包括他的作品《晚熟的人》，都提到妈妈的家庭教育的影响作用，也包括他去参军的时候，妈妈用了家里为数不多的钱给他买了一套《中国通史》。

8. 科学创造力的追寻

我们刚刚也提到了屠呦呦，她研究中的 191 号样本最终获得了成功，各位都知道这是经过了 190 次的实验之后，才把青蒿素从青蒿里边顺利提取出来。同时，实验方法也是在不断地探索里做出了调整和改变，这样的一种坚持的精神，对于她后来的重大的科学发现当然是起到了至关重要的作用，她本人也是这样总结的。

9. 创新素质培养核心在学校教育

中小学、幼儿园阶段是一个人创新思维发展的关键阶段，是为终身的创新发展奠基的阶段。只有充分重视并切实做好这一阶段儿童的创新素质培养工作，才有可能收获未来创新人才竞相迸发的良好局面。我们经常去中小学听课，借机会与基础教育的校长和老师共同进步。在这个照片里面，诸位可以看到，这是组织学生设计、制作一个松土机，我记得这个课是在谷雨时节实施的，当时是在高新一中的国际部(图 2)，这样的教学和学生的学习，当然更是培养创新素质的体现。

**图 2　西安高新一中国际部综合实践活动课《松土机的设计与制作》**

## 三、创新素质的特点与表现

### （一）创新素质的特点

结合以往的研究，我们认为创新思维主要有六大特点：

1. 意向性

研究者们长期以来将发散思维作为创新思维测试的主要类型，甚至不少国际著名的创新思维测验，其编制的核心形式即为发散思维。为何发散思维长期居于创造性研究的中心议题？我们以为，思维的发散性体现的是创新人才打破常规的意向性，“求新”“求异”都靠发散思维来获得，在保证有充分可比较的新观点之后，创新个体依据自身知识和经验心智从中择优选取某一观点做深入的加工。创新思维的这一特点将其与传统智力测验所测量的主要成分——聚合思维显著区分开。

2. 涌现性

英国学者华莱士曾提出创新思维包括四个阶段：准备阶段、酝酿阶段（潜伏阶段）、明朗阶段和验证阶段。从准备到酝酿和明朗阶段，有可能会突发性地涌现出“灵感”或顿悟这样的思维结果。这样的结果是长期思考和巨大劳动的结果，是高度积极的精神力量，从准备到涌现不完全是线性的过程，经常是意识和无意识联合作用的结果。

3. 核心性

创新思维是创新人才心智模式发展与表现的核心。在此处，核心的含义就是创新思维对其他心智要素的发展起到目的性、方向性和导引性的作用。如果说思维是“地球上最美丽的花朵”，那创新思维则是“花中之魁”了。

4. 高阶性

创新思维是人类思维最高阶的形式。创新思维建立在基础性的一般思维能力之上，应该说一般性的普通思维能力是创新思维的必要不充分条件，即“有之不必然，无之必不然”。也正是因为这样的原因，一般脱离基础性思维很难建构"纯"的创新思维。

5. 产品性

创新思维具有鲜明的产品导向。具备新颖性和价值性两个标准的产品是锚定创新思维是否产生、是否有效的重要标准。

6. 传播性

创新人才应该是一位卓越的沟通者，能够以某种有效途径把自己的创新想法或产品传播出去，影响并感染受众。说服传播能够使创新力变为影响力，所以传播性是创新思维的重要特点。

当然，除了创新思维，创新素质至少还包括创新人格，一般学界是从好奇心、想象力、挑战性和冒险性、坚持性和开放性去评价创新人格的。

### (二)创新素质的表现

创新思维这种思维的形式跟普通的思维形式有什么区别？我们接下来给大家看这样几道题，大家可以思考一下。

第一组两道题，上面的长方形里边已经有八个图形(图 3 和图 4)，它们排列是有规律的，请各位在下方的八个图形里边选一个图放到上方的第九个空余位置，让上方这九个图形的排列符合特定的规律。大家看选哪一个。

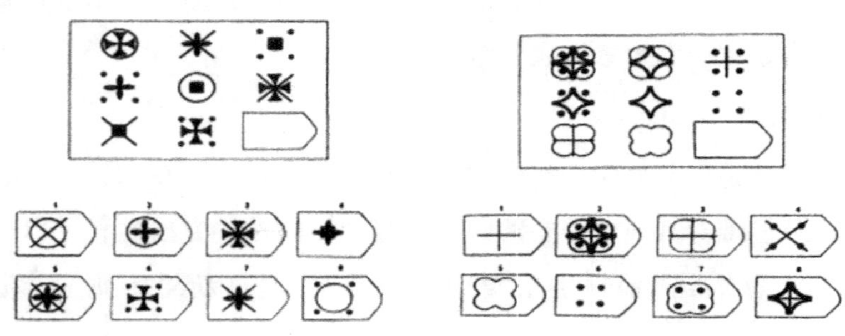

图 3　创新思维题目一　　　　图 4　创新思维题目二

好多老师和同学就会看出，题一应该选第二个，而且它必须选第二个，因为每一行每一列都有两个图形元素、两两组合，第一行第二行是这样的，第一列第二列也是这样，推论可知：第三列应该也是这样，所以肯定要选第二个。再来看题目二，同样的要求，从下面八个里面选一个，图形的排列规律就有点变化了，似乎是，第一行减去第二行等于第三行，同时，第一列减去第二列等于第三列，如果是这样的一个变化，那本题的答案一定要选第一个。这两道题大家会发现它的答案是非常的明确，具有标准答案的性质。

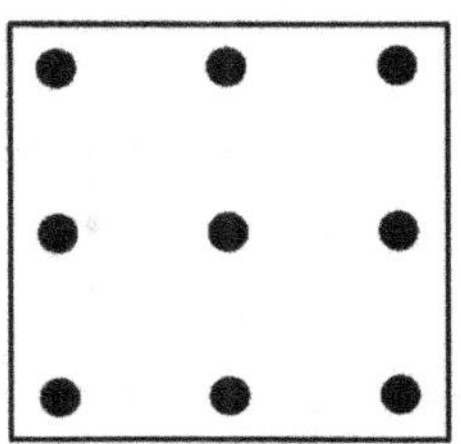

图 5　九点连线问题

我们再来看一道不同类型的题（图 5），平面上有这样的九个点，要求用一笔把这九个点连起来，我们尝试以后，一共用 5 条线可以把这九个点都连起来，没有问题；那请问，能不能用四条线，能不能用三条线、两条线或者一条线，把它连起来，而且不能抬笔。在心理学研究的历史上，该题是一个著名的打破思维定式类的实验题目，有一种画法是这样的，如图 6：

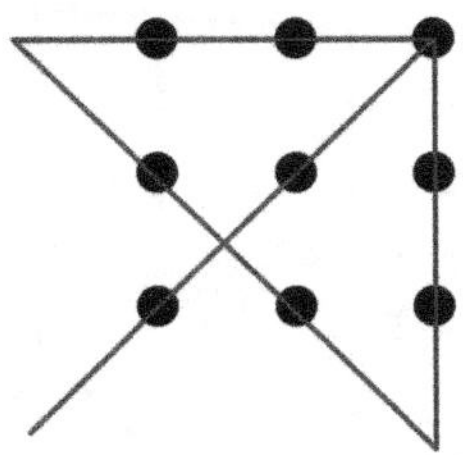

图 6　四条线一笔连接九个点

这个画法就打破了九个点所围成正方形的限制，突破了原有的“框框”，实现了不抬笔同时使用四条线连起所有九个点的目标。假如用更少的线，用三条、两条、一条线可以连起来的话，怎么连比较好呢？可以作为我们今天的课后作业。

最后，大家来看这样一道题(图7)，题目的要求又有变化，这道题有这样的六组平行线，请你在这上面增加一定的笔画，让它成为一个有意义的图，你可以任意增加笔画，比如说增加笔画，把它画成了一个房子，当然你也可以画一棵树，等等。总之你可以添加笔画，让它成为一个有意义的图。

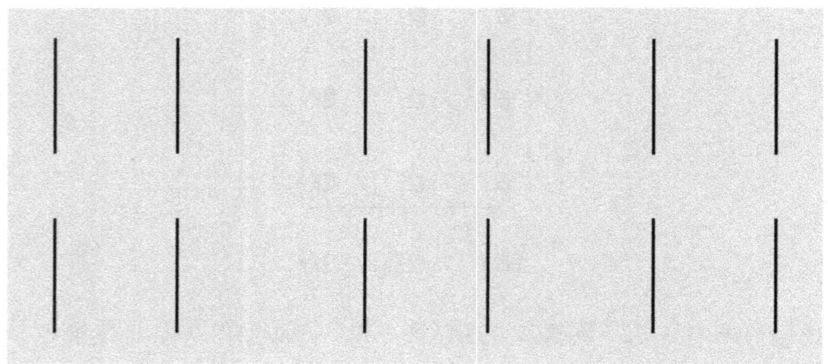

图7 添笔成画

下方的图是学生们绘制的(图8)，有各种不同的可能性。

图8 添笔成画的部分儿童作品

总结而言，后两个题尤其是最后一个题，跟第一组题目就非常不一样。第一组两个题目更多体现的是一种聚合性的思维，这是测量智商的题目，来自国际著名的《瑞文推理测验》，属于矩阵推理的类别，这种题目的核心是需要我们绞尽脑汁发现那个唯一正确的答案。

第二题很明显，就是要我们打破思维的定式，第三题更直接，我们的思维要实现充分的发散，孩子们绘制的所有答案都对(图8)，但是有一些可能我们所有人都能想到，另外的一些想到的人较少，那其独创性可能就比较高。故此，发散思维后面的答案可能都对，但是有些更美妙、更有创造性、更精致，让人看起来更赞叹。例如两个人在跳舞的第12个图，估计不是很多人都可以想到的。所以，这样的思维类型，叫作发散思维。它需要思路充分打开，需要充分发散。

## 四、创新素质的发展与形成过程

当然，发散思维和聚合思维都是创新素质的必要组成成分，但是，针对我们国家的教育来说，我们对于发散思维的培养，在我们任何学科的课堂上所花的时间、所花的精力相对来说比较少。是不是只有中国这样？我们可以看一个研究的结果(图9)。这是美国的数据，在美国可能课堂教学里边对于发散思维也不是足够的重视。我们看这是超过27万人的研究，就发现从幼儿园到成人的发展过程中，他们的发散思维呈现出一种幼儿园到三年级连续提升，三年级到达顶峰，后逐步下降的过程。这是发散思维流畅性得分的发展情况。

这个研究所纳入的数据从1966年到2008年，共六次全美普测，把这些数据叠加起来，你会发现在美国被试中间，从六年级以后到高中阶段，发散思维的流畅性其下降是特别陡峭的，成人的发散思维甚至比幼儿园的孩子还要低，这是一个美国的发展趋势，确实发散思维随着年龄的增长它在下降。所以，一般我们成人特别是教师会有直觉，感到儿童的想象力好像比我们成人都厉害，除非作为教师你受过特殊的训练才能赶上儿童的想象力、发散思维水平。什么叫特殊训练？比如说你在上师范大学的时候，

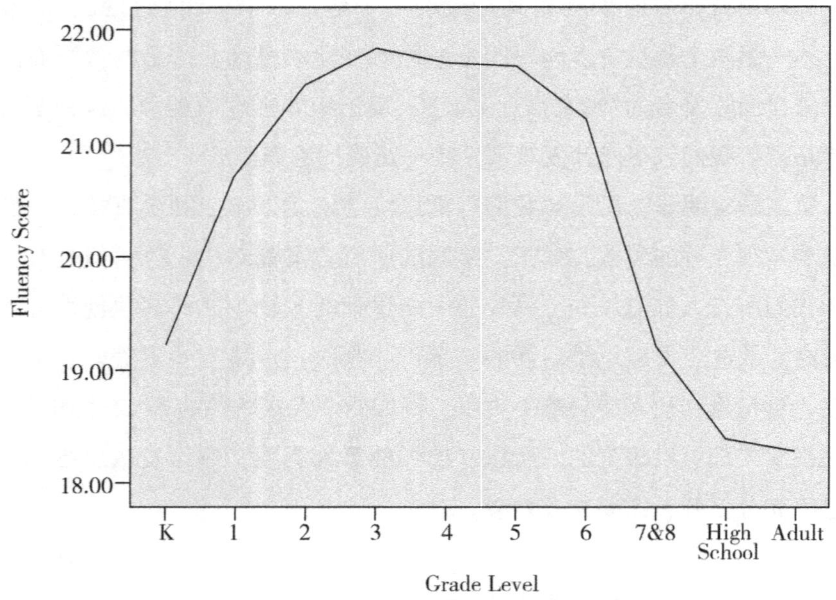


**图 9 以 27.3 万美国人为被试所揭示的发散思维流畅性的发展趋势**

能够选修到培养创新思维与创新能力方面的课程，目前有一些创新创业类的课程，但这是远远不够的，在最底层的部分，首先应该学习有关创造心智和创新训练类的课程，而我们在陕西师大就开了这样的课程，大家可以通过在智慧树平台上选修该慕课《创造心智与创新训练》(图 10)来提升自己这方面的素养：

所以，对于师范生来说，提高你的创新素养，当然是非常重要的，这样的话，你毕业之后才能在你的学校、你的讲台上——包括幼儿园、大学，当然也包括中小学等——才能够更好地培养孩子们的创新素养。上述结果是美国的情况。接下来看看中国的情况，我们曾经研究了 10 岁到 16 岁的儿童的发散思维的发展状况(图 11)，发现 10 岁到 11 岁有个上升，11 岁到 16 岁的孩子们发散思维的流畅性也是下降的，到 16 岁孩子们的得分是最低的。然后，你会看到我们测量的学校组织创新气氛(图 12)——学校是不是支持老师创新，有没有资源，有没有制度去支持——会直接影响到孩子们的发散思维的发展。

图 10　《创造心智与创新训练》慕课首页

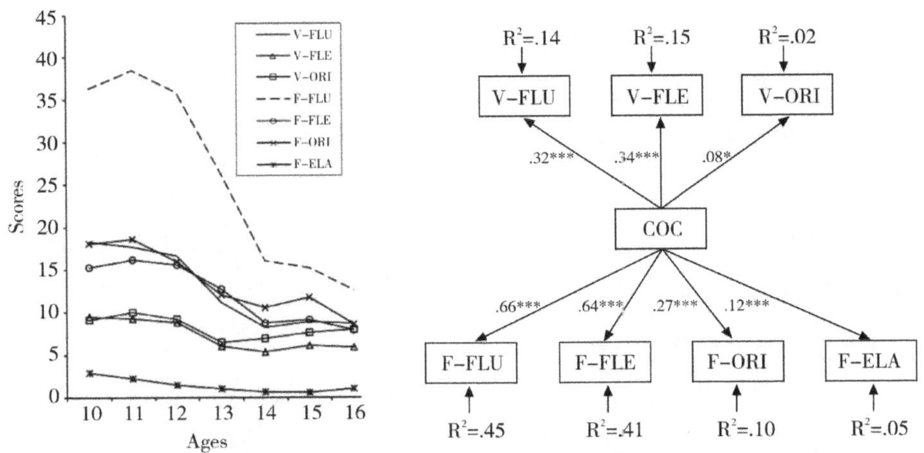


图 11　10—16 岁儿童发散思维发展　　图 12　学校组织创新气氛对发散思维的影响

我们也曾经比较了中国的大学生跟德国的大学生在视觉艺术创造力发展方面的差异(图 13)，给他们的任务也很简单，请他们完成拼贴画任务，同时，请他们根据自己的想象画一个外星人。结果显示，德国的大学生(包括德国白人大学生和亚裔德国籍的大学生)比中国的大学生(包括中国的留学生和中国国内的大学生)几乎在所有的维度上艺术创造力的水平都要更高。

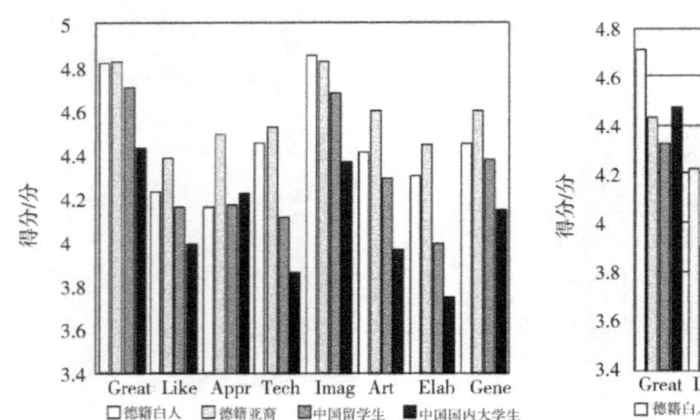


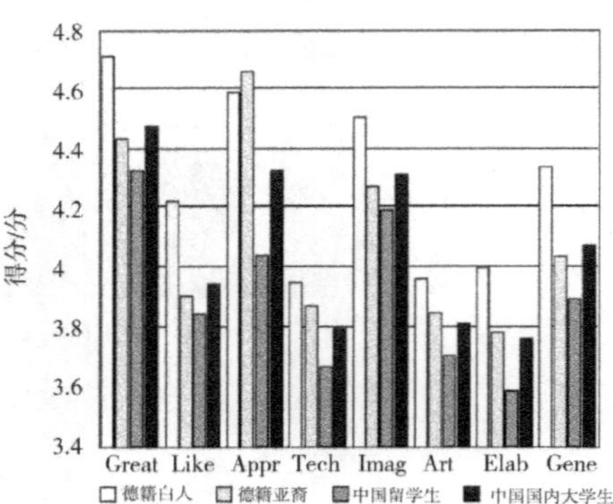


**图 13　中德大学生视觉艺术创造力比较**

注：Great 为创造程度；Like 为可爱程度；Appr 为切题程度；Tech 为技术水平；Imag 为想象水平；Art 为艺术水平；Elab 为精进程度；Gene 为综合印象。

其实在咱们国家，基础教育里对于我们的艺术方面，特别是美术方面、视觉艺术方面培养是不太够的，这正是我们现在要着力加强的部分。在举国特别强调五育并举的时代，尤其是我们的美育要加强，它对于其他方面的教育会起到无法替代的支撑性的作用。我们在教育实施过程中，对于聚合思维的教育的比重太大了，大量的训练之后可能会造成学生的厌学情绪，所以我们要适当地减少；对于后边的这种思维尤其是发散思维，可能在我们教育的过程中太缺乏了。

我们在调查中其实也发现了这一点，在一年级到八年级的孩子里，孩子们学习的年级越高，他的学习负担越重(图 14)。一方面是客观投入的时间，另一方面，孩子主观上感觉累，感觉不容易，感觉很辛苦。这两方面叠加起来，它的发展趋势是这样的，而且在小学阶段，男孩体会到的这种负担一直高于女孩。

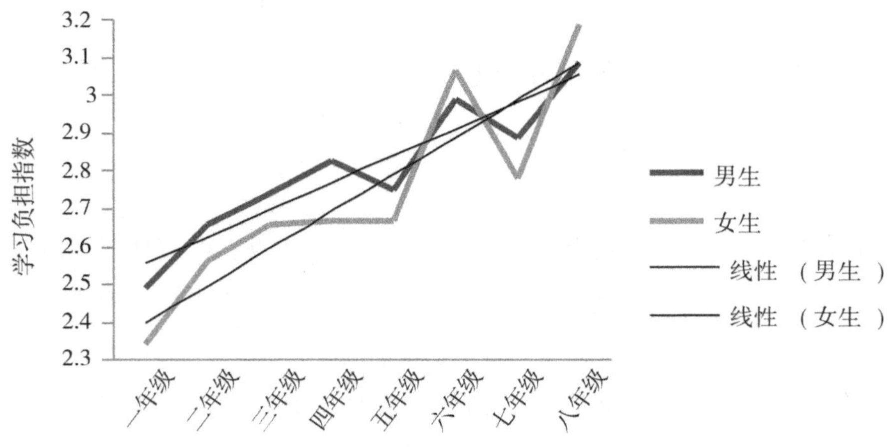


**图 14 一至八年级儿童学习负担发展趋势(样本量=3371 人)**

创新素质特别重要的另一方面是创新的人格，这方面包括好奇心、想象力、挑战性以及冒险性。我们也测量了创新人格的发展趋势(图 15)。如图 15 所示，它是逐年下降的，特别是对于男孩来说下降的趋势非常陡峭、非常明显。刚上一年级的时候，男孩的创新人格还是比较高的，但是在六年级的时候就已经降到很低了，此时孩子们开始上中学。所以，即便结合这样的一个趋势，也告诉我们——“双减”工作势在必行。因为这样一个逐年累加的负担，直接造成对孩子们创新素质的不利影响，所以，各位请注意，创新的教育，最最核心的要靠我们教育的创新，这是我们教育人的责任。

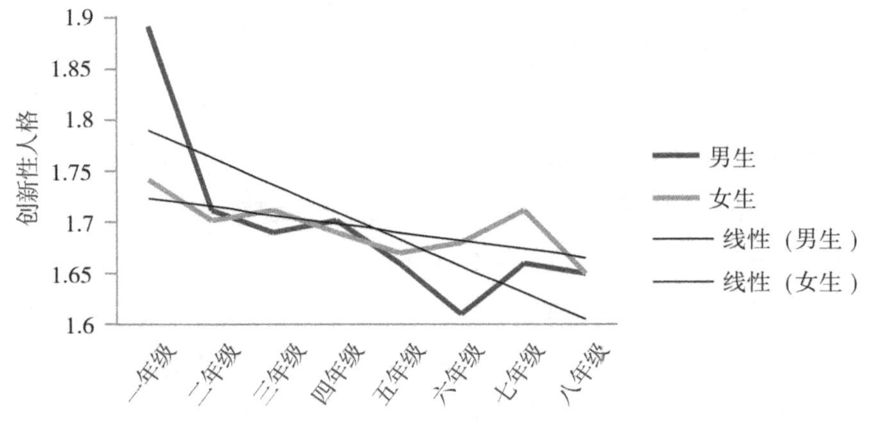


**图 15 一至八年级创新人格发展趋势(样本量=3371 人)**

## 五、创新素质的激发与培养

### (一)三原则

教育要变革，操作的角度而言，我们的校园文化、机制体制要改革，我们的教育评价方式要变革，尤其是体现发展性和激励性的过程性评价，其作用是其他方式不可替代的，对于学生创新发展方面的发现与认可，当然应该成为我们教育评价改革里面非常重要的一部分；我们所采用的课堂教学模式以及师生沟通、亲子沟通的模式，都应该面向学生创新素质的发展而进行升级与完善；在作业布置方面，学生需要有能够支撑自身创新能力发展的课外学习活动，包括围绕校内学习的拓展与迁移学习活动，这样的活动要体现出鲜明的创新导向，将聚合思维与发散思维训练有机地结合，当然也包括研学旅行的活动，事关学生直接经验的获得，这种鲜活的直接经验，对于创新素质的发展不可或缺。

另外，我们的考试要服务于学生的发展，考题的设计要体现创新素养的导向，让学生通过考试反思自身的优势与短板，从而改进自身的学习与发展；教师要在儿童青少年创新发展方面，不断更新理念、不断提升育人能力，为此，与时俱进地更新对儿童青少年的理解，这应该是我们教师教育序列里面最重要的课程方向。这个理念我们应该把它落到实处，我们要探索清楚，究竟孩子跟我们成人有什么不一样。刚才的例子里面，我们可以发现儿童青少年的发散思维可能比我们成人要好，这是一个颇为重要的孩子跟我们成人不一样的地方，所以，孩子们会提出很多古灵精怪的问题，但那很有可能就是他们创新素质外溢的自然表现，我们各位老师千万不要轻易地下结论说——哎，你又在那胡思乱想，你又不在那干正经事儿，你还不如把唐诗或这篇课文背下来，把这几道题做了，到关键时刻可能“拿分”才是生产力。很明显，这样的一种导向可能就是赤裸裸地，有组织、有预谋地对学生创新素质的扼杀。

所以各位，我们创新素质的激发与培养要坚持这样的三个原则：

第一，我们要转变观念。观念转变是培养学生创新素质的重要基础。首先我们需要打破的是——创新是非凡的少数人才能做到的，我们芸芸众生不是每个人都有创新素质——这一错误的观念。第二，教师培训是关键。制订培训计划，要将教师实施创新教育能力的培训作为重要组成部分，教师要在培训中学会对学生发散思维的有效培养方法，特别是对于在合作中如何解决、探索没有标准答案的问题，要给学生亲身体验解决这类问题的机会。所以，我们作为教师，要不断提升能力，要加强我们教师自身的有关实施创新素质的必要性、重要性和可行性的学习，通过学习更新观念，建构新能力，迈向新境界。第三，要建设专门的制度。要有制度来保证对学生创新素质的培养具备可持续性，比如，评价制度的建设，保证创新素质的激发与培养成为我们教育教学评价工作里重要的一个组成部分。

我们团队曾经翻译了一本指南，该指南是由美国心理学会相关机构组织编制的，集中了有关基础教育改革与发展最重要的20个基本原理，其中第八个原理明确指出，也是我们教师应该达成共识的一个方面——学生的创造力是可以培养的。

在这个原理里面，它特别强调教师要让学生自己使用不同的方法来完成任务和解决问题，对于多元化思考的尊重是培养学生创造力的核心要义，教师肯定学生不同的观点，避免把有较强创造力的学生看作是调皮捣蛋。有必要强调的是，创新来自扎实的知识积累和严谨的思维，教师也要教会学生在具备比较好的思维能力的基础上，有机会进行创新。

### （二）典型案例

接下来，分享几个创新素质激发与培养方面典型的例子。

第一个典型的例子发生在郑州一中，他们培养了一批批杰出校友。其中有位校友苏义脑院士在母校70周年校庆的时候，回顾了在郑州一中的学习经历对自己后续发展的重要影响。影响特别大的一个经历是“一题多解”，教数学的蒋老师鼓励当年的他一题多解，对他影响非常大。他回味，当时虽然老师的要求增加了难度和负担，但是激发了他的浓厚兴趣。另外，他回顾自己在参加秋收劳动的时候，劳动休息间隙读课外书《元素的故事》的经历，这种经历对于他后来形成从事科学研究、为人类做贡献这样坚定的信念起到了重要的影响。而且此事过去多年，他仍然历历在目地记得这样的一个重要的影响，所以说，真正的创新素质的培养也不见得完全在课内，很有可能体现在第二课堂里面的社团活动或者第三课堂，也就是校外的研学、劳动与其他实践活动中。

第二个例子来自日本。我们大家都特别喜欢的大导演黑泽明，他在自传《蛤蟆的油》这本书里边，花了非常大的篇幅来讲他小学时候刻骨铭心的一个经历。在我看来，如果你对照他这一生的发展来看，这几乎是他命运发展的一个极其重要的转折点，因为他遇到了一个好的小学老师立川老师。这位老师在画画课上充分地肯定了他，把他大大地夸奖了一番。黑泽明，也就是当年的小明同学，本来是一个特别爱哭、特别爱流鼻涕，流了鼻涕也没有及时擦干净的“智力发育缓慢、性格乖僻”的同学，经过这样的一个肯定、鼓励，他喜欢上了画画，而且画什么都越画越好，与此同时，别的课的成绩也提高了，后来竟然还当了班长，班长在日本好像还有什么紫色绶带的金色班长徽。黑泽明充满温情地回忆了当时的情景，说是恍如昨日，说那时孩子们听到老师的鼓励性评语时，脸上都闪着光彩，脸颊绯红，很自豪。所以，我们今天去看他这一段经历，其实也不是老师做了惊天动地的举动，只是非常有根据地肯定了小明同学认真作画的行为，对这位儿童的幼小心灵产生了强烈震撼，对他后来的整个的成长和发展产生了非常大的影响。这是黑泽明的故事。

第三个案例来自美国。案主是我们心理学领域的大家、1949 年出生的斯滕伯格，跟刚才那位苏义脑院士是同龄人。三年级时，斯滕伯格在团体智力测验中取得不尽如人意的成绩，这使他对自己的学习产生怀疑和困惑，并认为是愚笨导致学业成绩的低分，由此开始了他的前研究阶段。然而，四年级时他遇到了一位对他有信心的老师 Alexa，给他打了高分，这位老师的到来对斯滕伯格来说，无异于幸运天使的降临。当被老师寄予厚望后，他迅速成为一名在学业成绩上表现出色的学生。

但当年的低智力测验分数依旧困扰着他，于是，13 岁时他想要彻底明白智力测验分数低下的他能够在学业成绩上有出色表现的原因。凭借完成科学课作业的机会，他设计出一个心理测验。而现实环境让他面临种种困境，即便如此，他仍坚持完成了斯滕伯格心理能力测验（STOMA）。16 岁时，斯滕伯格发现了心理测验的众多特性后，完成了一项分心对心理能力测验得分影响的研究。20 岁时，他发现了对智力测验题目进行加权评分来解决智力测验的方法，但不久后在同伴的帮助下他发现了其中的错误。他的前研究阶段在这时结束，同时开启了研究阶段的大门。

随着斯滕伯格的成长，他未曾停下有关智力和创造力的学习与研究的脚步。他建立了专门的智力的理论，他出版过一本书叫《成功智力》，各位老师同学有兴趣可以找来看看。他在 1996 年创建了专门的成功智力的理论，认为我们刚才推理里边那种智力叫分析性的智力，它充其量只能算智力的一小部分；智力更重要的是创造性的智力和实践性的智力。当然，这也可以部分地解释，为什么我们好多在学校里调皮捣蛋的孩子，后来毕业了，发展的状况竟然都挺好——孩子当时学习不好，是因为分析性的问题对儿童当时的发展而言，可能不是最佳发展的时机，但是，他的实践性的尤其创造性的智力，其实一直在发展。可能不单纯是我们教的那些科目做的那些题，能让他发展，他有别的机会，比如说在人际交往中，在解决生活、沟通中有难度的问题中可能也在发展。

通过这几个例子，我们能够看到师生关系的重要性。他们都回忆到了自己的好老师，好老师对学生的影响是终生的。现在我们学校里，特别有创造力的学生和老师喜爱的学生之间重叠的特征还比较少，所以，应该如何进一步地营造和构建支持学生创新发展的育人环境，在我看来，最重要的环境就是教师本人，教师的理念、态度、能力、做法，对学生有不可替代的重要的影响。

各位，让我们来重温陶行知先生的另外一句话。他说：老师们注意了，“你的教鞭下有瓦特，你的冷眼里有牛顿，你的讥笑中有爱迪生。你别忙着把他们赶跑。你可不要等到坐火轮、点电灯、学微积分，才认识他们是你当年的小学生。”要知道，学生的可塑性是非常强的，尤其是在创新素质方面的可塑性是特别强的。所以，我们各位老师要努力，要让创造性的学生成为我们教师特别喜欢的学生，我们要努力！

### （三）创新人才六心智

为此，我们建立了不同的模型，其中包括小学生创新素质的心智结构。小学生创新素质的六种心智包括学科专业知识心智、多元文化经验心智、积极自我评价心智、内在动机心智、问题发现心智和说服传播心智（图 16）。在这六种心智的内涵及外延方面，创造力心理学都有一定的研究。其中，学科专业知识心智和多元文化经验心智，是小学生创新素质发展的知识经验基础，而积极自我评价心智、内在动机心智和问题发现心智是小学生创新素质发展的动力，对其创新素质的发展有方向性的引领作用，说服传播心智则使得小学生有能力将个体化的作品让更大范围的群体所接纳和传播。

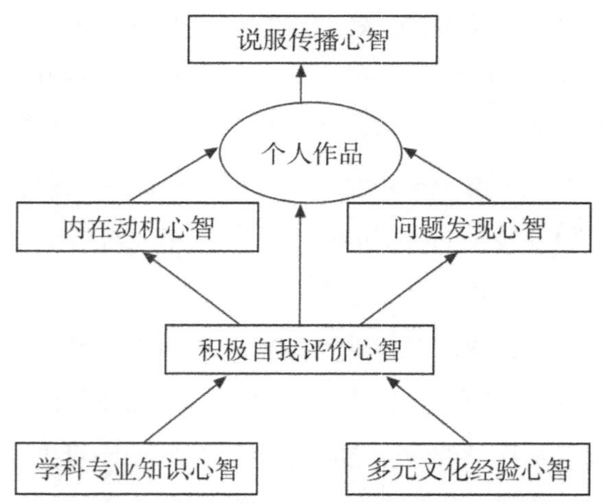


**图 16　小学生创新素质六种心智模式图**

我们最近这一段时间，大家可能都在评审本科生、硕士生、博士生的论文，你会发现，很多时候论文在评审或者是帮助学生修改的时候，我们从心理学导师变成了语文老师，不少研究生同学其基本的语言表达都有问题。比如说，“培养”对应的应该是培养一种能力，我们好多学生写为培养一种过程，培养认真负责的过程，所以词语的搭配很明显就有问题；但是，可能中小学阶段的基本表达不到位，到了本科、研究生阶段还持续存在这样的一些问题。这也是我们为何在这里要特别强调说服传播心智的重要性。对于中学生、大学生和教师群体，我们都建立了专门的创造心智模型，服务于创新素质的激发和培养。

普遍而言，总结起来包含这样六种重要的心智(图 17)：

**图 17　创新人才的六种心智示意图**

(1)有活力的学科知识。我们学习许多知识，关键的时候要能提取出来，能不能提取出来跟学生学的时候怎么学的，关系是非常密切的。

(2)丰富的个人经验与经历。我们现在的孩子们从中小学到大学，他的直接经验太少了，所以要增加直接经验。哪怕煮一锅粥的经验，炒一盘西红柿炒鸡蛋的经验，这样的经验都很重要，更不用说研学旅行、社会考察等等的经验和经历。

(3)积极的自我评价、完整的自我认同、较高的胜任力，这是第三个方面。

(4)对求知和探索有强烈的内在动机。你想，如果他厌学，他不喜欢语文，再好的内容也起不了作用。所以为什么说要少学一点、学好一点，就像我们吃饭一样，要吃好一点、吃少一点，这对于我们的健康以及对美食的兴趣保持都是很重要的。

(5)善于发现问题，敢于质疑。

(6)优秀的说服传播沟通表达。

关于创新素质的激发与培养，莫言带来的启发是：

第一，我们要用自己的方式讲自己的故事。我们要用自己熟悉的方式，做自己擅长做的事情，做自己擅长做的研究、喜欢做的研究。

第二，他在《透明的红萝卜》里提到，要有超人的忍受痛苦的能力和感受能力，他认为这是他全部小说的灵魂，对于创新素质的激发与培养也是特别重要的。总结起来，讲故事的能力、忍受痛苦挫折的能力，这是莫言给我们的启发。

第三，要意识到我们的经历经验是我们创新的来源。比如莫言其实也不是一开始就意识到20多年的农村生活经验是特别宝贵的，他也认为，当年写好人好事、英雄模范，其实那些作品文学价值很低，只有在高密东北家乡生活经验中累积的经验，变成文学作品，那个文学价值才比较高。所以每个人要接纳自己的经历、自己的童年、自己很卑微的过往，我觉得这都是我们产生创新特别重要的起点。

第四，尊重个性。莫言有一句话是这样说的：当众人都哭时，应该允许有的人不哭，当哭成为一种表演时，更应该允许有的人不哭。他说的是在“文革”的时候发生的事，参观的时候好多人假哭，我觉得他这样的总结直指创造的核心，也是对个性、对我们每个人自尊的尊重。

如果从屠呦呦这位杰出的科学家的身上来总结，我们至少可以有这样的启发，这都是她自己总结的：目标明确；学科交叉；信息收集；准确解析；关键文献启示，我们在座的，有很多是读研究生的，关键的文献你要读到，特别是我们中国古代的医药宝库；困境面前坚持不懈，对痛苦超强的忍受力，看看莫言在这一点上，英雄所见略同；团队合作的精神，无私合作加速科学发现转化成药物，这一点可能是科学跟我们文学不一样的地方。这是屠呦呦的启发。

### （四）陕西师大经验总结

其实，我们陕西师大的团队在学生创新素质培养方面也多年一直在做着这方面的工作。话说在12年前，我们就开始在做，如何减轻学生的课业负担，如何培养学生的创新素养，这是当时项目开题的照片，这是很大的一个项目团队，中小学与大学的合作。

这是我们在七个方面所做的有关中小学生减负与创新素质培养的工作模式图（图18）。刚才我总结的校园的制度和文化、作业的布置、考试的设计、课堂模式的改变、创新课程、创新的时间、空间规划，校本课程的研发以及教师能力的提高，当然还包括评价模式的改革。在这些方面，我们分别在实验学校做了十多年的探索。

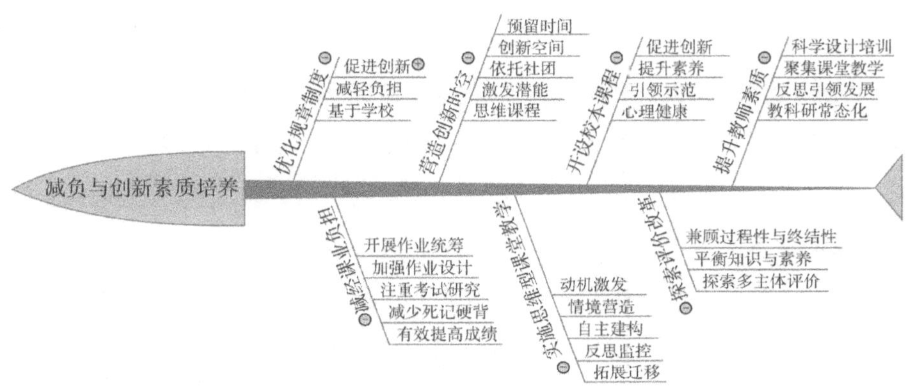


**图 18　减负与创新素质培养项目工作模式图**

特别是我们陕西师大在培养创新素质方面，胡卫平教授带领我们团队提出的思维型课堂教学模式，对于创新素质的激发和培养具有特别重要的意义。不管你的课是以什么样的形式来完成的，不管线上、线下还是混合式的，都要激发学生的动机、引起他们的认知冲突，要让学生有机会自主建构知识、自主获得知识，要有实践操作的机会，要有反思的机会和应用迁移的机会，这是思维型课堂教学的五大基本原理。五种比较重要的思维品质亟待培养，包括思维的深刻性、灵活性、敏捷性、批判性和独特性等。

各位，这是多元智能的提出者霍华德・加德纳的总结，他就发现高创造性的个体，有这样三个鲜明的特点：第一是结合目标勤于反思。大家去看莫言、屠呦呦，我们刚刚讲的黑泽明、斯滕伯格，包括苏义脑院士，都是这方面的典范，他们能够经常性地回顾与反思，分析哪些发展的过程或者瞬间对于自己是特别重要的，从而总结经验教训。所以，苏义脑院士当年在高考的时候就用了一题三解，在高考试卷里边体现出来；毕业之后做厂办大学的老师，用一题八解，作为示范，引领同学们进行一题多解的训练。第二个特点是，明确优势弱点，不断将自己调整到最优状态。第三个，我们刚才一再强调，莫言、屠呦呦也都充分地提到，对于失败和打击有特殊的承受能力。你看屠呦呦做了 191 次同样目标的实验，终于找到有效的青蒿素的成分，但是这种不断探索性的重复说起来容易做起来难。

我们大家就可以回顾一下，如果写一篇论文我们能改多少遍？鲁迅先生说，有人说我写文章写得好，问我有什么秘诀，我的回答是，我没有什么诀窍，第一，多看；第二，练习。鲁迅先生认为好文章是改出来的。我们大家的文章，我们能改多少遍？能不能改十遍？改二十遍？因为科研的过程中常常被拒稿，这也是一种失败和打击的体验，我们怎么去承受？有的人被拒了两次，就觉得我不是搞研究的料，还是退出研究领域吧，那我们怎么才能在科学创新的路上走得更远？所以各位，高创造性个体的三个主要特点很有启发意义。

故此，不断地反思和修正、变革对于创新格外重要。我们给老师写了一本书，叫《教学反思能力实训》(图 19)，它能够帮助教师实现对自身反思能力比较好的训练，是我们《思维型教学理论引领下的教师专业能力实训丛书》的其中的一本。教学反思它确实能促进我们教学的创新，从而促进学生的创新发展，这套丛书共有六本，大家可以找来看一看，经过这样的一个过程的改变，教师可以得到发展。刚才我们谈到调查中发现一年级

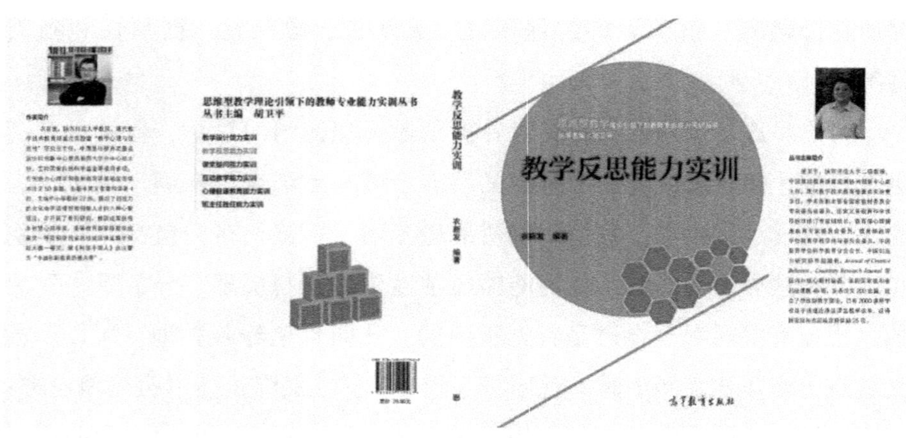


图 19 《教学反思能力实训》教材封面

的孩子创新性的人格有下降的阶段，但是二年级以后会逐步上升。参加项目的老师，在此过程中也能得到一定的发展。

此外，我们呼应一下，上一周在李贵安教授讲的内容里包括了课堂创新，我觉得要充分呼应我们在高校的大学课堂创新方面，其实也有陕西师大的方案，方案就是我们提出来的——贯穿 PACE 要素的三元课堂模式，它是培养我们创新素质的一种特别好的方案、一种模式，包括了过程、能力、素养、评价，包括了三元课堂的有机融合。

这一模式以培养学生核心素养为基础，以培养创新人才为追求，历经十余年实践探索，提出创新人才必备的六种心智模式理论。形成贯穿学习过程(P)、综合能力(A)、核心素养(C)、多元评价(E)(简记为 PACE)核心要素的三元课堂创新模式。模式注重自主、合作、探究，践行学思结合、知行统一，综合采用启发式、讨论式、项目参与式等方法，将正式学习(第一课堂)与非正式学习(第二、第三课堂)相结合，将理论与实践相结合，将知识内化与素养发展相结合。

同时，我们还提出教师课堂创新能力发展之“赛促动发”思路与理念，使教师课堂创新能力通过这一理念的落实得到发展。首创全国区域性课改组织——西北课改名校共同体，将中小学与大学的课堂创新相贯通，搭建课堂创新交流平台。构建大学、中小学、政府、媒体以及小学、初中、高中、大学双“四位一体”的协同创新联动推动/深化课堂创新机制。共同体通过组织课堂创新活动使该机制得到落实。

所以，我们不断地在迈向课堂教学的创新，我们的团队，我们创造性教学的团队，去年(2021 年)进行了更深度的融合，在李贵安教授、胡卫平教授、何聚厚教授、龙宝新教授、段海军教授等诸位的精诚合作之下，我们正不断地探索创新素质发展的道路和方向，我们的团队 2021 年荣获全国高校教师教学创新大赛二等奖，2022 年荣获陕西高校课堂教学创新大赛一等奖。

### (五)协同合作与未来展望

近些年，在全国层面，我们与兄弟院校，比如北师大合作，联合组织了“中国好老师”公益行动计划全国育人论坛这样的活动。在 2019 年，有 600 多人来陕参加线下的论坛，起到了非常好的对于学生各方面素养培养示范的作用。当时围绕心理健康、自助管理和数学学科育人开设了很多的示范课、策略讲座和培训报告，我们将一些研发成果，通过各种各样的渠道，推广到不同的区域、不同的学校。2020 年当然就变成了在线论坛，是聚焦心理健康。其实心理健康教育里边，如果大家看教育部的指导纲要，它是包括创新素质的激发、创新思维的培养部分。另外，我们还与全国的创造力研究同行一道，从 2014 年到 2022 年，在不断地探索创造力的结构特征、发展规律和培养途径，利用专门化、有组织的学术研究服务于国家创新人才的培养和发展。

2021 年，我们在疫情平稳的空当时间仍然组织了 200 余人的线下会议，就在陕西师大老校区的崇鋈楼，举行了盛大的第七届全国创造力研讨会。我们还设计了专门的 Logo（图 20），大家有没有从 Logo 里面看到有刚才 4C 的影子？

**图 20　中国的创造力研究协作组织的 Logo**

2022 年的会议就改为在线进行，6 月 25 日至 26 日，已经在山东师范大学顺利闭幕，会议的主题是——百年变局下的创造力研究与创新人才培养，跟咱们今天晚上分享的主题也是非常契合的。

所以，我最后发出一个邀请，请各位持续关注全国创造力研究学术研讨会的信息，欢迎各位以后有空参加专门研究创造力与创新的人的年度聚会，能够更专业地更深入地了解创造力的学术研究。

这是我今天晚上要分享的主要内容。感谢各位！现在把麦克风交给主持人海龙老师，掌声有请海龙。

**余海龙：**

谢谢衣老师，非常感谢您！

现在，通过腾讯视频上观看咱们视频号的网友是 220 位，刚才还有网友在留言的时候问，您是不是辽宁师大教育系毕业的？

**衣新发：**

辽宁师大，确实，在美丽的海滨城市大连，度过了我美好的本科学习岁月，奠定了考取北京师范大学研究生的学识和见识基础，而且当时还"早恋"了，现在的媳妇就是当时辽宁师范大学的同级同学，这份革命的友谊让我们穿过了 20 多年的青葱岁月，从大连奋战到北京，再到德国，再回到清华，最后花落陕师大，立足西部、服务全国。我们始终坚持厚德载物、为人师表的校训，坚定砥砺奋进、教育报国的初心。

**余海龙：**

很多网友在关注这一块，好，谢谢衣老师辛苦的讲座。现在我们还是有请本期的与谈嘉宾何宁教授。

**何宁：**

衣老师好，余老师好！

**余海龙：**

按照咱们论坛大讲堂的惯例，首先请与谈嘉宾何宁教授用几个关键词概括衣新发老师的讲座的核心观点，帮我们迅速地抓住重点，有请何老师。

**何宁：**

好的。首先，还是很感谢衣老师给我们做这么精彩的报告。

我觉得讲座非常系统，给我们从创新素质，包括创新思维、创造性的人格，从这些概念理论入手，一直到我们如何在课堂教学当中实践，包括还呈现一些我们陕西师大所做的实际课堂改革创新的实例，我觉得非常完整、系统，我个人也获益非常多。

从感悟的角度我想可能有三个关键词，当然，这是我个人的感悟，和大家分享：

第一个感受就是很轻松。

之前一提到创造力总是和非凡的人物、杰出的成就、高超的水平联系起来，让我们总是有那种高山仰止、难以望其项背的感觉；一直以来总觉得，就像衣老师讲的，有些老师说我自己都没有创造力，我怎么去培养创造力的学生，这样一些认知的误区其实普遍存在。衣老师给我们讲，我印象很深的像4C理论，我们暂时做不到这样的big创造力，我们生活当中还是有这样的一些迷你的、一些小的创造力。所以，我们感觉到对创造力的认识有了一种全新的状态，这个领域其实有非常科学的一些依据来支撑，让人感到非常轻松，包括衣老师谈到，陶行知先生在很早前就说，我们处处、天天、人人都有创造力，实际上创造力就在我们身边，它是一个不可分的现象，我们讲不管是一个心理过程，还是一个一个个体的现象，还是一个社会的现象。这是我的第一个感受。

第二个感受，或者说是关键词，是非常科学。

衣老师提供了大量的研究实例，比如我印象比较深的，在讲座当中，衣老师提到发散思维，这是在许多心理学研究当中，我们公认的创造力的核心或叫创造思维的核心。还有斯滕伯格，他提出智力的三元模型。印象最深刻的，还是衣老师他们自己做的一些研究，包括对不同年龄段孩子的追踪，他的这种创造力发展的趋势，还有一些跨文化比较的科学研究依据，为我们今天的讲座带来了有深度的，或者说坚实的科学证据基础。故此，报告不仅仅是一种感想式的，或者说从我们工作经验当中得到的一些总结，而且是我们对和创造力相关的一些领域的研究也好，还是我们今后将理念能运用在实践工作当中，就有了强大的支撑。

和大家分享的第三个关键词，我觉得非常实用，操作性很强。

因为衣老师有很多的实例，不管是中学、小学，还是我们大家熟悉的一些著名的文学界的、科学界的，甚至一些我们身边的小学生、生活当中一些老师，还有我们陕西师大，目前我们在课堂创新方面的一些做法，我觉得给我们提供了很多在实际工作当中，不论是我们基础教育也好，还是高等教育也好，可以利用和操作的一些原则、一些思路，甚至是一些具体的方法和指导。

这三个关键词，我今天印象非常深刻，想拿出来和大家分享。衣老师在讲座里给我们提供了一条非常清晰的线索——我们要有创新的理念，然后还掌握了一些科学的方法，我们有实际的一种制度和环境的保障。所以创造能力是一种可教的特征，创新教育是我们作为教育者或者叫作教育工作者可以胜任的工作；在我们生活当中也有创造力，这种特质无时不在、无处不在。实际上，是我们可以实现的一种现实的、一种教育教学目标。余老师，我先简单分享到这儿，这是我的一些个人的感想。

**余海龙：**

好的，好的！非常感谢何老师！

其实，您给我们讲座的一个点评，我也把握住了三个很重要的地方：

第一个，创造力非凡化，其实这种观念是错误的。不一定我们的创新，就是要把孩子一定教成爱因斯坦才能是创新，所以这个观点是错误的。哪怕有一点点的前进、有一点点的思考、有一点点的成长，可能都是我们创造力培养的一个很关键的地方。

第二个，在创造力培养的过程当中，发散性思维和聚合性思维的关系。其实有的时候思维的组合，包括刚才衣老师也谈到了，像屠呦呦，我们觉得特别有意思的一点，刚开始用热萃取的方法，得不到青蒿素，很长一段时间之后，突然用了冷萃的方法，这是 180 度的逆向思维的形式，居然就得到了更有效的青蒿素。但是这种突然逆向的思维的过程，它是一个超越或者飞跃的过程，其实，有时候也觉得挺难的。

第三个，何宁教授提出来，创造力是可教的。掌握基础理论以后，这种方法可以复制、可以培养，而且能够在前人的基础上，不断地提升自己的各方面的能力，我觉得这几个观点对我们来讲特别重要。

好，还得有请衣老师打开您的话筒。

**衣新发：**

好，谢谢，谢谢！感谢两位的鼓励和引领。

**余海龙：**

讲座很辛苦，但是还有一个话题，首先要来请教您：许多老师遇到过这样一个情况，比如说，我作为一个小学老师，我在上课的时候，请学生回答问题，而学生回答的问题离开我的预设、离开我的课堂所聚焦的环境，我作为一名专业老师，或者我作为一名孩子的授课老师，我如何判定孩子是在进行创新思维的表达，还是在捣乱课堂，这可能是很多老师遇到的一个很关键的问题。

衣老师，您怎么认识，怎么看待这个问题？

**衣新发：**

余老师刚刚总结的问题，我觉得具有非常强的代表性。的确是，不管在中小学，还是大学，大学一般会少一点，小学可能比较多，有些孩子他可能本身能量比较足，然后他就会不走寻常路，这时候，我们老师就会有一个判断，说他究竟跟我的课是同向同行，还是来调皮捣蛋，对吧。

我在上师范学校的时候，我们就是师范生，有经验的老师告诉我们，同学们注意，这样的孩子，如果你判断他跟你的课程同向同行，那你可以理会他讲的节外生枝的内容，如果你判断他是来调皮捣蛋的，你要冷处理，你就当作他不存在，你就忽视他，他因为本身内心是想赢得关注，你如果没有给他关注，久而久之，可能他就不再调皮捣蛋了，这是我们受到的教育。

原来的教育是这样的，这里面确实有它的道理，因为我们原来班额都比较大，如果你一个一个地去理会他，摁下葫芦起了瓢，满足了他，摁下了这一个，别的又起来了，可能会影响教学的进度。那现在我觉得在新时代，我们需要新的老师，如果孩子本身跟我们课的内容是同向的，提出这样那样差异化的问题，我们当然要尊重，要关注；而退一步说，即便他是在调皮捣蛋，那我们老师在创新素质的激发与培养大背景下，也应该或者我们通过个别化交流，或者通过巧妙地设计我们课堂对话的内容，把我们儿童的能量，把他想要表现的这种主动性，引导到课程的内容、对于我们学习内容的探究上。

我们也可以给这样的学生有个别化学习任务的安排和个别化的约定，我觉得这样的孩子在课堂上，他最起码有想要表达的愿望，而刚才讲到高创造力人的特征，他也有一个想使自己的事让别人知道，要传播、要影响别人的心智的特点，在这一点上，其实二者之间有共同之处。所以说，我觉得他的这种能量、这种表现，我们要善加利用，而不光是冷处理。你当作他不存在，久而久之他就老实了。但是，老实了有的时候，他可能就和课堂、跟我们这位老师的教学一刀两断了，可能更进一步，我们整个课堂就抛弃了他，他就可能产生厌学。回首我们成长的历程，很多少年的小伙伴，就发生过这样的事情，不少孩子很小的年龄就辍学了，可能就跟当时老师那种一刀切的教学指导思想有关系。所以，我觉得，在新时代，我们完全可以做得更好。

**余海龙：**

谢谢！

**衣新发：**

这是我的回答，不一定成熟。

**余海龙：**

衣老师，您谦虚了，您谦虚了！因为确实有的时候，当一种创新呈现出来的时候，因为是创新嘛，所有人都没有见过，遇到这样的一种答案以后，也许我们的老师可能都没有见过这种创新的结论，所以当它出现了以后，很有可能给大家造成的印象是，你是不是故意在捣乱？我就回想起我自己小的时候，在20世纪80年代的时候，小朋友在一块做游戏，我们就幻想说，未来打电话的时候会不会有一种可见的图画带着跑，当时我们看到国外一些科幻片的时候，就看到里边有这种可以视频通话的技术，80年代的时候，可能我们都觉得这是一个天方夜谭，但是到今天，我们比如说打开微信，比如说我们像现在的这种以视频会议交流，它就已经变成了现实。

再讲一下，2001年，正是我上大学的时候，当时拿了一部手机，那还算是有手机比较早的一部分学生，当时的手机只能做两件事——打电话、发短信，但是今天，我经常跟学生讲，我说现在手机不能干什么？传送的东西由原来简单的文字符号变成了现在的图片、视频、文字，手机都会达成，我们今天的所有东西，包括移动支付，它带给我们一系列的改变，包括当时触屏手机的出现，甚至可以把键盘都扔掉了。您看这样的一系列的创新，确确实实刚出来的时候，我们可能觉得它是异端，但是可能用不了几年，它就成为我们当下生活的一个热点，进而成为不可或缺的生活的一部分、生命的一部分。

好。下面有这样一个问题，还是想请教何宁老师，因为您是一直在师大的心理学院从事教育教学工作，并且还管理本科生教学，现在很多人特别是大学生在讲，有一些孩子在填报高考志愿的时候，他不知道该选择什么专业，以至于入校了，比如说一年或者两年以后对所学专业不感兴趣。现在我们各个大学的政策非常开明，孩子可以再选专业，那这里边的一个问题很多大学生朋友会问，说今天衣老师讲的创新教育、创新素养，我们可能在中学小学的时候就培养了，作为一名大学生，我今天进入大学课堂后，有没有老师会对我在创新方面有强制性的要求？我进入大学阶段，再学习创新素质晚不晚？我自己如果要学习创新素质的话，我怎么去学？何老师。

**何宁：**

好的，余老师。

我觉得这是一个很好的问题。我个人体会，最近正好开始专业分流，也正好遇到余老师说的事，很多学生开始迷茫，他之前专业可能更多的是听从父母的安排，或者说周边的小伙伴们觉得哪个专业比较好，或者哪个就业前景比较好。实际上，创新，我个人理解，它和人的动机，还有和人格，当然人格部分，衣老师刚才也谈到过，实际上，它和我们这种创造力、创新思维、创造思维有密切的联系。所以，我想大学生实际上最重要的培养自己的创新素质，可能还是要从如何真正发现自己感兴趣的问题，愿意做深入的探索，就怎么样调动自己，现在叫自主人格或者主动性人格，从这个角度来讲可能是更有意义的，而不仅仅说，像我们讲基础教育阶段或者更早的儿童阶段，做一些发散思维训练。

刚才余老师谈到，因为大学，它在整个教学和教育管理上相对于中小学来讲比较松散，前面衣老师在讲，我有一个很深的感触是，实际上，创新不仅仅是产生一个高成就的产品，实际上创新和心理健康有密切的联系，创新是一种表达，或者说是个人独特性的一种展现。从人格角度来讲，我非常独特的一种思维模式也好，或者说我的一种看待事件的一种认知方式也好，是不是一种展现？因为我是做人格心理学的，从人格心理学角度来说，健康的人实际上他也有比较高的一种自由创造或者是自由表达的能力，而不是一种对经验的拒绝；或者说，如果我是一种高防御的，我只认同或者说我只接受那些我原有的自我概念当中的一些框架或者一些模式，而创新人格是一种更多指向经验开放性的特质。所以从大学课程来讲，作为大学老师可能更多的是要激发学生的这样一种内在的动力。

也有研究表明，实际上，如果说是出于内在动机、内在兴趣，它在坚持性上表现会更好，而衣老师前面讲，屠呦呦这些大科学家能坚持多次，她为什么会有坚持？很多同学可能将之简单地理解成是一种个人自控力或者说是个人意志品质的表现，我个人并不这样认为，我们经常讲，它可能是一种心流的状态，英文里边叫 flow，水的流动的状态。这种状态实际上，它是一种自我实现的，或者他完全投入到他所喜爱的一项工作、一个活动当中，而活动不一定是说大家公认的非常有价值、非常有意义，但对他来讲，他可以做到这样一种物我两忘的境界，所以这是在一种内在动机的支配下，而不仅仅说，好，我今天把手机扔到旁边，看，我坚持两个小时，我不用手机，那我的工作一定是很有效率的、很有价值的。

实际上，从创造力的本质来讲，或者说从创造力和人格的关系来看，更多体现人的一种意识流动的方向和方式。而不应简单地理解为，只能从任务的成果来评价。创造力是人的这样一种动机、或者说一种个性的表达，甚至是，我们再把它降低一些，我觉得健康的人首先也是一个富有创造活力的人、一个善于自我表达的人。

从大学课堂来讲，我觉得老师应该更多地激发学生勇于表达自己的观点，当然，衣老师也讲发散和聚合是相伴而行的，我们在发散的同时，我们也需要引导学生，给予他积极的反馈，或者说更有价值的反馈。就刚刚衣老师讲座里边，我自己也有很深的感触，要在创造力培养当中，对老师的这样的一种我们叫教师专业能力的部分要加强培养和引导。老师应该学会如何识别、评价学生的创造性表达、表现和作业等。所以，从这个角度来说，对老师的要求会更高，教师的职责就要远在知识的传播之上，更重要的是帮助学生形成这样一种能力、一种习惯，让师生有可能在教与学的过程中，能体验到刚才讲的一种心流的状态，这可能是作为大学教师或者在大学课堂上，老师应该特别关注的。因为实际上，大学生的认知能力已经相当成熟了，从发展阶段来讲，更重要的是激发他内在的动力，培养他创造性的、主动性的人格，让他去体会，他在创造当中所体验的一种喜悦，我们叫作这人很积极。

**余海龙：**

这样的课堂是引发学生思考的，而不是老师一言堂这种的。

**何宁：**

是。

**余海龙：**

谢谢，谢谢何老师。

**衣新发：**

说得非常好！

**余海龙：**

刚才，又有朋友发来信息说到您今天讲的创新，大家都意识到了很重要，从国家的意志，从现在我们讲到的中小学生核心素质的培养，大家都认识到创新能力的培养特别重要，但是听了您今天高大上的讲座之后，很多老师说，我如果作为中小学的老师，我作为师范生，我作为高校老师，我应该怎样将培养学生的创造力或者说创新素养落实到我的日常工作当中去，大家意思说，您得讲干货，我该怎么去做？

**衣新发：**

好，好的，这是非常好的问题。

这是具有一定概括性的问题，搞了如此多的研究，究竟有什么用？我们怎样才能够同国家的重大需求结合起来，同我们每一堂课，同每个老师，让我们每一间教室、每一个老师、每一次的师生交流里，都蕴含创新的要素，这是非常好的一个问题。结合刚才何老师跟余老师的对话，提到了 Flow 的概念，Flow 即酣畅或心流，这一概念是由奇克岑特米哈伊提出来的，去年这位心理学家去世，我们团队写了一篇 40 多页的文章，回顾了他关于创造力的研究历程，做出的重大贡献。心流体验是积极心理学的一个重要概念，奇克岑特米哈伊在研究创造力的时候发现，人们在专注于自己喜爱的工作时会经历一种独特的体验，这种体验令人废寝忘食，不计回报地全身心投入工作，并且在工作中非常愉快，而人们在具有这种体验的活动中常常会爆发出意想不到的创造力，奇克岑特米哈伊将这种体验称之为心流(Flow)。同时，他运用心理体验抽样法(Experience Sampling Method，ESM)围绕心流体验开展了大量研究。心理体验抽样法为研究心流体验提供了全新的视角和思考方向。

2000年，他和马丁·塞利格曼共同发起了积极心理学的运动。可见Flow，以及他提出来创造力有一个叫三叉戟模型，在培养人的创新能力过程中非常重要。我很同意何老师的观点，个体越是自我决定的，越是内在动机导向的，因为喜欢才去做一件事，个体越能沉浸其中，物我两忘，无怨无悔，然后这样才能做出真正有创造性的发现。

如果说到建议的话，我觉得第一个很重要，是从尊重的角度来讲。我们今天的老师都应该能够做得比爱因斯坦当年那个老师好，你看爱因斯坦当年的老师很不好，把爱因斯坦做得不太漂亮的小板凳拿起来，说，同学们，你们还见过在世界上比这更糟糕的小板凳吗？对吧，你这不是当众羞辱学生吗？这小板凳是爱因斯坦同学、小爱同学自己亲手制作的，能做出来就不错了，对吧？

我觉得第一个方面，我们学生，比如说他做了一个海报或者做了首打油诗，仿写了一篇作文，或者他自己完成了一个什么样的小制作，用折纸做了一个什么作品，或者就很简单地画了一幅母亲节的画，送给妈妈的画，即使很稚嫩，但是感情是真挚的，那我们老师也好，我们家长也好，首先要尊重学生和肯定学生。

如果真是学生用心做的这样一个作品，我们老师就不应该拘泥于比如说画得像不像，说画得也不像你妈，把腿画得这老粗，腰跟水桶似的，然后直接就打击人家。只要是孩子用心做的作品，就像小明、黑泽明，你说当年他画的画有多好，但是他把彩笔断掉的笔芯用唾沫浸湿了，在纸上画，画出来那种好像有多彩的云的效果，立川老师发自内心地大大赞扬，而且还对耻笑他的同学都说你们不要耻笑，人家很认真，画得很好，非常好，充分地肯定。

所以说，来自成人世界，真心的、基于他作品的、基于他用心的这样一个肯定，对于发展孩子的内在动机特别重要。对于学生的作业作品，我觉得要充分肯定，不要苛求。有些小孩，苛求会出毛病，你比如说汉字有笔顺，小学低年级开始训练笔顺，结果老师要求特别高，一旦写错了，老师就说你必须撕掉重写，结果有的小孩回去就为了笔顺正确，不停地撕那个本子，一晚上的作业把整个本子都撕了，甚至都有点强迫症了。笔顺是重要，但是偶尔，比如说，咱们成人其实写错笔顺的也不少，有些书法家甚至都写错，但是我们从大的方向上，要讲规矩、讲原则，但是不必苛求，不要在一些没必要的细节上过于苛求，我觉得这是第一方面。我们长话短说，对于他的作品，对于他的学习成果，要有充分的肯定。

第二个方面，我觉得在课堂里边，我们不管是任何的课程，大学中小学的课程，要给学生发散思维的机会，要让他们发散思维的小翅膀也能够扑棱扑棱，比如说，我们课堂提问，我们能不能一周找上两三节课，专门设计一些能够让学生多元化思考的问题，我们在课件里面或者在教案里边，直接就把那个问题写下来，我觉得老师都可以改变自己的提问问题，像陕师大的张熊飞教授当年在扶风二中的物理课上，也是通过改变提问，让学生开展探究性的学习，取得了良好的成效。

第三个方面，教师要以身作则。刚才余老师讲到，说很多创新都是不经意间玩出来的。比如说那个视频分享网站 YouTube，一个学生出去玩，给小伙伴拍了好多视频特别有意思，怎么传给大家，哎呀这不好传，他就在他们家，据说是在车库里，一个华裔的学生，搭建了一个视频分享的网站，这是 YouTube 最初的原型。创造力心理学里管这个特点叫玩兴特征，playfulness，老师们千万别把很多事情都弄得苦大仇深，你弄得轻松一点，弄得幽默一点，包括我们家里摆了两盆花，怎么摆比较漂亮，创新的可能生活中无处不在，都有趣味，我们老师要能够把趣味加工出来，能够体现出来，让学生们 get 到；就连擦拭伤口用的棉签+碘伏都有创新，以前是分开的，现在就有创新的商家卖蘸了碘伏的棉签，独立包装，多么好用，多么贴心！

第四个方面，我们可以在班上，对比如说像莫言、屠呦呦、杨振宁、李政道这些创新人物，他们的一些故事，以及像爱因斯坦、牛顿、麦克斯韦、达尔文、歌德等创新人才，我们要做一些解读，我们可以引导学生去读一读他们的成长故事。他们当年是怎样的，他们当年也是小学生，甚至也是流着鼻涕和眼泪，好多课没能很好地学会，但是，他们是怎么样一步一步发展的。换句话说，也不是所有老师肯定过的学生，后来都成为黑泽明式的人物，当然这还需要小孩自己的内心要强大，即使老师没有阳光，没照到你，你自己照照自己也很重要，对不对？爱因斯坦就是这样的，当老师羞辱他的时候，他掏出了另外两个更不好看的小板凳，以回怼老师。

最后一个方面，是我们在过程中反复强调的，我们要多给孩子们一些直接经验的机会。现在好多学生其实都是这样，不管走出教室干什么，只要走出教室呼吸一下新鲜空气，哪怕摸摸树皮，他都觉得很高兴。现在孩子们直接经验太缺乏了，直接经验的缺乏对他的审美也会造成不良的影响。美首先来自直觉，对于创新来说，他没有实践的体会和经验，即使间接经验学得再好，题解得再好，可能终生也难成千里马，你一定要让马到草原上，无边无际去奔腾一下，要去奔跑一下，不能整日在教室里拉磨刷题，那样对他创新素质的生成确实是不利的。

这是我的很不成熟的一个即兴分享。

**余海龙：**

谢谢，谢谢衣老师。

**衣新发：**

我们抛砖引玉，谢谢，谢谢余老师。

**余海龙：**

您后面讲的那个内容，我感受特别深，走到大自然能够和大自然触碰，哪怕是摸一摸树皮，因为生活是最真实的，有很多的这种需求。它其实是来自，或者说很多的创新，它来自最真实的生活，人类的需求。比如，有人在说，我想走得更快一点，两条腿看来是不行了，那我就发明了汽车、飞机；不想游泳了，我发明轮船；那我时间太忙了怎么办？衣服想要洗得更干净，我们发明了洗衣机，等等。

创新，在我听您刚才的讲座的过程当中，我觉得我们首先要给孩子一个机会，作为老师一定要给孩子这样一种机会，为什么我们现在说很多事情是年轻的时候，拥有创新的能力或者创造的能力，因为他缺少很多的条条框框的束缚，不受一些规矩的束缚，所以，能够去做。比如说按现在的说法，是跨学科的思维、交叉融合的思维。我们现在的很多学科，走到后面需要的越来越多的是一种交叉的学科。比如原来是物理学，或者是化学，现在有物理化学，这样的一种交叉，它可能带来的是人类对世界和自身的一种全新的理解和认识。

好，我们很不想结束今天晚上的讲座，但是我们今天晚上的时间已经到了。非常感谢二位教授，感谢衣教授给我们做这样的一个主题演讲，感谢何宁教授参与我们这一次的谈话。二位教授给我们的思考，给我们的引领，会让我们在培养学生的创新素养方面能够走得更远。今天，我尤其觉得《科学中国人》给衣老师您的那个评价——中国创新教育的播火者，特别好！后面，希望您把创新之火点得更旺！

**衣新发：**

新起点，新起点。

**余海龙：**

我们更希望把您刚才谈到的重要的观点，编成一本总结创新人才发展规律、创新方法如何实施方面的经验总结类的书籍。我们更希望看到衣老师和何老师有机会开展合作，能够给我们带来获得创新能力激发和培养的著作。比如说您刚才提到的屠呦呦、爱因斯坦，比如逆向思维、跳跃性思维，能够带来这样的一些如何培养创新的、具有操作性的书籍，我们代表所有网友更加期盼二位大咖教授给我们再提供更多、更丰富的创新素质激发与培养的知识系统！

我们还要再预告一下，我们第三讲，将由西部课堂创新研究院研究员、陕西师范大学外国语学院院长、教授、博士生导师刘全国老师，在下周四的晚上 7 点到 9 点为大家带来主题讲座，他讲座的题目是《课堂教学的传承、创新与当代实现》，欢迎各位老师们继续收听收看。

再次感谢衣新发教授和何宁教授今天晚上做客我们的“课创大讲堂”，谢谢！

我们下周四再见。

# 第3讲

# 课堂教学的传承、创新与当代实现

**主讲人：刘全国　教授**

**（与谈人：　何聚厚　教授；　主持人：　余海龙　老师）**

**【摘　要】**课堂是教育形态的窗口，课堂是教育生态的指针。中国古代教学形态有私塾、书院等，它们承载着传统教育的智慧，凝结了古代教育的记忆。在“互联网+”时代，随着技术的介入，教育生态焕然一新，但课堂创新离不开对传统优秀因子的承续和对教育技术的融合。自主、自助、自发和自由是当代课堂教学的多模态实现形式，课堂教学确有范式可循，但又不可为规约所囿，教无定法，课无成例。教学的最高境界是创新。于课堂创新而言，当含认知创新、内容创新、技术创新和模式创新。多模态课程的有效生成和成功实现离不开课程整合、路径混合、主体耦合、技术融合和评价综合，“五合”体现了课堂教学的基本趋势和发展理念。

**【关键词】**教育形态；教育模式；多模态课堂；多模态课程

**余海龙：**

各位老师、各位同学，各位关注中国教育改革创新的朋友们，大家晚上好！

欢迎大家来到由陕西师范大学西部课堂创新研究院主办，教育部陕西师范大学基础教育课程研究中心、中国西部师范大学教师教育创新与发展联盟、陕西师范大学教师口语教学与研究中心联合协办的“西部课创大讲堂·课创三人行”讲座的直播现场，我是主持人余海龙。

为进一步促进高等教育与基础教育课程改革创新，经陕西师范大学社科处批准，陕西师范大学西部课堂创新研究院于 2022 年 4 月 15 日正式揭牌成立。

研究院挂靠学校物理学与信息技术学院，由陕西师范大学党委常委、物理学与信息技术学院院长、博士生导师李贵安教授担任西部课堂创新研究院院长，研究院的研究员以陕西师范大学课改团 196 名教授、学者为主体，同时还聘请了来自全国各高校、各研究机构的多名专家、教授，以及各级教育行政管理人员、大中小学一线的优秀教师担任特邀研究员。

陕西师范大学西部课堂创新研究院立足于立德树人的根本任务，发挥教师教育特色，聚焦西部课堂创新研究，不断推动中国西部基础教育高质量发展。研究院将整合校内外研究资源，加强与国内外高等院校、中小学、学术机构以及政府部门的联系，协同创新大中小学衔接的育人模式。

陕西师范大学西部课堂创新研究院将不断努力奋斗，持续为中国西部教育发展和课堂改革提供研究、培育、咨询、指导、评估与服务，切实推动西部高等师范院校与基础教育教学质量的提升。

今天是“西部课创大讲堂·课创三人行”的第三期讲座，今天晚上的主讲人是陕西师范大学外国语学院院长、教授、博导、西部课创研究院研究员、陕西省高校教指委委员、国家社科基金重大项目首席专家刘全国教授！欢迎刘院长！刘院长今天晚上讲座的题目是《课堂教学的传承、创新与当代实现》。

今天晚上担任与谈嘉宾的是我们的老朋友——陕西师范大学教授、博士、博士生导师，陕西师范大学现代教学技术教育部重点实验室副主任，西部课创研究院研究员何聚厚教授。欢迎何教授。

下面我们言归正传，有请刘院长开讲！

**刘全国：**

谢谢海龙老师，谢谢聚厚教授！

各位朋友、各位老师、各位同事，大家晚上好！今天是“西部课创大讲堂·课创三人行"第三讲，由我来给大家主讲。特别开心有这样一个机会，可以和线上、线下的各位朋友，就课堂教学的传承、创新与当代实现进行深度交流。

我从以下几个方面来谈谈我对这个问题的理解。第一点讲传承问题，第二点讲创新问题，第三点讲当代实现，最后针对这个问题，和大家聊一聊我自己的认知和受到的启发。

就课堂教学而言，没有传承就没有创新，传承是创新的基础。纵观我国古代教育形态的发展，从私塾到书院，再到现代学校，整个课堂教学的形态经过了漫长的历史旅行之后，凝定为比较成熟的现代形态。在这个过程中，可以看到现代课堂教学的前世和今生。

今天这个讲座的品牌是"西部课创大讲堂"，主题是"课堂教学创新"，所以，我想用八个字来概括我对课堂教学创新的理解："教无定法，课无成例"，也和大家谈谈课堂教学模式的生成与引进。

最后谈谈课堂教学创新的当代实现。课堂教学传承是过去式，创新是目标和路径，接下来该如何去做？我想通过四个词与老师们分享我的看法，这四个词语分别是"自主""自助""自发"和"自由"，这是当代课堂教学的多模态实现方式。

## 一、传承：私塾—书院—大学——课堂教学形态的历史旅行

我先谈第一个话题——传承。众所周知，中国古代的教学形态起源于私塾。西周时期，中国就有了乡学形态的"塾"。所谓"古之教者，家有塾，党有庠，术有序，国有学。"春秋战国时期，经过孔子等诸子百家的推动，私塾得到了空前的发展，可以说私塾这种教育形态承载了中国古人所有的教育记忆。

私塾教学让我们想到这样的画面，正堂墙上挂有孔子的画像，私塾先生手持戒尺，立而讲授，学童端坐堂下，正襟学习，这个教学形态其实展示了中国古代主要的教育理念和课堂范式。"师者，所以传道授业解惑也。"老师对学生的严格要求，成为古代中国教育的基本底色和历史记忆。

所谓严师出高徒，古代孩童都是在这样一种严格的训练中成长、成人、进步和成才的。

重温古代私塾教育形态的同时，要传承传统私塾教育中的优秀因子，比如私塾严厉的训诫和庭训方式，奠定了中国传统教育的记忆底色。在中国人的认知中，教育是一件非常严肃的事情。长久以来，历代读书人对教育心怀敬畏，仰视教育，这是中国人的基本心理特征。

唐代末期，书院开始出现。宋代以后，书院开始迅速发展，竟至蔚然大观，至今存留下许多遗迹。书院的教学方式以研讨为主，可以说，书院已经具备和凝定了现代高等教育的基本形态。私塾是中国古代基础教育的形态，书院则是中国古代高等教育的形态，这两种形态一路走来，他们手挽手、肩并肩，成为中国古代教育的两股涓涓细流，最后汇集成巨江大河，演绎出今天丰富多彩的教育教学形态。

到 17 世纪，捷克教育家夸美纽斯第一次对班级教学进行了研究，标志着教育走进班级教学的时代。班级教学也标志着教育开始走向普及化和大众化。但是班级教学存在一个很大的问题：它一定程度上遮蔽了古代私塾，特别是书院里探究、交流、互动的教学模式。在班级教学模式里，因为学生多、教师少，教师的角色发生了变化——教师作为知识的传授者、讲解者的角色身份被强化；学生的角色则多以接受或学习知识为主。夸美纽斯的专著《大教学论》具有里程碑式的意义，表明全球整个教育的形态走向了班级教学之路。

当代学校的形态之所以发生变化，是因为技术作为一个新的变量进入了教育生态。技术对整个教育教学、教材、课堂教学以及知识的传递方式，都产生了非常深远的影响。在教育领域里，技术不仅仅用于完成现有的模式和方法，而且要推动技术与时代的教育革新。

课堂教学当代转型的一个非常重要的背景就是“互联网+”教育。今天讲座的话题是课堂教学创新，创新的理念或者背景主要是技术的介入。国外有学者把计算机辅助教学划分为三个阶段：行为主义阶段、交际法阶段和整合法阶段。在行为主义阶段，计算机在教学中的作用受到了限制。到了交际法阶段，课堂变得开放，技术的作用也变得多元，技术可以通过模拟情境、虚拟对话或者虚拟的交流方式来介入教学，其作用还是开放的。当代教育技术发展的第三个阶段是整合法阶段，这个阶段的技术已经有机地融合进教育教学的各个环节，所以被认为是整合或者深度融合阶段。从受限到开放，再到整合，代表了技术进入教育教学的三个不同时期。不论是在行为主义阶段、交际法阶段，还是整合法阶段，技术与教学的耦合不断升级，他们之间的互动和交融日益增加。

技术与课程的整合也经历了三个时期。第一个时期是计算机辅助教学阶段，彼时的计算机只起到辅助作用，教学交互的主体仍然是教师和学生。后来计算机或者技术不仅仅可以作为媒体提供教学帮助，也成为一种认知工具，它可以帮助人们更好地了解大脑中语言的认知机制，技术从媒体变成了认知工具，所以把它称作“基于认知工具观的机辅教学”。计算机辅助学习主要是研究学习者的学习语言过程和大脑的机制，所以大多以学生为对象。到今天为止，技术进入教学生态，信息技术与课程进行了深度融合，技术不再仅仅是技术媒体，也不仅仅是认知工具，它已经成为学科知识和课程内容。在从古代、现代到当代的教育形态演变进程中，一个非常重要的动力，就是技术的整合。

## 二、创新：教无定法，课无成例——课堂教学模式的生成与演进

下面谈谈第二个话题——创新。有很多中小学老师常会问我：能不能给一个具体的教学模式，帮助他很好地教授小学英语语音？有没有什么模式能够更好地教授初中英语语法，或者能够更好地教授高中英语的虚拟语气？中小学老师们对于教学模式的热衷或者追求无可厚非，他们是想追求一个规范性的东西，然而，教学的最高境界是创造。

今天这个讲座的品牌叫“西部课创大讲堂”，其主题非常明确——就是创新！在前面几讲中，李贵安教授和衣新发教授已对课堂教学创新作出了很好的定义，而且就陕西师范大学的做法与线上的各位朋友进行了交流。我想跟大家分享这样一个理念：追求教学模式跟教学创新其实是分不开

的。学习模式的目的开始是为了复制，但复制之后，应该是去超越和创造。模式不应该遭到排斥，但学习模式的目的就是为了破解和重构模式，所以我用八个字来总结我对教学创新的理解——“教无定法，课无成例”。教学本来没有固定的方法可以拷贝，一堂课也没有现成的例子可循。教学模式具有生成性，它跟教学环境、师生角色、教学难度、教学内容等都有非常密切的联系。教学模式的变化也给人很多的启发和启示，变化过程中有转型、有裂变、有传承、有发展、有创新。

我想用托马斯·库恩的“范式”概念来解释一下课程的转型创新。1962年，托马斯·库恩出版了《科学革命的结构》。在这本书中，他提出了一个非常重要的概念——范式。他认为，范式理论有三个对应概念，分别是“科学共同体”“不可通约性”和“范式转换”。范式是一群人所共享的研究理念，范式之间具有不可比拟性，而且范式会发生转型和转换。

在传统课堂中，学科(如语文、物理、化学、外语等)、课程和人共同构成了一个三维的要素结构。课程是教育中非常重要的核心概念，但处于中心地位的是人，人包含了教师和学生，由学科、课程和人构成的这个三维结构中，学科、课程和人其实是传统课堂对课程的一个基本的结构性理解和认识。人要去学习课程、开发课程，课程必须依托于某一个学科来进行，而学科的存在需要人的支持和课程的支持。它们三个的关系中有很多地方是彼此互动的。扩展这个概念以后就会发现，学科、课程、人(教师和学生)三者之间的作用方式非常多元，但是三维结构的要素没有发生变化，以学科知识、课程和人为核心，构建了一个新的课程体系。到了近现代，技术已深度进入了日常教育教学，大家知道网络课堂已很普及，很多同学和老师可以通过网络技术进行线上交流，所以今天有关课程的内涵本身得以拓展。除了传统的学科课程和人之外，技术不再仅仅是学习工具，不再仅仅是认知工具，它已变成了学科内容。今天，如果一个学生或一个学者不懂技术，大致等同于以前的人不会读书、不会写字一样。

2018年5月，我在新东方主办的“高校外语教学信息化改革与实践研讨会暨第三届新东方在线外语教学高峰论坛”的主旨发言提出了“四维学科内涵”这个概念，并在很多场合讲过这样一个观点：当代的课程观、课程内涵发生了变化，不再是学科、课程和人的三维内涵，而是学科、课程、技术和人构成的四维内涵。技术不仅仅是认知工具，也不仅仅是知识传递的工具，它其实深度改造着课程、深度改造着认知方式、深度改造着学科。技术与资源、学生、教师、课程、教法、学科等课程要素都发生着非常密切、多元的联系和关系。我把自己的这一认知整理成一篇文章，叫作《"互联网+"语境下外语教育的学科内涵与范式转型》，于 2019 年发表在《中国社会科学报》。这个四维概念意味着我们把"技术"提到一个很高的位置上来进行认识。在陕西师范大学外国语学院的课程体系里，我们专门开设了"现代外语教育技术"课程，目的在于强化学生教育教学中的技术意识，提升其技术能力，进而让学生养成更好的技术素养。

除了课程内涵的创新以外，在创新过程中最应该关注的是技术创新，这一点前面已经讲了很多，这里我稍微再提几点：

第一，技术的角色。以前是技术辅助，现在是技术驱动，所以说技术的角色由辅助工具上升为教学内容或者内涵，这是一个非常大的变化。

第二，学生的角色。教师、学生从以前的技术使用者变成了技术共同体。在传统教学模式里也使用技术，但使用技术是为了优化学习和教学效果，而今天的技术和人密不可分，作为主体的人和作为客体的技术共同构成了一个技术共同体，主体和客体的交互之间还存在着间性。

第三，时空范畴。以前的技术具有有限性，如今它从有限、开放走到了融合。以前在有限的时空内才能使用技术，比如进入语言实验室以后才可以使用相关的技术设备，地铁、户外空间中一般无法应用技术。由于网络的普及，现在的技术打破了时空范畴的制约，人们在任何时候、任何地点，都可以借助网络获取各种资源，当然，资源的获取方式得依赖于技术。

以前技术创新的逻辑基础是应用技术优化教学效果，从技术应用到技术整合，其间的差距很大，整合是为了有机地融合，技术整合的提法本身就暗示着技术与技能变成了学科内容。在技术使用过程中有一个非常重要的层面，那就是技术伦理。二战以后的美国社会涌现出一大批作家，他们的文学作品描写了美国社会对于人的异化，他们呼吁回归人文。过度技术化容易造成理性的泛滥，人文精神就会流失。又如在卓别林的电影《摩登时代》中，主人公似乎只会干一件事——日复一日地拧螺丝，这就是过度技术导致的人的异化。

但今天的技术从理性的技术正在走向人文的技术，人文技术关注技术的精神和伦理向度，技术不应该是冰冷的，它应该是温情脉脉、有温度的。现在的很多电子产品，包括教材、教学课件等，越来越人性化，人、物可以实现深度的互动，这个趋势以后不会改变。技术的发展，一方面在深度、广度和理性上会不断得到完善，在人文方面也会不断得到补偿。举一个例子，以前的导航语音采集的是机器人的语音播报，现在的导航采集了很多播音员的声音，人们更爱听哪种声音呢？应该是人的声音！因为这是真实的人声，而不是人造的声音。以后的技术应用会越来越人性化，这是应该特别关注的问题，因为在人文学者的眼里，技术的人文精神和伦理非常重要。如果这一点把握不好，技术被放大以后会带来各种问题，甚至会造成诸多社会问题。以教学和学习为例，如果太过于依赖技术，以后也会造成很多问题。正如今天我们相聚云端，隔着屏幕没法握手，虽然能体会到大家的热情，但感觉还是不一样。很多时候，人文交流特别讲究 face to face——面对面的交流，所以技术以后在这方面应该进行深度的补偿。现在有很多技术手段非常先进，比如说虚拟现实技术，确实能给人一种栩栩如生的画面感和现场感。

第四，除了技术创新以外，教学模式也需要创新，模式可分为很多的层级或者形态。在一般教学中，传统模式有 PPP 模式，即 Presentation，Practice，Production。该模式以语言教学为主，在别的学科也使用，比如在物理、化学、政治、历史、地理等学科。这是一个非常经典的教学过程模式。

以外语课、语文课或数学课为例，大部分学校用的是 PWP 模式，这三个字母分别表示 Pre，While，Post，这个模式非常清晰地将教学过程中的知识进行了分类，Pre 环节主要处理框架知识和认知知识，While 环节主要处理一些细节知识，Post 环节主要对前面两个步骤的产出进行总结、巩固和提升。这个模式很好，但被大家反复拷贝使用多年以后其弊端已逐渐显露了出来。刚才在前面提过学习模式的作用，我认为可以应用模式，但不能无休止地拷贝模式，拷贝模式是为了破解和超越模式。

第二类模式是目标设定模式，也叫 KAPO 模式。KAPO 即 Knowledge，Affect，Process 和 Occurrence，代表知识与技能目标、过程与方法目标。Affect 指的是情感态度与价值观目标，这就是大家讲的三维目标。三个目标加了 Occurrence，情景和事件。围绕某一个事件，可以设置知识与技能，设置过程与方法，设置情感态度、价值观。今天教育部提出一个新的概念叫“课程思政”，这个概念就属于非常典型的 Affect，也可称为情感态度与价值观。在教学设计里，如果不体现、不渗透或者不注重情感态度价值观目标，课堂是没有生机的。课程如同肌体，没有情感态度和价值观，就如同肌体没有血液，课堂也会索然寡味。KAPO 模式较为经典，但还是有很多地方需要去思考和破解。

第三类模式叫学习评价模式，即 KWL 模式。可能很多同事对这个模式的了解不是很多。KWL 模式中的三个字母分别代表三个关键信息：What I know，What I want to know，What I have learned。第一个可以翻译成“已知”，第二个是“想知”，第三个是“学知”。这个具有哲学意味的三维模式带给人很多启发和启示，它来自非常典型的建构主义知识观。这三个环节分别是干什么的？

在 K 环节里，先问一个学生或一个群体对这个话题的知识，因为知识会休眠，在大脑里进行存储，所以第一步需要唤醒或者激活知识。K 环节的功能在于唤醒学生的注意，在于激活知识。很多以前掌握的知识，需要把它激活，通过提问，休眠知识就会被部分激活。然后是导入功能和话题，导入的话题肯定是跟这门课有关系的话题，所以这个环节的作用和功能在于唤醒注意，在于激活知识，在于导入话题。当然在这个环节中可以设计多种活动形式，比如集体回答，或单独提问，也可以用别的方式。因为这个过程是唤醒注意、激活知识、导入话题，所以这个环节要节省时间，要讲究实效，如老师提问，全班学生一起回答的方式来进行，当然这只是建议和参考。

W 环节是问学生们想知道什么？主要是激发学生的学习需求，启迪学生的思维，参与知识建构，让学生想想他需要什么，学生就会动脑筋想。为了培养合作精神，这个活动里可以考虑采取一些小组合作学习的形式，然后让孩子们给大家呈现不同的关键词。

第三个环节是在下课之前进行的，叫"What I Have Learned"，一堂课上完之后还有几分钟时间可以做结课总结，看看学生学到了什么。这个环节既要巩固教学内容，也要评价学习效果，同时要反思学习的方式。活动方式以练习的最大化为原则，可以考虑两人一组，就学到的内容进行互问互答。

这个过程体现了从功能到活动形式的变化，能给大家很多的启发和启示，KWL 模式是建构主义学习观中一个非常经典的模式，但是大家用得不是很多，以后老师们和同学们可以考虑多使用它来设计教学，这样就会生成很多新意。

接下来谈谈课堂的管理创新。课堂管理是一艺门术。第一个是语言管理。在语言管理中，教师需要思考应该采用什么样的语言来授课。教师的课堂语言非常重要，无论教师讲的是汉语还是外语、文科语言抑或理工科语言，教师的语言对学生的影响很大。课堂语言是艺术的语言，我认为课堂语言应该具有诗意和诗性，只有语言具有了温度和诗意，才能最大化地传递知识，优化教学效果。因此，作为老师要不断打牢自己的语言功底。余海龙老师专门做教师课堂口语研究，他自己也兼做播音和主持，听他讲话会让人觉得特别舒服，温文尔雅的感觉，这就是语言的艺术和魅力。

教学过程中教师对语言的管理其实是非常重要的，好的课堂会让学生有如沐春风的感觉，听着很舒服、很养眼，也很养心，所以教师对自己的语言应该充分打磨。好的课堂语言应该是美的语言、有诗意的语言、有逻辑的语言、理性的语言。教学过程中教师的语言本身需要管理。

第二个是任务的管理。任务是课堂实现的一个基本方式，课堂通过任务驱动，把教学从一个环节推向下一个环节，因此任务的管理非常重要。从发布任务指令开始，到任务的实施，再到任务的评价和总结，中间的管理有很多策略和艺术有待大家思考。今天的话题是创新，管理方面也需要创新。除了基本的管理原则之外，教师对任务的管理应该具有弹性。任务布置以后，如果跟教师期望发生偏差，教师可以根据现场的情况及时调整任务，比如说缩短任务的时间、提高任务的难度、延长任务的反馈时间等。

第三个是课堂的指令管理。在课堂上，每个教师有不同的偏好，有些老师喜欢一次性发布一串指令，有些老师喜欢过一会儿补充一个指令，这两个方式都有它的好处，也有它的不足。我认为好的课堂指令应该是有条理的，既简洁又清晰，同时要有策略和艺术，这是基本的原则。任务的活动指令一般有这样几个要素：第一个是时长，活动做五分钟还是八分钟？第二个是任务的形态，是两人一组、三人一组，还是单独完成？第三个是任务的语言控制，是汉语，英语，还是汉英双语？第四个是任务如何评价，要课堂展示还是要测验？这些指令应该完整。此外，任务跟成绩有没有关联，也要谈清楚。

接下来谈谈课堂上的目光管理。有个词叫“目光如炬”，好老师的目光就像探照灯、扫描仪，扫视一眼后，所有的孩子感觉老师总是在看他，其实这时老师没有刻意看某一个学生，而是在看大家，这说明目光分配是非常有学问的。目光管理对班级管理非常重要，老师上课的时候要心中有爱，眼里有神，要关注每一个学生，关注课堂中的每一个事件，关注课堂中的每一个细节。

下面跟大家谈一谈分级管理。分级管理同样非常重要，一个班中不能把学生分为差学生和好学生，但是可以分为 AB 级。AB 级的分类依据不是成绩，而是根据学生的认知水平，根据学习需求，对班级进行分级管理。比如说 A 组的同学们比较活泼，可以采用角色扮演的方式；而 B 族的孩子相对比较沉默，为了激发他们的活力，可以考虑让他们做小组活动。不同任务的活动形式是异彩纷呈、多种多样的，所以课堂管理要求我们思考这样一个问题，从语言管理、任务管理到指令管理、目光管理，然后到分级管理，应该如何创新？

现代课程形态发生了变化，有很多地方已经跟以前大不一样了，这里我讲四个特征，第一是后方法，第二是时空开放，第三是学科协同，第四是技术融合。前面说过学习模式，首先为了应用模式，最后是为了超越模式。学习方法也一样，也是通过规范和应用方法，去破解和融合方法，进而实现方法的超越和创新。今天的教学方法早已不拘泥于某一种方法，我的理念是教无定法。用什么方法要看课程的内容、看教学生态、看教学对象，而不是非要用什么方法教什么知识，这个时代已经过去了，所以从方法、反方法到后方法，是课堂创新的方法论演变背景。一堂课可以综合应用两三种方法来实施教学，而不是只用一种方法。

第二是教学时空的拓展。现在的教学时空是无限开放的，从慕课、到微课、到翻转课堂，开放的程度越来越大，教育和时空的伴随关系已经被破解，只要愿意，学习者可以随时随地获取任何形态的教育资源。在教育资源方面，有三个新生事物的出现极大地改变了当前的教学时空，那就是慕课、微课和翻转课堂。

慕课的英文名字叫 Massive Open Online Courses。2012 年是慕课元年，今年是 2022 年，慕课作为一个小孩，刚过十岁。但这个十岁小孩长势良好，营养充足，体质健硕，发育迅速。今天所有的慕课有很多平台，咱们国内也有很多慕课品牌，比如“中国大学慕课网”等。各位老师和同学，应该都有过在慕课上学习的经历。虽然慕课是新生事物，但它今天是教育中一道亮丽的风景，我相信这个十岁的小孩以后会成长得更好。

然后是微课，如果说慕课是高速公路的话，微课就是高速公路上的车辆。如果慕课是一组列车的话，微课就是承载知识的车厢。微课以知识点为单元，对知识进行呈现集中，供学生自学，学习以后，通过多种方式进行评价。

再是翻转课堂，人类历史中，很多伟大发明其实在很多时候都是偶然的，弗莱明发明青霉素是偶然的，翻转课堂的发现也是如此。2007 年，美国科罗拉多州的一个化学老师因为班上有孩子生病不能到校上学，老师十分焦虑，他把课件发给生病的孩子，让孩子自己学习，然后参加期末考试。出人意料的是这个孩子期末考试的成绩并不比其他在校学习的同学成绩差，老师就很好奇这个方式能不能推广，这就是翻转课堂的原型。后来翻转课堂带给人们很多启示，它翻转了教学理念，教学教育以教为中心变成以学为中心；它翻转了学习的空间，以前的学习都是在学校和教师的帮助下发生，而翻转课堂使学习在任何地方都成为可能，学生可以在家里学、可以在野外学、可以在地铁上学……它也翻转了学习的方式，由教师指导学生学习为主，变成了以学生自学为主，从课中教师导学为主变成了课前、课后自学为主，这些转变都非常重要。它还翻转了教学的时间，把时间由课中学习翻转到课前、课后学习，这个变化真的不小，所以谓之“翻转”。今天这一变化还在持续，以后将持续影响我们的学习和生活。

第三是学科协同。今天，任何学科都不能不与其他学科发生关系，独立存在。以外语教育为例，其教学需要信息技术，需要教育学，需要语言学，需要认知科学，需要社会学，需要人工智能，也需要伦理学等等，这就是学科协同。任何一个学科都会跨界生长，而不仅仅是依据学科的本体经验。当今学科发展需要的是学科媒介，而不是学科警察。恰恰在学科的交融和互鉴中会产生很多新思想、新方法和新知识。

第四是技术融合，这个融合既有广度的拓展、深度的开掘，同时又有机制的构建，而且还有效度的优化。教学的各个环节都要通过技术来实现，技术也会深度参与建构知识和主导学习，而且技术将成为提升学习效率的关键变量。

## 三、当代实现——多模态课程的生成与实现

接下来我想讲这样几个问题，第一是课程整合。课程整合既要整合课程思政，也要整合课程目标，同时要整合课程内涵，整合课程形态，比如说线上、线下整合等。第二是路径混合。比如有线上课程、线下课程、混合式课程，还有虚拟课程，建立课程的路径越来越多元。第三是课程主体的耦合。在课程的开发和建设过程中，教师和学生的角色不再泥守不变，学生也会参与课程资源的开发，成为课程资源的贡献者，对课程建设做出贡献，教师也在课程建构中获得深度的学习支持和成长。第四是技术融合。如前所述，技术深度参与课堂教学的各个环节。第五是评价综合。从评价主体开始，到评价周期、评价形态，都会发生一种综合性的变化。就

主体而言，评价的主体可以是自我评价、教师评价，也可以是同行评价、同侪评价，或者是师生商讨。评价形态可以有笔试、面试、机试、纸试等，评价形态越来越多元。所以，课程整合、路径混合、主体耦合、技术融合和评价综合，这“五合”是多模态课程的当代生成与实现方式。这一趋势和理念方兴未艾。

## 四、启发与体会

下面跟大家分享几点我自己的启发和体会。第一点，讲教学模式的时候一定要树立这样一个观念：模式可以学，学完可以用，但是不能老用一个模式，使用模式的目的是超越这个模式、破解这个模式、重构新的模式。所以说，“教无定法，课无成例”。教师在教学过程中不应该只寻求一种固定的方法去教学，也不应该固守某一种程序和教学案例，所有的方法和案例是学习、思考的结果，也是自己破解和超越的对象。

第二点，教学的最高境界是法外之法。方法之外的方法才是教学的最高境界。在后方法时代，教学贵在创造，教学创造会生成教学智慧，教学智慧是人类智慧的稀有资源。好的教师不仅懂得教学方法，而且懂得教学创造，在教学过程中生成自己的教学智慧。

第三点，我想分享叶澜教授的一句话，与各位老师共勉：“没有教师的发展，难有学生的发展；没有教师的解放，难有学生的解放；没有教师的创造，难有学生的创造；没有教师的转型，难有学生的转型。”发展、解放、创造和转型都是学生和教师在互动交流中共同发展蝶变的过程。

最后，与大家交流一个想法，为什么要讲课堂革命、课堂创新呢？因为课堂是教育形态的窗口，课堂是教育生态的指针，教育生态好不好，课堂里一眼就能看出来，课堂是教育样态的标本，课堂是教育革命的阵地。我们这个团队致力于推动课堂革命，李贵安教授、衣新发教授的讲座，再到今天我的讲座，核心概念就是课堂革命，课堂教学创新。因此，我们特别看重课堂作为教育形态窗口、作为教育生态指针、作为教育生态样本、作为教育革命阵地的重要作用。课堂教学事关教育大计，非常重要。我今天就和大家交流这么多，下面把时间交给聚厚教授和海龙老师，谢谢大家！

**余海龙：**

谢谢刘老师，刘老师的讲座中表达了许多富有启发性的观点，使人受益。现在，我们隆重有请本次讲座与谈人何聚厚教授。何老师是陕西师范大学教授、博士、博士生导师，陕西师范大学现代教学技术教育部重点实验室副主任，西部课创研究院研究员。我个人和何老师也很熟悉，知道何老师一直在做人工智能和教师教育研究，完成了很多国家级科研项目，指导了很多省份的课堂创新大赛活动，培训了相当一批参加课堂创新大赛的教师，他们都是在何老师的帮助下，不停地重构自己的课程思维。

何老师，刚才刘老师不辞辛苦地做了一个非常棒的讲座，根据咱们课堂创新大讲堂的惯例，首先要请您用几个核心词帮助我们快速消化、吸收刘老师的讲座。

**何聚厚：**

谢谢余老师，刘老师辛苦了！非常荣幸今天晚上参加这个活动，我们知道，课堂教学是教书育人的主阵地，也是主渠道，所以课堂教学必须与时俱进。刘老师从课堂教学发展的传承、创新、当代课堂教学的实现，以及我们可能面临的一些挑战、启发和启示四个方面，给我们展示了非常全面的，而且既有学术性又有实践性的课堂变革的报告。报告不仅仅涵盖课堂的最原始形态，还有现代课堂多模态的形态，以及信息技术背景下的教学形态。他从课堂教学形态的发展角度，通过教学模式变革和演化的角度进行分析，而课堂教学的当代实现则更多强调新技术背景下课堂教学的变化，比如说“互联网+”教育，慕课、微课以及翻转课堂等影响下的课堂变革。这就启示我们去思考，在信息化背景下，我们如何应对这种变革和变迁？

我觉得刘老师的讲座内容太多了，真的是很难用几个词来概括。我自己的感受是，我们进行了一次历史的穿越，也经历了一次理念和概念的演化和演进，让我们对教学从初始形态发展到最新状态的过程有了全新的认识，这就是我刚才听完刘老师的整个报告以后的感触。

**余海龙：**

谢谢何老师。其实我一直很期待今天晚上这个讲座，因为今晚的主讲嘉宾刘全国教授是从事外语教学研究的，是典型的文科思维。与谈嘉宾何聚厚教授的研究长期聚焦人工智能、智慧教育，学科基础建立在计算机学科之上，是工科思维。两位教授今晚在我们“西部课创大讲堂”进行思维碰撞，从各自的学科思维角度来谈教育创新，尤其值得期待。

刘老师，有很多老师在网上留言说今天晚上您的讲座梳理得特别的好。其实我知道，很多参与听课的老师心中其实还有一个核心的问题——很多老师会觉得我们做课堂创新，是不是就意味着我们之前秉承的所谓传统教学是有问题的，所以我们要来创新，您是怎么看待这个问题的？

**刘全国：**

好的，谢谢海龙老师，这个问题问得特别好。一个事物的发展离不开历史，历史是我们审视任何一个事物的基本角度和视角，离开历史以后，任何事物就会失去认知坐标。咱们刚刚讲到了私塾，也谈到了书院，谈到了现代学校的当代形态，这些都是各自时代最好的形态。我们为什么需要创新呢？因为时代呼唤创新，时代需要我们用新的课堂形态来拥抱教学、走进知识。因此，我们谈创新的时候，不能摒弃传统教学中一些可取的地方，这就是为什么今天讲座一开始要聚焦一个关键词——传承。传承，就是一个扬弃的过程，好的照单全收，不好的要把它去掉。课堂每一种形态，包括前面讲的私塾、书院、班级教学等，在当时代表了一种进步的形态和力量，在历史舞台上曾大放光彩。今天我们讲创新是因为技术的深度介入，生活方式的变化，特别是由于新冠肺炎疫情的原因催生线上教学的大幅普及，这种普及虽然是被动的，但它带来的教育深层次的裂变其实才刚刚开始。大家都明白，线上教学的效果有时候可能是要打折扣的，但是如何优化，如何补偿，将是今后很长一段时间里我们所要思考的问题。任何一种教学方法、教学过程都有它的历史进步性和历史局限性，我们今天讲创新并不意味着以前的模式出了问题，而是因为今天这个时代发生了变化，教育发生了变化，呼唤我们用新的理念、新的方式来拥抱这个时代。

**余海龙：**

谢谢刘老师！何老师，您有计算机的专业背景，而且是教育部信息化教育方面的专家，您怎么看我刚才的这个问题，您一直提倡我们要做信息化教育，在您看来，传承与创新是什么样的关系？

**何聚厚：**

正如刘老师的报告里所说，我们既有创新，也有传承的问题。在刘老师的报告里，从头到尾有一个很重要的词，就是“教无定法”。其实，我们可能需要针对学生的学情，环境的变化，学习需求，有针对性地设计教学。教学环境可能发生了改变，但是育人目标是不变的。每个老师面向学生的时候，他对整个教学的内容或者教学的过程有着自己的理解，他可能采取了不同的教学模式或者方式方法进行教学，但教学效果是相同的。所以教师会用什么样的教学方式方法开展教学，其实是基于自己对教学内容或对学生培养过程的理解来进行的，而且，他的理解会延伸到他自己的教学设计和活动的每个环节中，因此，教学没有一个公式可套。

说到创新，陕西师范大学课创团队里的李贵安教授、衣新发教授、余海龙老师等，我们大概从 2015 年起就开始做教学创新，从 2016 年、2017 年开始，我们就在校内做教学创新比赛。2017 年，我们把团队的教学创新成果在陕西省的“课堂示范周”进行了推广。2018 年，我们通过陕西省课堂教学创新开启了全国教学创新的先河。做这件事有一个很重要的动机，那就是我们发现随着学习环境的改变和技术的改变，国家对人的培养要求也发生了很大的改变。一些名师，他的教学非常好，他们要不要变，我觉得不需要变，其实他就是非常好的。但是有一批年轻老师还不够好，或者有一批老师想在这种环境下把自己的教学方式变一下，想构建学生为中心的教学，那该怎么做？他可能利用现代信息技术和一些新的教学思想理念，但在重构教学的时候，突然发现把理论和理念与具体教学结合的时候出现了困难。好像我要做一桌饭，有米、有面，米和面非常好，但是怎么把它做成一个符合今天主题的一桌饭？在做饭过程中发现了一些问题，那么需要创新。在陕西师范大学李贵安教授还有我们很多同事的共同努力下，我们一直在不断推动课堂创新。

事实上，创新不是非得提出新的理念、新的思路、新的方法，而是基于我们已有的教学思想和理念方法，把学生的需求和新的环境进行重新构建，让它有一种全新的形势。比如说，传统面条很好，把这个面条进行加工处理后，让它变成现在的孩子更喜欢的口味。传统的面条很好吃，新做出的这种面条可能也很好吃，这两种形式都会让学生感到愉悦，都感觉到吃饱、吃好了，促进了他的健康成长。

所以，教学创新不是说要提出一个前无古人后无来者的理念性方法。对于普通教师而言，首先应该是教学有法，就是基于教育学、心理学教学的基本理论、基本思想、基本理念、基本方法及知识，根据学生的学情和培养目标要求，创新性地对教学的形态、教学的开展实施进一步的加工处理，让教学适合自己对教学的理解，让教学更适合学生的需求，这其实就实现了所谓的“教学创新”。所以，创新并非是说别的不好我需要创新，而是针对新的需求，按照我自己的理解做出新的尝试。

**余海龙：**

谢谢何老师！我觉得特别好，很多人一旦说起来创新，可能就说我要和传承割裂，或者去抛弃什么东西，或者说一旦做创新，那就意味着要在传承与创新当中二选一，进行选边站队。所以刚才刘老师和何老师给我们的解答，可能会让我们对创新的理解又有了进一步的深刻认识。创新不代表完全颠覆式的改变，但它可以是改善，经过这种改善以后，进而能够符合当下人的思维，适应新的形势。这是我对创新的肤浅理解，一会儿也请两位教授批评指正。比如说咱们很多人喜欢吃陕西的羊肉泡馍，但是碗太大了，外地的朋友来，特别是女性朋友，基本上吃不完，会浪费的。但是我们现在也看到了，比如说像西安饭庄等本土品牌餐馆，它做小碗的牛羊肉泡馍，客人来了以后，既可以品尝一下牛肉泡馍是什么味道，又能品尝一下羊肉泡馍是什么味道。还是以吃为例，比如现在也有很多人对于传统的全聚德烤鸭提出了新的想法，原来可能大家肚里缺油水，那么这个鸭子它就需要肥一些，但是现在如果还这样来吃的话，特别是要减肥的年轻朋友们可能就不愿意再去尝试了。所以我觉得刚才二位教授给我们这样一个创新变通观点特别好。

刘老师，您一直在外国语学院从事教学和管理工作，咱们陕西师范大学外国语学院的很多同学在全国各地的中小学任教，特别是重点中学担任英语老师。刚才也有很多听众在问，说刘老师今天的讲座特别高大上，那我作为一个普通的教师，该如何做好传承、创新和落实呢？

**刘全国：**

这个问题可能代表了大多数老师们的心声。我们做研究最忌讳的就是理论和实践的割裂，严格来说，理论是用来指导实践、优化实践的。

这个问题特别好，下面我就以自己的理解尝试着回答一下。今天讲的话题前面已经说过，不论是传承还是创新，只是一种理念。教无定法也好，课无成例也罢，也是一种理念。在实践里怎么操作、怎么创新，也没有固定路径可循，但我有这样一些建议可供大家参考。

第一，课堂应该是很多元的，不是基于某一种模式建构的。比如说一位教师每周上五次课，每一课应该各有特色，而不是每一堂课都一模一样，一模一样也不能说没有创新，但是课堂就缺乏了生机和多样性，多样性应该是创新指标的标志之一，课堂应该是形态多样、异彩纷呈的。

第二，课堂的设计应该尝试一种变革和变化。比如说在设计教学目标的时候，第一单元和第二单元的目标呈现方式可以有所区别，第一单元中我们考虑更多的是课程思政，第二单元可能会多考虑语言技能，更关注语言知识、文化交流和文学涵养。总之，每一堂课应该有不一样的东西。

第三，课堂实施组织环节应该是多样的。课堂具有生成性、不可预见性。每个学生上课的时候对老师充满了期待，不知道老师要怎么教，学生对课堂的期望和不可预测是课堂创新很好的生长点，所以，创新的理念是在教学过程中不断破解和重构的。比如我们参考了 KWL 模式组织课堂，可以尝试对 W 环节(What I Want To Know)做些优化处理，这样课堂就有了新的内涵。

第四，课堂的评价方式也可以多元。以作业的布置为例，每堂课有练习和作业，可以在课中做，可以在课前做，也可以在课后做。教师每次根据课堂中学生掌握的情况和自己对课堂生态、教学目标等的综合判断，随时对课堂组织和评价方式做出合理的调整。

课堂上老师可以尝试从很多方面进行变革，比如说老师的语言风格也可以变一变，教学风格也可以尝试着拓展一下，跟学生学习风格进行最大程度的匹配。老师的语言风格、肢体语言、教态、教姿等各方面都可以做出相应的优化。一个优秀的教师应该会不断寻求变化和变革，努力给孩子们呈现一个全新的课堂。

**余海龙：**

我特别有感受，接着您的话往下讲，可能一个好的老师会在每一节课给孩子带来惊喜，让学习由苦到乐，老师可以起到很多的主动、积极的作用。何老师，您再给我们提点建议。

**何聚厚：**

行，我就接着刘老师刚才谈的来谈谈我的思考。刘老师说了很多非常好的建议，我自己做这方面的工作十多年了。原来主要做的是信息化教学创新方面的工作，其实就是用信息技术应用来解决教学的问题。不管我是在和中小学老师打交道的过程中，还是和大学老师打交道过程中，我发现要教学创新，首先要问自己这个问题，我为什么需要改变？

如果我这个改变是没有任何必要性，那就维持原状好了，说明原先那个东西还是非常好的。如果你发现有必要去改变，说明你有这样的需求，而这个需求是以培养学生的目标为导向的。教学可能需要通过改变来解决这个问题，这个问题的定位就非常关键。

举个简单的例子，如果我发现我们这个班上有些学生听完我的课，这个题就会做了，但是有些学生听完以后仍两眼迷茫，那么这时候你可能发现，我的授课模式不能满足有些学生的需求，那么怎么办呢？有些老师就想办法了，让学生课前预习一下，但是大家知道预习需要学生有非常好的自学能力，但是我发现学生的自学能力比较弱，怎么办呢？有老师就想办法了，我怎么能解决学生自学能力比较弱的问题呢？国家开发了非常好的智慧教育学习平台，3月28日教育部专门发布了针对中小学的学习平台。这个平台资源非常丰富，有各个学科、各个学段的优秀教师讲授的各种微课。学生理解稍微差一点没关系，在上课之前先把视频放给学生看，让学生先看视频老师讲，然后在课堂中再听我讲。这时候你会发现那些自学能力弱的学生通过这种方法可以得到弥补。他们带着问题听我讲课的时候，可能会跟上这个班的进度，这就是非常典型的创新。所以教育部现在推动智慧教育平台的首要任务不是要建立多少资源，而是主张“应用为王”。

如果老师的眼中没有学生，那你可能说我上课没问题。我讲课讲得很好，但是如果你的眼中有每个学生，你会发现学生学习有障碍、有问题，就会想方设法通过某种方法帮助他，这本身又是一种教学创新的探索实践。有没有全新的理论呢？是有的，它是个性化的学习，理论中说的很多，其实放到现实中它就是很具体的。那么老师为什么能够这样改变呢？就是他眼中有学生。所以我们很多的创新都是以需求和问题为导向的，但是对老师来说必须要见多识广，才知道有这样的一种方法可以解决，否则的话遇到这样的问题都不知道如何解决。

因此，大家多听我们课堂教学创新报告，可能会在一种理念、思路上了解得更多。然后，你碰到问题时，你就会想起某某老师说过什么方法，那我可以应用这个理论或这个方法，探索性地去实践。当然对老师来说，教学创新是有风险的，因为育人只能往前走不能倒退，所以把新的方法用到教学中时，一定要保证它的安全，我们不能拿学生去做实验。

所以说创新，是在需求的引导下，先是教学有法，教无定法的前提是教学有法，在得法的基础上才能做到教无定法。

**余海龙：**

谢谢何老师，在您刚才讲的过程当中，我也一直在学习，包括您提到的需求导向、问题导向这样的逻辑反推。其实国家一直在做两个大的平台，一个是中小学基础教育平台，这一数字平台已经建设完毕；二是高等教育数字平台，两个平台同时都在推，平台上有很多非常好的课程。

我从自己的经验当中来总结的话也是这样子。当时李贵安老师在担任陕西师范大学教务处处长的时候，教务处做了很多的这种课堂创新的讲座，包括咱们校内的专家，还请了西安交通大学的几位国家级教学名师开展讲座，也请过相关的慕课制作公司来做讲座，给我们一线教师的帮助很大。我们陕西师范大学课改团队还专门把大学老师带到很多做得非常好的中小学去学习人家的翻转课堂，如杜郎口中学、高陵一中，还有我们在合阳做的课改教学大赛。

我觉得，不学习，不去看人家怎么做，就是故步自封，就永远做不到创新。也许这次讲座，比如说您刚才在给老师们做讲座的时候，谈到的你的教学设计一定要从需求导向和问题导向当中去重新设计，你的这种教学思维或者教学表达，一定要从帮助学生解决学习困难的角度来入手，这是特别好的建议。有的时候专家做讲座可能两三个小时甚至三四个小时，但一个 idea 或许就能够刺激到从事一线教育的老师们，这就是很好地吸收转化。

刘老师，您怎么看？比如说现在我们有这种国家大力推荐的数字化平台，中小学的有了，大学的也有了。现在学生的信息检索能力也非常强，可能老师还没上课，因为学生对这个东西感兴趣，可能就提前去看了，那对于新入职的老师们，或者是马上要走向工作岗位的大四同学来讲，您能给他们一些什么样的建议呢？就是既能把数字平台用好，又能在自己的教学中体现老师的主动性。

**刘全国：**

很好，海龙老师今天提的问题都很深刻。的确，今天的课程资源太丰富了，何老师也刚刚说了，国家平台还在下大力气开发课程，每天有很多新课程上线，我们确实生活在一个不缺乏资源的时代，同学们如果有兴趣的话，上网就可以获取很多全球性的课程资源。如果你想学习，只需要打开电脑，就可以获取大部分学术资源和课程资源。这为我们的学习提供了很大的便利，这是好事。

作为新入职的老师或将要踏入职场的大四学生，以后如何应对资源对我们自身的冲击？我想路径只有一个：学习、学习、再学习，提升、提升、再提升。新入职老师的学术能力和授课艺术应该还跟慕课优质资源课程授课教师存在一定差距，但是我们可以从慕课学习过程中不断获取自己成长的养分。

比如说学完慕课后我们应该学有所得，在教学过程中就会不断优化自己的教学，这是第一。第二，线下教学带来的天然优势是慕课没法比拟的。同学们走上讲台后跟学生是面对面的交流，你每天跟他们早读，给他们上课，这种互动是有感情的。这种感情交流是慕课线上课堂无法比拟的。但不能否认，慕课给我们提供很多的教学方法、很多知识、很多呈现方式、很多教学理念，供我们反思、消化和整合。所以，我们要经常看慕课、学慕课、用慕课，我们要学会跟学生一起成长和进步。不要害怕学生因为喜欢慕课的老师而不喜欢我们了。但学生对授课教师确实有潜在的认知比较，它确实是个挑战，教师讲课确实有高低上下之分，作为老师要警醒，只有靠不断地进步和成长才能抵御各种各样的竞争风险，以后各位青年教师应该通过自我成长应对未来的挑战。

为什么要讲创新？我们持有创新理念后，自己就会不断反思、进步、成长。别人永远在学习你，但是不能复制你，不能超越你。永远被复制，很难被超越！所以，创新是每一堂课中我们应该深度思考的问题，让每堂课的学习是深度学习，思维是高阶思维，让知识在不断生成、融会、贯通中内化为教师的素养。

**余海龙：**

何老师，您还有两分钟时间给我们点评。

**何聚厚：**

我觉得余老师今天晚上问的问题非常有创意，非常好！我就以刘老师今天晚上这个主题“传承”和“创新”两个角度给大家谈谈。说到传承，我突然想到有一次，一位西电的老先生和我第一次见面，他说何老师你好，今年是鸡年，给你一个纪念品，他给我一张纸，上面画着一只鸡，非常漂亮，非常好玩。没想到他讲课时候的板书同样是非常漂亮，板书写完以后，大家都不忍心擦掉，他的板书让我们感受到的是一种艺术。

所以对普通老师来说，我们进入教师行业的时候，一定要向那些优秀的前辈学习，传承优秀的东西，包括板书、知识点的讲解、思想、理念、方法等。但是作为新一代教师，一定还有创新思维和创新精神，在学习前人的基础之上，夯实你的基础。通过方式方法的创新，提升你的成长速度，我们把这个叫作“变轨超车”。我在和很多中小学老师打交道的过程中，碰到了很多这样的优秀教师，他可能毕业三四年，就成长为一个非常优秀的教师，为什么？因为他学习了前辈的优点，又利用现代新的信息化环境重新构建了课程，把课程功能发挥得更广更大了。所以新入职的老师，一定要善于学习，就像刚才刘老师说的，现在不是资源缺乏，资源非常丰富，我们要善于学习，慕课是一个非常好的平台，不管是国内的还是国外的都非常好用。我们学习相关的知识，但是一定要学会把慕课学习和工作结合起来，让你更好地成长。如果你不知道，你就不可能创新，但是如果你有一定的理论和经验支撑的话，你的创新可能就是顺理成章的事。而且，通过创新不仅促进自己的职业、专业成长，更重要的是让自己的教学可能变得更好，惠及每一个学生。

**余海龙：**

谢谢何老师！我在两位教授的总结和点评过程中突然觉得，其实慕课也是巨人的肩膀。作为新一代教师，或者说年轻一代的教师，通过慕课这样一种信息化的手段，能够快速地掌握教学技能、教学方法，站在巨人的肩膀上成长，而且这种成长的速度可能是几何速度的，因为能够放到网上的很多课程，它一定是精品。

另外，刚才何老师谈到了一个很重要的观点，刘老师也谈到了，因为我们是和学生在一线面对面进行教学，很多网上的课程，比如说国外的课程拿到国内来，是否能够做到水土相服，其实很多是水土不服的。还有，东部的有些课程拿到西部进行慕课教学的时候，有时候因为地域环境发生变化、经济条件发生变化，可能也会有一些水土不服。汤敏先生写过关于慕课教育的书，他讲到把北京人大附中的课录下来，放给宁夏一些山区的孩子们看，老师讲授的时候基本上是原封不动，但对于提问题目会结合当地孩子们的基础重新设计，所以我觉得慕课给我们提供了一个打开无限可能的机会。

今天的时间又到了，今天晚上跟两位教授一起学习、一起探究。每次做主持人，对我而言都是一个非常好的学习机会，可以跟两位博导、教授一起学习，思考教学创新，思考作为一名教师的身份感、职业感和价值感，在这个过程当中不断地去进行思维碰撞，而这也恰恰是我们“西部课创大讲堂 · 课创三人行”系列讲座的初衷，我们会连续推出 10 期这样的讲座。

借这个时间做一个预告，在 5 月 15 日，本周日的晚上 7 点到 9 点，将由陕西师范大学教育学部教授、博士生导师龙宝新教授为我们主讲，他的主讲题目将聚焦到课改下中小学的学习方式和教学方法的创新和改革，点评嘉宾是陕西师范大学教育学部的冯加渔副教授，所以也希望在周日的时候，我们再来一次直击课改、课标的思想风暴。

再次感谢两位教授的辛勤付出！也感谢所有的网友、听众朋友们的驻守，谢谢大家！我们到周日的晚上 7 点再见。感谢教授们，谢谢！

# 第 4 讲

# 面向新课标的中小学课堂改革

**主讲人：龙宝新　教授**

**（与谈人：冯加渔　教授；　主持人：余海龙　老师）**

**【摘　要】**课程标准是规定某一学科的根本属性与内部的教学指导性文件，是上承国家《课程方案》、下联教师教学方案的枢纽链环。精神主旨是统领义务教育新课标的灵魂。核心素养培育、学业质量评价改革、综合学习推进、因材施教落实构成了新课标的主旨所在与四根支柱。学生素养生成原理是寻求核心素养落地之路的理念根基，重构素养与知识的关系、吃透学科核心素养生成的一般机理是探寻学科核心素养生成之道的认知基石。面向未来，中小学教师要深入践行义务教育新课标精神，就理应大力倡导问题取向学习、项目式学习、任务驱动学习与跨学科学习。

**【关键词】**新课标；中小学；课堂改革；课程方案；核心素养

**余海龙：**

晚上好！欢迎大家莅临由陕西师范大学西部课堂创新研究院主办，教育部陕西师范大学基础教育课程研究中心、中国西部师范大学教师教育创新与发展联盟、陕西师范大学教师口语教学与发展中心协办的“西部课创大讲堂・课创三人行”讲座的直播现场。

为了进一步推进高等教育与基础教育课程课堂改革创新事业，经陕西师范大学社科处批准，陕西师大西部课堂创新研究院于 2022 年 4 月 15 日正式揭牌成立，挂靠在物理学与信息技术学院，由陕西师范大学校党委常委、物理学与信息技术学院院长、博士生导师李贵安教授担任西部课创研究院院长，研究团队成员以陕西师范大学课改团196名教授、学者为主体，同时还聘请了一批来自全国部分高校、研究机构的多名专家、教授、管理教育人员、一线优秀教师担任特聘研究员。西部课堂创新研究院立足立德树人根本任务，发挥学校教师教育特色，聚焦西部课堂创新研究，持续推进中国西部基础教育高质量发展。面向未来，研究院将整合校内外研究资源，加强与国内国外高等院校、中小学、学术机构以及政府部门的联系，协同创新“大学—中小学”相衔接的育人新模式。面向未来，西部课堂创新研究院将努力奋斗，持续为中国西部教育发展、课堂改革事业推进提供研究、培养、咨询、指导、评估和服务，切实推动西部高等师范院校与基础教育教学工作的协同提升。

目前，西部课创研究院正全力推进“西部课堂创新大讲堂”活动。今天晚上，我们将转向一个更诱人的课改实践话题——面向新课标的中小学课改工作。非常荣幸，今天晚上我们邀请的主讲人是陕西师范大学龙宝新教授，龙教授的相关资料同学们可能在网上已经看到过了。现在屏幕上展示的二维码是龙教授开发的微信公众号——大龙教授，扫码关注即可获得相关学习资料。龙宝新教授是教育学部博士生导师，西部课创研究院研究员，陕西师范大学教育学部副院长，陕西省教学名师，美国亚历山大大学访问学者，中国人文社科最具影响力的青年学者，国家教师教育精品课程主持人，兼任全国教育学会中青年教育理论工作者分会常务理事，全国教育基本理论学术委员会委员，西安市督学，以及教育部陕西师范大学基础教育课程中心副主任。龙教授的研究方向集中在教育学原理与教师教育领域，同时还长期关注中小学课程与教学改革等问题。

今天晚上，我们邀请的与谈嘉宾是冯家渔副教授。冯教授是我校教育学部副教授，教育学博士、硕士生导师，西部课创研究院研究员，现任教育部陕西师大基础教育课程研究中心分中心——中学教育研究中心副主任，陕西省首届基础教育教学指导委员会教学研究专委会委员，西安市小学课程发展研究中心指导专家。冯教授长期致力于一线中小学课程与教学改革工作，在本研究领域具有一定造诣。

主题报告现在开始。首先，请龙教授为大家做主题报告。随后，两位专家将进行在线与谈研讨活动。今天晚上的报告主题是：面向新课标的中小学课改。我们用网上掌声有请龙教授开讲。

**龙宝新：**

各位在线的老师和朋友们，非常荣幸有这样一个机会，在这样一个特殊的空间，在这样一个特殊的时代背景，和大家分享一下我对“新课标指导下的中小学课改”问题的一些感悟与见解，期待和大家做一次深度的课改访谈和专业交流。在本报告中，我将重点谈谈对“面向新课标的中小学课改”这一问题的看法与观点，希望我的分享能够引起各位在线朋友、老师的思考与共鸣。

就在今年，义务教育新课标发布了！截至今日，基础教育阶段所有课程的新课标发布工作宣告结束。继高中新课标改革之后，持续推进面向义务教育阶段的新课标改革正在实践中如火如荼地展开，全国广大教师正拭目以待、跃跃欲试。课程在教育教学中具有非常重要的作用，它既是实现育人目标的重要载体，也是教材编写、教师教、学生学、质量评价的直接依据。我们有理由相信，新课标的颁布将全面开启新一轮基础教育教学改革。在这一形势下，作为中小学教师，我们必须要对“课堂教学改革”这样一个关键问题予以全面的关注和思考，新课标要求我国全方位深入推进中小学课堂改革，让课改成为敦促课标落地生根的一把利剑。针对该问题，我想和大家重点交流三个问题：第一个是走向新课标的精神世界，和大家共同分享一下我对新课标主旨精神的一些理解和体悟。新课标的核心仍然是学生发展核心素养，是各学科的学科核心素养，利用知识教学来全面推进素养培育是本次课改的一条主线；第二个是探明如何借助知识教学来培育学生核心素养的原理，这个原理为新课标的落地提供了一个坚实的理念之基与原理之基；第三个是义务教育新课标落地的具体教改路径问题，也就是新课标的最终落脚点与具体行动路径问题。

我想先重点谈谈新课标的内在精神主旨。如何吃透新课标背后的精神主旨，把脉新课标文本的背后理念，这是广大教师需要关注的首要问题。新课标的核心理念、核心精神是指导我们教育教学改革走向自由创造的一盏明灯。显然，课标不是教师在课堂实践中照着抄、照着读的一个文本，而是全新课改理念的一个载体与表达，文本的存在只是表达理念的一个物质外壳，穿透不了课标文本的表层，进入到课程标准的内部精神世界，教师就不可能成为一个真正自由的课改行动者。常言道，“道可道非常道，名可名非常名”，正是这个道理。

对课堂改革而言，实际上有两条道路：一种是具体的实践之“路”；一种是更为上位、更为抽象的精神之“道”，精神之“道”是无形之道。一旦吃透了它，就可能自由统领整个教育工作实践，达到对深层课改之道，特别是对课改精神世界的准确把脉与自由转换，教师也才能最终成长为一名真正的课改行动者、课改实践者。新课标无疑是义务教育学校的教学纲领，是传达全新课改精神的文本载体。为此，读懂课标、走进课标的幕后世界，才是我们最值得思考的问题。那么，到底什么是“课标”呢？

“课标”的全称是“课程标准”。所谓课程标准，从定义上来看，它是规定某一学科的课程性质、课程目标、内容目标、实施建议的教学指导性文件，决定着一门课程的根本学科属性与学科指向。通俗来讲，课程标准是对学生在经过一段时间的学习之后应该知道什么和能做什么的表述和规定，实际上反映了国家对学生学习结果的期望。在课堂教学领域，国家不仅要为课程内容确立标准，也要为学业质量确立标准，同时还要为教师教学活动确立标准。作为纲领性课程指导文件，课程标准一旦有了改动，就可能产生牵一发而动全身的连锁效应；一门课程的性质定位一旦发生了变化，课程要达成的预期目标势必会发生根本性变化。进言之，课程实践的后半篇文章是课程的实施、评价，是课程资源体系的配套建设，无疑，这都要受课程目标定位的统领。这就是课标对课程实践具有“纲领性指导意义”的具体体现。

课程标准在课程实施中发挥着承上启下的关键作用：它上联国家课程方案，下联每一节课的教学方案、教学设计，教师进行课堂教学设计时必须遵循课标提出的基本教学要求。新课标作为一个统帅教育改革的上位概念，它引领并拉动课程教材改革、教学方式变革、教师专业发展、教学质量评价等关键教学环节。课标的制定与颁布不仅有利于解决课程建设中存在的现实问题，而且对于改革教育顽瘴痼疾、促进教育高质量发展、加快推进教育现代化也具有重要意义。

教师要读懂新颁布的《课程标准》，一方面要积极收看相关新闻报道，阅读相关研究文章；另一方面，还要注意参阅不同专家对课标的专业解读。北京师范大学教育学院郭华教授指出，“课程目标的素养导向，有利于转变那种将知识、技能的获得等同于学生发展的目标取向，引领教学实践及教学评价从核心素养视角来促进和观察学生的全面发展”。国家督学、北京开放大学校长、北京师范大学基础教育质量协同创新中心首席专家褚宏启教授认为，“课程建设以核心素养为导向，是推进我国社会现代化和人的现代化的需要，也是贯彻党的教育方针、落实立德树人根本任务的具体体现”。在他们的解读中可以看出，在新版《课程标准》中，国家提出了一系列全新的课程理念宗旨，其中首屈一指第一条是对学科核心素养的强调，以核心素养为纲，关注学生发展核心素养培育，尤其是学科核心素养培育是义务教育新课标的显著特征之一。学科教育教学活动是学校培养学生的根本路径，承担着培育学生人生发展、终身发展所必需的必备品质和关键能力的职能与重任。其中，“必备品质”是指一门学科学习之后应该在学生身上培养出来的一系列人格、思想、心理品质。如何培育学生终身发展和适应社会发展所需要的核心素养，特别是在真实情境中解决问题的能力，需要每一名任课教师去思考、去探索。因此，学科核心素养是新课标的重中之重。

在当前，课程育人、教学育人、实践育人是中小学教育教学活动的内核。本版义务教育课程标准强化了课程的育人导向，将党的教育方针细化落实为学科课程应该在学生身上着力培养的核心素养，如思想政治品质、价值观、人生观等，成为统领本轮基础教育课程改革的核心目标点。更进一步讲，学科核心素养目标要求我们必须培养学生的两种重要素养品质：一个是政治价值观，这是课程思政、学科育人观念的直接体现。青少年阶段是人生的“拔节孕穗期”，最需要精心引导和栽培，思政教育作为落实立德树人根本任务的重要途径，必须贯穿于儿童到少年再到青年成长的全过程，进以培养学生做人做事方面的必备品格；一个是基础核心能力，学科教学要在学生身上培养出一些服务学生终身持续发展且具有基本性、关键性的生存发展能力，其中自然也包括在具体情境中解决问题的能力。应该说，围绕学科核心素养培育而做文章、想办法，是义务教育新课标一以贯之的一条基本精神。

同时，为了促进学科核心素养培养目标的达成，新课标还非常重视第二个课改关节点：学生学业质量评价。学业成绩不同于学业质量，学业成绩只是学生学业质量的一个方面、一个维度，是其中很小的一个板块组成。“质量”是学生在完成本学科学习之后形成的各方面学业成就的综合体现，反映着核心素养培养的要求。其中不仅包括知识掌握、技能习得，还包括这些知识在第二课堂、第三课堂中的应用状况，甚至还包括学生这些知识学习之后，其世界观、人生观、价值观方面所发生的微妙改变。在过去，我们一味强调具体知识点的学习效果评价，那只是学业成绩评价而非学业质量评价，属于一种浅层、低级的素养评价形态。学业质量标准为学生学习提供了一条准绳，为教学实施提供了一个坐标，为教学评价提供了客观依据，体现了教、学、评的一致性。学生学业质量评价一定是全面的、综合的、立体的，这一评价结果是指向学生学科核心素养目标的，它对当前新课标落地而言意义明显。

## 一、走进新课标的精神世界

那么，到底什么是核心素养呢？核心素养首先是一种“素养”，按照素养生成的规律开展课堂教学活动，克服知识本位型教学的弊端，是本轮义务教育课改的中心议题。与之相应，本版新课标的精神主旨可以梳理为四个方面：

第一个方面，重视核心素养的培育。“素质”是一个教育术语，既包括先天因素，又包括后天习得，而素养是课程术语，是人通过后天学习而习得的一种品质，“为素养而教”是新课标的意图之一，体现在本轮课改对课程育人功能的重视与强调上。与之相应，核心素养是通过学习逐步在人身心上养成的关键能力、必备品格与价值观念。这是“核心素养”的概念蕴含，它强调这种品质观念是后天形成的而非天赋的。进言之，天赋的品质素养不构成教育培养的重点内容，核心素养是通过后天教育学习而在人身上挖掘出来的东西，故称之为关键能力、必备品格、价值观念。核心素养在后天形成的途径有三条：一是生活经验智慧的积淀；二是自觉的教育参与；三是文化系统中的熏陶。可见，教育只是促进学生核心素养形成的一条路径。对新课标而言，学生核心素养培育上更为强调的是实践参与和文化熏陶，即构建一种健康的教育文化生态，让学生的核心素养在其中得到培育催发；鼓励学生参与第二课堂、第三课堂与社会实践，把知识转变成为素养、能力，正是新课标的意图所在。新课标中还谈到跨界学习、综合实践，它们都是实现转变知识、生成能力的重要途径，故成为本轮课程改革的新亮点。

义务教育新课标强调：培养学生核心素养的三条基本路径是如图 1 所示：

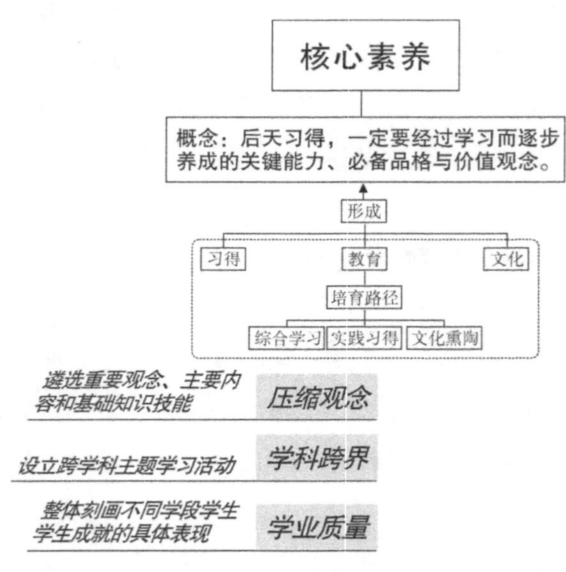


**图 1　核心素养的形成路径与课堂教学改革方略**

首先是压缩观念。所谓“压缩观念”，就是“遴选重要观念、主要内容和基础知识技能”，并据此开展大概念教学。确定大概念的关键是首先要追问“什么是最值得理解的”。从课程角度来看，大概念承载着学科中的重要思想，是学生应该理解的学科核心理念、应该习得的核心素养。大概念是学生离开学校后能够带得走的能力，是在经验、事实从记忆中淡出之后长期具身存在的中心概念。大概念的课程意蕴在于：大概念是学科的核心、整合的桥梁、迁移的源头。因此，我们要跳出罗列学科知识的窠臼，围绕一门课、一节课的核心知识技能整合课程内容并进行教学进阶设计，实现对课程内容组织形式的整体优化，据此培养学生的核心素养。这正是本版新课标大力倡导的一种课改理念。

其次是学科跨界。开设跨学科主题学习活动，推进学科跨界、综合学习，是突破狭隘、僵硬的知识学习缺陷，促进学生在问题解决中灵活地综合运用知识，促进学生核心素养发育的另一有效路径。我们提倡“学科跨界”是因为，一个完整的人的生活是不分科的，现实生活中真实存在的具体生活问题也并非局限于某一学科，而是跨学科的。跨界学习实际上就是利用多学科知识来观察世界、解决问题，以此培养学生在真实情境中解决现实问题的能力。跨界教学正是这样的一条教学通道，它能够将学科知识联入学生的生活世界，能将学生的生活经验体验提升到科学理解的高度。

最后是学业质量。学业质量不同于学业成绩，学业质量是学生在完成本学科学习之后的学业成就综合表现，其直接指向的对象就是本学科核心素养及其现实表现。结合课程内容，对学生学业成就表现进行总体刻画，同样也是所有过程评价、结果评价与考试命题的依据。学业质量不只是学生知识点学习之后的成绩表现，而是知识综合运用、融会贯通后的成就表现；不只是纸笔考试成绩，更是学生的综合活动表现；不只是考试命题的依据，同样也是作业设计、测验编制的依据。这一理念的提出有助于引导教师全面开展课堂教学活动，自觉构建面向核心素养目标的整体性、全面性、立体性教学形态。如上所言，新课标非常强调三条学生核心素养的培育路径：一是知识的实践应用；二是大概念教学；三是以学业质量综合评价引导课堂教学立体转变。

第二个方面，开创性提出“学业质量评价”概念。如前所言，学业质量评价是学生学习后获得的学习成果综合体现。跟以往不同，这次新课标修订的一个创新点就是首次在义务教育课程标准中专门提出了学业质量标准。本版课程标准最为强调的四个教学评价问题是：谁来评？评什么？怎么样评？评到什么程度？这一评价新思维的提出有助于克服应试教育的倾向，避免实际教学中“学得过多、学得过难”的问题，对于下一步有效减轻学生学业负担提供了依据。本课标在作业设计、改革考试评价等多方面呼应了“双减”工作落实的要求。新课标坚持教、学、评一体化原则，明确提出了“素养立意”的命题思想。指向“素养立意”的试题更具有结构性、整体性、情境性等的新特点，更关注任务驱动的学习导向，更注重用做事来考查学生的思维水平与探究水平，更关注思维、探究的动力状况以及思维结果、探究结果的丰富意义，促使中小学课堂教学改革走上一条面向素质教育的健康轨道上来。

第三个方面，推进综合学习。相对而言，推进综合学习是本版课标的一大焦点。历史地看，由“综合实践”到“综合学习”的转变体现了课程改革对学生学习方式变革的关注，倡导综合学习是“整体性”思维下的历史选择，是对全人教育目标的回归与呼应。就概念来看，综合学习实质上是学习与生活相“联结”理念引领下的学习方式变革。在路径上体现为学科内知识整合学习、跨学科主题学习与综合课程学习三种类型。在学理上，坚持“素养说”的内在逻辑，强调建立学科知识之间、知识与生活之间、知识与自我之间的“联结”。在实践中，针对知识间的相互割裂，注重学科知识整合；针对知识与生活间的割裂，强调知行合一；针对知识与自我间的割裂，强调学思结合，建构学习反思支架。综合学习是实现“变知识为能力”“变能力为素养”的最佳路径之一，是克服单纯单一知识教学的僵化性、机械性的一剂良药。为此，加强学科内知识整合，推进跨学科学习，建设好综合课程，是新课标落地的一把利剑。新课标规定：每一门学科教学中要求用10%左右的时间来开展跨学科主题学习，在教材层面必须要保证10%的跨学科学习内容。这一改革要求令人振奋。这一课改理念的践行无疑有助于克服坚硬知识点教学的弊端，力促素养培育型课堂教学的生长发育。

第四个方面，倡导因材施教。本版新课标的另一精神主旨是落实因材施教，其意在为每一个学生的个性化、差异化发展提供课程与教学服务，促使学生核心素养的个性化、自主化发展。值得关注的是，本次课改倡导的是学习逻辑而非学科逻辑。在课程方案中，以往很多可以用“教学”表述的地方被替换成了“学习”，这表明“学”比“教”更重要，教不能替代学。这也说明新课标更加注重学生的主体地位，让学习者回到教学世界的中央，是对长期以来课堂学习被教材讲授所屏蔽的纠正。此外，新课标强调的是育人本位而非学科本位，知识学科的存在为人的发展服务，为人的个性化、自主化成长服务。因之，如何创造适合每个学生发展需要的课程服务，充分落实因材施教、因人导学的问题，就成为本次课改的又一重要关注点。

在新课标的指引下，我国中小学课堂教学将真正转向“以人为本、立德树人、素养培育”的科学轨道上来。例如，在义务教育《数学课程标准》中非常强调数学核心素养的培育目标，强调“以学生发展为本、以核心素养培育为导向”的课程目标，关注学生的“四基”培育，即基础知识、基本技能、基本思想、基本经验；强调发展学生的“四能”，即运用数学知识与方法发现、提出、分析和解决问题的能力，形成正确的情感、态度和价值观。这些课改新目标的提出为凸显学生个性化发展、创造个性化教学实践形态创造了条件。不仅如此，《数学课程标准》也非常强调素养在问题情境中生成的道理。正如本课程标准所言：学生的数学学习应是一个主动自觉的过程，与之相应，数学学习的重要方式是：认真听讲、独立思考、动手实践、自主探索、合作交流等。为此，数学教学活动要注重并提倡启发式，激发学生学习兴趣，引发学生积极思考，鼓励学生质疑问难，引导学生在真实情境中发现问题和提出问题，引导学生利用观察、猜测、实验、计算、推理、验证、数据分析、直观想象等方法分析解决数学问题，并在该过程中习得数学基础知识和基本技能，学会运用数学思想方法，获得基本数学活动经验，形成有关数学的积极情感、态度和价值观，最终习得数学学科核心素养。一句话，学生数学核心素养是在真实生活情景与问题解决、实践探究中形成的，基于真实情境的学习、基于问题的学习是学生数学素养形成的学习之路。正是在情景性、生活性学习中，学生才学会运用数学公式、进行数学推理、建立数学方程，才会将数学生活化、实用化，才会将知识理解融入数学学习生活之中，真正克服本末倒置，即素养与知识本末倒置的不良数学教育教学观念。

## 二、素养生成的基本原理

下面，我们进入本讲座的第二个关键问题——素养生成的原理问题。大家知道，课堂教学中最内核的育人问题，是学生学科核心素养的培育问题，也就是课堂实践要在学生身上培养的本学科所能够在学生身心上培养出来的价值观念、必备品格与关键能力，而不是简单的达成知识习得目标。换过来讲，任何课堂教学都离不开知识培养习得问题，利用知识教学来实现素养催生的目标才是课堂教学需要关注的关键问题。为此，明白知识催生素养的基本教育原理至关重要，如若你不懂素养生成的原理，那么根据什么道理来设计课堂教学活动呢？

在课堂教学中，学生素养是怎么生成的呢？我们认为，这是一个基于知识习得、自主建构的过程。进言之，科学组织教学活动，让知识教学促进学生核心素养的顺利生成和培育，是教师教学活动要关注的一个重要话题，是一个实实在在决定教学活动组织方式的实际问题。作为大学教师教育者，其对中小学教师课堂教学发挥的重要作用之一就是为广大教师讲明“变知识为素养”的科学道理，帮助教师领会课堂教学改革的内在原理，理清课标文本中每一句话的微言大义，为中小学教师对标开展课堂教学活动提供理念之基、科学凭依。在这里，我要给广大老师讲清楚课标文本背后隐藏的深刻课改原理——知识与素养转化生成的道理。

其实，这两年我一直在思考这个问题——课改开展的道理。在这里，我重点讲述三个课改道理。

首先是素养生成的原理，即素养和知识间的转化生发关系。这是第一条重要课改原理。实践证明：一旦课堂教学离开了知识这一主载体，教学活动会因此而变得毫无存在的价值和意义。但换个角度看，一旦教师教学活动过于看重知识、偏重知识、依赖知识，热衷于打造知识饱和型课堂，就可能偏离素养培育的目标与轨道，把课堂教学推向另一个极端化的境地，应试教育正是在这一情景下发生的。在这里，我想问问大家：就知识与素养间的关系而言，到底是素养等于知识、素养大于知识，还是素养小于知识呢？我想，每位教师肯定都有自己的答案与主张，我的个人理解是：素养大于知识，素养涵盖了知识、技能及态度等。它不只重视知识，也重视能力，更强调态度的重要性，而知识只是素养的一个构成要素而已，知识的情境化运用才可能催生出真正的素养。由此可见，知识作为预期学习结果，它强调的是知识的客观性、现成性，强调的是实体知识，而素养则凸显知识的实践性、行动性与生成性。从预期学习结果的角度来看，知识与素养之间并非截然的实体性关系，而是学习结果的一体两面关系，两者一体化生成是在知识迁移、运用与创生的实践过程中进行的。素养作为预期的学习结果，与知识之间并非是两个独立的实体，它更为强调知识的另一种属性和价值，是知识情境性和实践性的表达。

在这里，让我们看一则美国的教育例子：

美国小学是知识的吝啬鬼，严格限制孩子得到知识的数量，一个月只允许孩子得到一个知识，孩子每得到一个知识都需要付出很多的汗水和辛苦；在这个过程中，动手、思考和感悟比知识本身更重要；孩子对知识总是有渴望的感觉。

美国教育一个月的知识量只相当于中国教育一天的知识量。相差 29 天，这 29 天就是感悟的时间。美国教育通过让孩子感悟比中国教育多产生了一个东西：智慧。美国学生比中国学生多产生了一个东西：创新能力。

——资料来源：余文森．能力导向的课堂有效教学[J]．全球教育展望，2018，47(01)：21-34.

美国教育例子折射出来了这样一个重要教育改革道理：相对知识而言，素养更重要。知识在应用、理解、思考、动手、操作中生成素养，美国教育在实践中更为重视的是：让学生去感悟、去创新、去实践，致力于通过知识教学催生学生的核心素养、必备品格，去激发学生如饥似渴的学习热情与愿望，去培育学生在真实情境中用知识解决的能力。这就是核心素养的生成之道。从这一角度看，传统教学中，我们的教育可谓“捡了芝麻，丢掉了西瓜”，就是说，教育活动仅仅帮助孩子捡到了“芝麻”一样微不足道的分数，学生学到了一个个没有深度的知识点，丢失的却是对孩子一生发展具有重要意义的核心素养。因之，掌握变知识为素养的原理对于教师课堂教学改进而言意义明显。

课堂教学中培养学生素养的一般机理是什么呢？这就是支撑本轮课改活动的第二个理论支点——课堂中素养生成的一般原理。请看图 2：

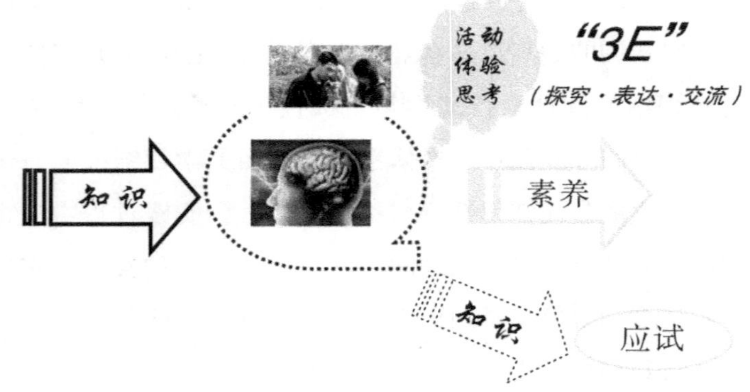


**图 2　课堂中变知识为素养的一般原理**

图 2 表明：在过去课堂上，学生大脑输入的是知识，输出的也是知识，以达到应试教育的目的，知识在学生头脑当中没有产生质变，仅仅是发生了一次物理性的机械搬移运动，大脑成了知识转载中一个中转站，在这一学习过程中素养无法生成。学习科学表明，脱离知识运用所积累的知识并不具有逻辑意义上的使用价值，难以支持下一阶段知识运用与问题解决活动，素养的生成也因此便缺乏知识的基础与支持。在知识运用于实践的过程中，知识与素养难以在时间和阶段上分解为两种实体性的学习结果，而是伴随问题的解决过程一体化生成。一旦将知识和素养机械地分割为两种学习结果，必然会引发知识运用的形式主义，被机械地划分为知识掌握优先，而知识运用则成为其次。

那么，在课堂上如何才能真正将知识转变成为素养呢？这就需要教师遵循另外一条路径：在课堂上，教师要针对知识学习内容，给学生创设一个学习的情境，即“知识情境化，情境问题化”，即在课堂中创设教育情景，将知识情境性地运用于实践问题解决之中，让学生围绕相应问题去探讨、揣摩、思考、交流，开展所谓的“3E”(Exploring，Expressing，Exchanging)活动——探究、表达、交流活动，让学生在课堂活动、课堂体验、问题思考中化知识为素养、为能力、为智慧、为人生态度。这就是我们倡导的教师在课堂中利用知识催生素养的课堂改革原理。将知识与复杂、多变的情境密切结合起来，以一种反思性思维方式、情境性问题解决的方式运行，知识便具备了情境性、实践性等特征。历经这一过程之后，个体不仅建构、创生了知识，而且具备了在真实情境中解决问题的实际能力、对待事物的科学态度。在这一过程中，知识与素养构成了彼此的基础，二者相互转化并互动生成。因之，只要学生明白了知识灵活应用这个道理，他就能逐渐将知识融会贯通，转变成一种身体化知识，即素养。在这里，我还要给大家提供一个姚老师的研究成果，供大家理解参考，他指出：

对于基础教育而言，积极的学习态度、进取心、抗挫力，应该比知识教学、能力训练更重要。一个人的知识可以不丰富，一个人的能力可以不突出，只要他的进取心在，抗挫力强，这个人的未来发展依然充满美好。

——资料来源：姚虎雄．回到常识：再谈“核心素养”[J]．人民教育，2014(14).

在这段话中，姚老师清楚地指出：对于基础教育而言，“积极的学习态度、进取心、抗挫力，应该比知识教学、能力训练更重要，”，其原因就在于，“一个人的知识可以不丰富，一个人的能力可以不突出，只要他的进取心在、抗挫力强，这个人的未来发展依然充满美好”。这句话充分地表明：对学生终身发展而言，学习态度、学习精神的力量至关重要，这一力量其实这就是核心素养的力量，培养学生核心素养至关重要，它远远超过了知识技能教学。素养是整体性的，与人的整个生命发展相关，素养一经习得便与个体的生活和生命不可剥离，并且具有较高的稳定性、增值性、扩展力，有可能伴随学生一生，正所谓“其根本特质不在于量的积累，而在于生命个体品质与气质的变化和提升”。换个角度看，只要一个学生具备了良好的学习素养，他就可能让其学科学习活动持续一生，进而彻底改变他的整个人生画面与成就水平。所以，基于真实问题情境开展学科实践活动、学科学习活动，是培育学生核心素养的科学之举，是课堂中引导学生变知识为素养的一条科学之路。

更进一步看，学生的学科核心素养是如何形成的，这是学生核心素养培育的一条最微观、最具体途径，也就是我们下面要重点讲的支撑课堂改革的第三条原理——学科核心素养的形成之道。如上所言，针对某一学科知识而言，在特定情境下针对这个知识点开展问题讨论、研究思辨活动，即学科活动，让学生在参与学科活动中生成学科思想、掌握学科方法、吃透学科精神，最终实现对学科核心素养的习得与养成，这就是借助学科活动来培养学生学科核心素养的一般道理。请参见图 3：

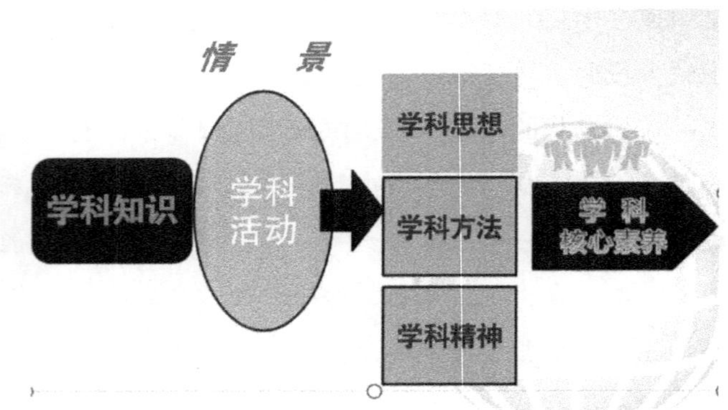


**图 3 学科活动中培育学生学科核心素养的原理**

由图 3 可见，学科参与、学科实践、学科活动是变学科知识为学科素养的必经之途。那么，如何让学生在学科课堂中实现深度、多元参与呢？陶行知先生的认识非常深刻，经验弥足珍贵。这就是让学生全部感官及其活动参与到课堂教学中来，即所谓“解放儿童”。参见下文：

一、解放儿童的头脑，使他们能想。

二、解放儿童的双手，使他们能干。

三、解放儿童的眼睛，使他能看，不戴上有色眼镜，使眼睛能看事实。

四、解放儿童的嘴，使他们能谈，特别要有问的自由，才能充分发挥他们的创造力。

五、解放儿童的空间。

六、解放儿童的时间，不把他们的功课表填满，不逼迫他赶考，不和家长联合起来在功课上夹攻他们。

——资料来源：江苏省陶行知教育思想研究会．陶行知文集[M]．南京：江苏人民出版社，1981.

这就是陶先生总结出来的深刻教育道理，学生也只有在学科参与中才可能习得素养、获得发展，这些参与方式正是：动脑、动手、动眼、动嘴、动心去参与知识问题的研讨活动，教师要在这一过程中培养学生的核心素养。学科核心素养是一种整体表现，不是“个体所具备的可分化的能力框架或要素的罗列”，不能简单还原为知识、技能、价值观念等学习目标要素，它是常以整合的方式出现的，是个体在解决问题的过程中，运用学科知识、方法、情感态度与价值观念的综合表征。所以，学科教学活动要培养学生核心素养，就必须把知识转变成为一个问题，让学生在课堂当中围绕问题开展自由自主的学习讨论活动，并在这个过程中活化知识、激活知识、转化知识、适用知识、生成素养，将外部知识转化成为与学生身心同在的一种品质。

## 三、新课标的落地之路

在谈完核心素养培育原理之后，我们进入第三个关键问题——新课标的落地之路，重点分析一下如何借助课堂教学转变来落实新课标，促进中小学教师课堂教学的转变。怎么落实新课标呢？我认为，首要的是重点引入一些科学的教学方法，尤其是有助于学生核心素养生成的教学方法。在这里，我有一些不成熟的想法和建议，供老师们参考。

首先，教师要大力推进“PBL”教学，即“基于问题的教学模式”，将学习设置到复杂的、有意义的问题情境，通过学习者独立思考现实问题或合作解决真实性问题，进而吃透隐含于问题背后的科学知识，形成解决问题的技能以及自主学习的能力。问题驱动教学不满足于做学科知识的搬运工和回忆再现，而是要深入关切学生生活。有问题研讨的课堂才能为学生素养生成提供平台与孵化条件。课堂教学中培养学生素养的一个重要媒介、一道重要桥梁、一道不可跨越的“坎”就是“问题”，“基于真实情境的学习问题”是变知识为素养的一个有效媒介。

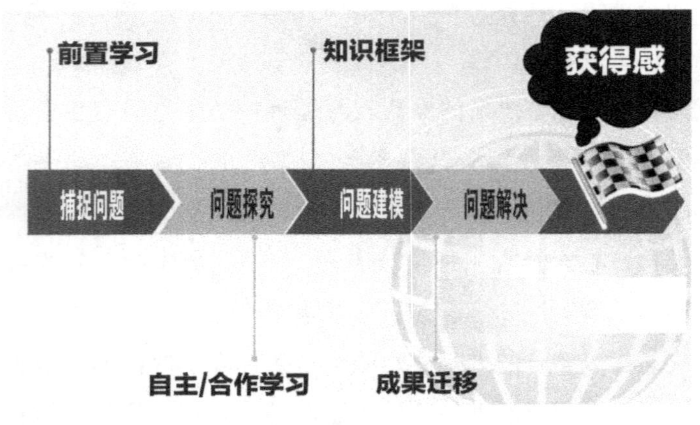


图 4 “PBL”教学的一般步骤

为此，大力倡导“知识情境化、情境问题化”的教学理念，在课堂上开展问题研讨活动，在围绕核心知识引发的核心问题研讨中促进学科核心素养在学生身上生成，正是“PBL”教学的科学性所在。一方面是知识情境化。教师要积极创设课堂情境，为知识的迁移和内化提供依托。学习情境要善于凸显生活的真实性、贴近现实、关联生活、服务学生成长的问题，以此激发学生学习内驱力。此外，学习情境要凸显正向价值观念的引领性，问题承载的学习情境具有强大的生命力、激活力，具有正向激励正向价值、导向正确价值观念的潜能，教师要善于挖掘这一潜能，有力服务于学生核心素养的培育。最后，情境要指向知识的应用性，使知识、能力和情感价值有机融合，既要让学生对生活有感性的体验融入，又让学生有理性的运用迁移。另一方面是情境问题化。义务教育新课标大力倡导综合学习、跨界学习、主题大单元教学、任务驱动式教学，都离不开问题的中介。再次强调的是，这里所言的“问题”一定是学生自己在特定情境中，在学习活动中自然而然地生成的问题，正如图 4 所示：一个完整的“PBL”学习活动一定要经历四个环节，这就是：第一，开展前置性学习，并在这一过程中引导学生捕捉住学习问题。好的问题需要具备以下特点：一是典型性，即问题能够代表教育活动中的一些普遍现象，学生可通过问题的解决过程学到多种知识、经验与方法；二是现实性，即所呈现的问题应该是现实社会生活中真实存在的生活实践问题，这样学生学习起来才能感到亲切、可信；三是开放性，即该问题能够引导学生从不同角度进行思考，且相应的解决方案也不止一个。第二，利用自主、合作、探究等学习活动，针对问题开展课堂探究活动，充分发挥学生的主动性。第三，在问题探究中利用知识假设对问题进行建模，形成问题解决的思路。第四，在问题解决后形成问题解决经验，将问题探究成果向后续学习迁移，提升学生继续学习能力，激励学生的学习获得感。

在“PBL”教学中，我个人研究发现：真正的好问题产生在“教”与“学”两种活动的交界处，好问题是能够在教学中引发学习的问题链，能将教学活动引向深入，借此培养学生的核心素养。在一些课堂上，老师滔滔不绝地讲，挤占了学生思考的时间和空间，而学生身上毫无学习的反应、感应、效应，这说明教师的教学活动是无效的，因为他没有打动学生的心灵，引发学生身心的反应，没有真正进入学生的世界。但换一个角度看，课堂中只要基于学生的独立自主学习活动，即便没有教师的引导活动，同样教学活动也能生效，只是不可能达到高效。进言之，只有在教师科学指导下的学生学习活动才可能是高效的，而要实现这种“高效”的目标，教师必须针对学生学习问题开展教学活动。所以，围绕问题的“捕捉—分析—解决”这个线路来开展教学，就能够让课堂教学触及学生的心灵，拨动学生大脑的心弦，从而达到一种至高的教学效果，催生出学生优异的品格、能力与素养。

其次，我给出的第二条教学建议是跨界教学，即基于跨界教学的原理来开展教学创新活动。跨界教学不仅仅是教学内容、教学活动、教学思维等层面的跨越或联合，更是当代基础教育阶段教学理念的深层变革。跨界教学不同于传统学科本位教学，它强调学科间的实质性关联，强调的是稀释抽象的学科符号，创造鲜活、有趣、生动的学科教学样态，促使课堂回归生活现象，回归教学本意、回归学科初心，将抽象的变成具体的；与现实生活结合起来，把干瘪的内容丰富起来，将脱离生活实践、与个人没关联的抽象知识内容变成个人性的身体性的。在传统学科本位的教学中，教师和学生每天面对的都是某一学科的知识，久而久之，容易被封闭在这一学科疆域，导致知识越学越死的结果。怎样才能把某门学科(主学科)的学科知识教学“跨”到其他学科(辅学科)领域中，实现“1 拖 N”式的教学呢？我们首先需要考虑的是：通过问题贯通关联的方式，将所教学科知识与辅助学科知识一同回植到对应生活情境中去，同时借助问题情景、参照辅学科两种策略将学科知识复原为“情景中的知识”，借此将主学科和辅学科关联起来，促使学科间知识发生关联整合，这就是跨界教学的原理。如图 5 所示：

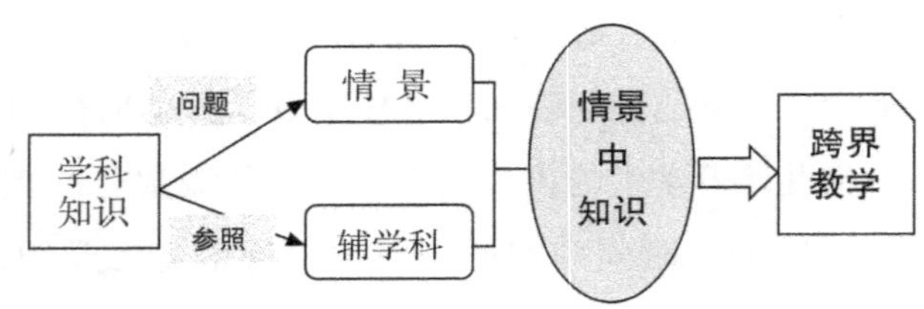


**图 5 跨界教学的发生原理**

图 5 表明：跨界教学遵循的原理就是主题串联原理，其实质是借助上位主题或统摄性知识主题，在一门主干课课堂教学中深度融合相关学科内容，从而实现在一门学科中“跨入”多门相关学科的跨界教学，把不同学科的知识关联起来，在其之间建立起一个链接点、桥接点，最终实现多门学科知识间贯通与关联的目的。显然，借助知识链接的建立，主学科和辅学知识间产生了关联。

跨界教学同样要坚持学科立场，只有学好了主学科与关联学科知识，才能够跨学科解决问题，或者在学科内借助其他学科的工具、方法与思想来解决问题。我们要看到不同学科之间是如何交互影响的，同时也不能忽视学科存在的独立价值。因此，我们既要立足于每个学科的特殊性，又要看到不同学科之间的渗透性和互摄性，以此建起多门学科之间的关联，同时又不失去主体学科的主导地位，形成多学科教学辅助主体学科教学的理想跨界教学格局。

再次，任务驱动教学，也就是我们倡导的促使新课标落地的第三条课改路径，也是新课标中明确倡导的一种新型素养催生型教学方式。什么是任务驱动？“任务驱动”是以建构主义理论为基础一种教学方法，适用于培养学生的自学能力和相对独立地分析问题、解决问题的能力，其显著特点是：紧密联系学生的“生活实际”，易于选择更有利于学生掌握科学知识的“学习资源”，突出“自主探索”和“互动协作”的学习方式，有利于高效地解决问题、完成任务等。从教师角度看，它包括五个重要环节：“设计任务—创设情景—引出任务—帮助指导—引导知识建构—效果评价”，这是一个借助任务设计来引发学生自主学习与知识建构的过程；从学生角度看，它包括以下环节：“得到任务—自主学习或协作学习—知识建构—知识应用—知识积累”，这是一条学生在任务驱动下发生的知识习得、知识积累过程。任务驱动中的“任务”来源学生学习和生活的真实世界，反映与学生生活相联系的客观世界，能够激发学生强烈的学习、探究欲望，同样也是关联师生学习活动的媒介与关节点。正是借助任务驱动学习，学生获得了利用知识解决问题、生成素养的机会。

在此仅举一例来说明。下面是一位小学语文教师的任务驱动式教学设计：

【任务类型】单一任务、梯次任务与综合任务

【具体体现】

单一任务：识字类、朗读类、记忆类任务

梯次任务：具有层次性和选择性的任务

综合任务：听说读写结合的任务

——资料来源：小学语文任务驱动法教学探究，https：//wenku. baidu. com/view/8b28b707598102d276a 20029bd64783e09127dd3. html.

在这一例子中，语文教师引入了分层次、分类型设计语文学习任务的思路，即设计了单一任务、梯次任务与综合任务等多种学习任务，形成了一个循序渐进、层级多样的学习任务链条，依次引发学生学习活动，为学生语文素养的形成发挥了脚手架作用。我的专题讲座就到这里，欢迎老师们批评指正！

## 四、在线答疑

**余海龙：**

加渔教授好！您能就龙教授的分享帮大家提炼几个关键词并做个总结吗？

**冯加渔：**

听了龙老师的精彩报告，让我自己收获很多，在此简要谈一谈我的个人感受：第一个词是高屋建瓴。大家都知道我国新颁布的义务教育课程方案、义务教育课程标准，这一课程方案、课程标准的发布对我国基础教育改革而言，是一个重要教育事件。当前，无论是中小学一线老师，还是我们大学老师，都在密切关注这个课标的发布，大家都期待着课标发布这一事实本身就表明：全国教育工作者对新课标、新课程方案高度重视。从国家层面来说，2001 年我国最先公布了义务教育课程的测试方案，之后于 2011 年颁布了义务教育课程标准的定型版。截至 2022 年，该课程方案已经使用了 20 年，的确到了该修订的时候了。可以说，我国课程标准几乎是平均每十年修订一次，每次修订至少涉及一代或者两代人的培养问题，对时代新人培养而言非常重要。在报告中，龙老师结合当前我国这个基础教育改革的重大热点，也是改革难点问题，进行了一次高屋建瓴的分析，可谓立意高远、铿锵有力，为我们精准了解当前我国义务教育，乃至基础教育改革发展前沿提供了有力的参考。所以，我对本报告评价使用的第一个关键词就是“高屋建瓴”。

第二个关键词是提纲挈领。我们知道，我国颁布的本次课程方案文本，说薄不薄、说厚不厚，但字字句句都意蕴丰盈、微言大义。与之相应，义务教育段 16 科的课程标准均立足时代、关注当下、放眼未来，成为指引当代我国基础教育课改的一面旗帜。对很多一线教师而言，要想在短时间内把握新课标的精髓与灵魂，实属不易。加之，许多一线中小学老师都肩负着繁忙的日常工作，要想专门抽出一些时间去深入细致地研读，去深入揣摩这一课程新方案、新标准，的确还有一定难度。从这一角度看，龙老师先人一步，首先对这一新方案、新标准进行研读解读，对新课标、新方案的四大精神主旨进行了提炼与解析，对核心素养培育的基本原理进行了归结提炼，便于一线教师在有限的时间内快速精准掌握本课程方案、课程标准的核心内容，例如核心素养的课程目标问题，推进核心素养形成的主要教学路径——观念压缩、综合学习、跨界教学、教学质量评价等，对于广大一线教师迅速把握本课程方案、课程标准的灵魂，指导后续课程改革的突破点具有引领意义。

第三个关键词应该是深入浅出。不同的教育专家，对课程方案标准的解读可能有不同的风格。例如，有的偏向于政策文本的解读，有的偏向于内在学理的解析，有的偏向教育教学实践的观照。相对而言，龙老师的特点是：把理论的和实践的，包括相关政策要求、学校落地等有机结合了起来。可以说，本次报告既是对国家基础教育政策的一种解读，也是紧扣中小学中怎么去落地这一问题的分析，有助于广大教师将国家基础教育政策有效落地到课改实践中。从某种程度上看，课程方案、课程标准的文本本身只是传达课改精神、课改理念的一个载体，龙老师的报告刚好在课程方案标准落地中发挥中介和桥梁的作用。带着龙老师的理解与解读，相信广大教师在 9 月开始时就可能顺利进入课程方案标准的实施阶段。从这一角度看，龙老师深入浅出的讲解为一线教师实施课程方案标准给出了一个路线图，他的讲解在这一课程改革过程中就发挥了类似导演的作用。

第四个关键词，也是最后一个，就是干货满满。在一个小时报告中，龙老师的讲授可谓干货满满，就连我自己也记了不少、学了不少，譬如说，在课堂教学中怎样把课程知识转化为学生的品质素养？这是本课程方案、课程标准关注的核心问题，学生素养导向、聚焦核心素养正是其显著特征。对广大教师而言，我们可能更熟悉的、更擅长的是学科知识，是怎样进行知识教学，而对如何化知识为素养问题知之甚少。怎样才能变知识为素养呢？龙老师给出了许多警句，如“知识情境化，情境问题化”“知识情境化、情境活动化、活动层次化”。这一建议对广大教师而言可谓既容易理解接受，也容易在实践中宣传倡导。龙老师还对问题驱动教学做了深入的思考，如好问题是在“教”与“学”的交界处发生的，针对问题开展教学活动才能提高课堂效率。可以说，这是龙老师七年一线中小学教育教学经验的提炼与结晶，它实际上是在引导老师们重新去思考教学的关系问题，深入思考课堂教学效果、效率的提升问题。

**余海龙：**

的确如此，老师们可能更多关注的是自己的学科教学，一旦我们意识到学生是学习主体，意识到课堂教学要做到有教、有学，教学相长，那么，重构课堂中的教学关系、师生关系就成为极为重要的一个教学实践话题。为此，重新理解、界定教与学的关系，想办法去创生新的师生关系，课堂上师生共同发展、共同成长，这才是当代课堂创新实践要解决的关键问题。谢谢冯教授的点评，冯教授的现场回应也可以说是对新课程方案、新课程标准的又一种解读，它有助于我们更进一步思考课程方案、课程标准问题。

现在，让我们看看留言区的留言，王老师问：任务驱动式学习的确不错，那么，怎样才能科学地设置学习任务呢？

**龙宝新：**

王老师的问题非常好。的确，任务驱动式教学是落地新课标、推进教师课堂教学方式转型的常用教学理念与教学方式，学习任务设计、教学任务设计是决定任务驱动式教学成败的关键点。就我个人经验而言，这是一个具体而又个性化的教学实践问题。

例如，在课堂上老师引导学生去学习某一个知识，比如语文知识、数学知识，就必须通过创设问题情境，将知识回植到实践场景中的方式来帮助学生学习这一知识点，而这些具体问题落实到学生身上，就体现为一个个学习小任务。如何设计好这个任务？首先，我认为这是一个实践问题，是教学实践者即广大教师的优势与强项，我个人的观点建议只是一个参考，可能比不上老师们的想法与做法。个人认为，学习任务的设计必须考虑学生在学习实践中遇到的问题，每一个问题可能就构成一个学习任务，教师将一个教学活动分解为一个个学习问题或环节时，一个个学习子任务就出现了，教师将之准确、科学地表达出来就是学习任务或教学任务。更进一步看，要设计好学习任务，就必须根据三个具体参量来考虑，即根据学生的学习状况、根据知识教学的具体内容，以及根据特定的教学目标。在综合考虑这三个因素的基础上提出具体的学生学习问题或学习要求以此构成具体学习任务。接下来找到一个合适的活动，如合作探究活动，或者实际操作活动。在这个活动中，给学生赋予一定的要求、一定的期待，他带这个具体的要求、期待参与解决问题的过程，实际上就是一个教学任务的具体形成过程。当然这只是个抽象的理论上的表述。更进一步看，教师要设计的是一个个面向具体问题解决的学习任务，所有这些任务都必须围绕学习问题展开，由此构成一个“问题决定任务，任务围绕问题”的教学架构，推动课堂教学活动的持续展开与效能实现。

**余海龙：**

龙老师讲得好，具体设计中老师是行家，教学研究中大学教授是行家，我也坚持这样一条理念：让行家干行家的事情，让专家干专家擅长的事情。在教学实践中，其实我们时刻都在惦念着一条口头禅——“教无定法，重在得法”。对每一位老师而言，他实际上对自己所执教的具体学科是最熟悉、最了解的，但他对面前正在接受教育的这群学生并不是非常了解。其实，学生群体的特质是什么？他必须应该对该问题有所了解，这是确保教学活动做到因材施教的前提基础。作为一名教师，他必须结合自己的课程，及时借鉴其他教师的优质教学经验，努力创造最科学、最有效的教学形态。教学活动其实是一个相互交流、相互碰撞的过程，它就好像我们写论文一样，闭门造车是绝对不行的，单一孤立的思路只会葬送我们的教学与研究活动。其实，在教学实践中，有时候碰撞一下，相互借鉴一下，可能会获得更多、更好的新创意，据此提高我们自己的教学能力。

另外，在冯教授的发言中，我们也领悟到了许多教育教学的真谛，悟出了许多课改的道理。冯教授长期扎根实践、融身实践、深入实践，是最了解课改实践的专家之一。请问冯教授，就您的个人观察，目前我们中小学课改中可能还存在哪些具体问题呢？

**冯家渔：**

嗯，好的。这是一个很重要，也很有意义的教育问题，也是现实当中较为棘手的一个问题。在当前时代背景下，无论是学校层面还是教师层面、家长社会层面，大家都希望营建一种良好的教育生态，这是我们这个时代的一个教育共识。然而，具体到我们的学校来说，学校在发展中正面临一些棘手问题，集中体现在课程教学管理乃至学校管理实践当中，其中有些问题正在悄然阻碍着我们课堂教学改革工作的顺利推进。所以，我们总是说，中小学教师在进行这种课程改革创新实践活动当中遇到了问题，这些问题集中表现为：一个是学校的管理制度问题，这是一个现实问题。与之紧密相关，一旦学校的教学管理、课程管理或者行政管理面临问题困境，无论是来自外部的还是来自内部的，我们都必须从学校领导者层面进行相应的改革，以有力应对课改环境的挑战。

在学校课程改革中，校长作为课程领导者的角色至关重要。所以，我们一直在倡导：一个好校长，就是一所好学校，就是一打好课程、好课堂。作为一所学校的课程领导者，校长不仅仅只是一个行政管理者，更要做好课程领导者，利用领导者的身份、平台发挥他在学校课程发展中的创造性、独特性、示范性作用。在义务教育课标落地中，校长如何去团结教师，去组织好课程教学，其做好课程领导工作，无疑意义非凡。对当前中小学课改而言，优质课程文化建设至关重要，校长领导学校创造一种良好的课改氛围和课程文化，引导广大老师在自主参与中做好自己的课程建设工作，才是义务教育课程改革最终成功的关键着力点。

**余海龙：**

冯教授讲得很有道理。在今天龙老师的报告中有很多精彩的观点，有很多这种创造性的智慧，这些观点智慧对我国教师持续、全面、深入地推进课程改革工作而言，很有指导意义。我期待我校的课堂教学创新中也要积极汲取这些经验智慧，自觉去创新我们的课程、课堂，和广大中小学教师一起成为课改的行者、课堂改革的同路人，让我们用自己的知识、思想与智慧去助力中小学课改工作，助推新课程方案、新课程标准在中小学课堂中得到不折不扣的落实。

谢谢大家，我们下次讲座再见！

# 第5讲

# 思维型课堂教学模式创新与实践路径

**主讲人：段海军 教授**

**（与谈人：衣新发 教授；　主持人：余海龙 老师）**

**【摘　要】**如何实现教学内容和基础教育一线有机衔接？如何建构深度互动的教学情境？以及如何基于科学的学生诊断评估，开展精准化教学？是当前师范生培养教学创新的三大痛点问题。聚焦三大痛点问题，按照“建设一流课程”支撑“一流人才”的思路，以培养卓越教师和未来教育家型教师为目标，我们在教学内容、教学方式方法和教学评价等方面开展了创新路径的实践与探索。在教学内容创新方面，基于一线教育需求，重构课程内容，构建了系统化 FTF 课程新体系，形成了系统化的活动育人框架，为未来教师提供一站式工作指南和操作手册。在教学方式方法创新方面，推行小组合作学习，基于“以学生学习为中心”(Students-Centred Learning, SCL)理念，将真实问题引入课堂，创设问题情境，开展“以问题为导向”(Problem-Based Learning, PBL)的课堂教学，探索了思维型课堂教学模式。在学生评价创新方面，基于学习产出(Outcomes-based Education, OBE)的教育理念，开展混合式教学。通过打造“三个课堂”模式，拓展育人载体途径。基于 CIPP 评估模型，打造课堂评价体系，实施课前、课中、课后全过程科学评价，实现精准化教学。

**【关键词】**思维型教学；学生为中心；PBL 教学；OBE 理念

**余海龙：**

为了进一步促进高等教育与基础教育课程改革创新，经陕西师范大学社科处批准，陕西师大西部课堂创新研究院于 2022 年 4 月 15 日正式揭牌成立。陕西师范大学西部课堂创新研究院立足于立德树人的根本任务，发挥教师教育特色，不断推进中国西部基础教育高质量发展。研究院整合校内外各种研究资源，加强与国内外高等院校、中小学、学术机构以及政府部门的联系，协同创新大中小学衔接育人模式。陕西师范大学西部课堂创新研究院不断努力奋斗，持续为中国西部教育发展和课堂改革提供研究、培育、咨询、指导、评估与服务，切实推动西部高等师范院校与基础教育教学质量的提升。今天，很荣幸邀请到陕西师范大学教授、博士生导师、美国德雷塞尔大学研究学者、西部课创研究院研究员段海军教授带来“西部课创大讲堂”第五讲《思维型课堂教学模式创新与实践路径》。同时，还有我们的老朋友衣新发教授担任直播间的与谈人，欢迎段教授和衣教授。

**段海军：**

谢谢海龙的介绍，谢谢衣教授来到直播间做与谈嘉宾。在线的各位老师、各位同仁，大家晚上好。我今天分享的报告题目是《思维型课堂教学模式创新及实践路径》，接下来我将从课程背景、教学的痛点问题、课堂教学创新的理念、方式方法及实践路径几个方面分享我们在教学创新方面开展的一些工作。

## 一、课程背景

百年大计，教育为本，教育大计，教师为本，加强新时代教师队伍能力建设已经成为国家战略。《教师教育振兴行动计划》等文件提出，要全面提高教师的综合素养和能力水平，不断创新教师教育模式，培养未来卓越教师。党的十九大以来，第一个教育文件《全面深化新时代教师队伍建设改革的意见》提出：到 2035 年，教师综合素质、专业化水平和创新能力大幅提升，培养造就数以百万计的骨干教师、数以十万计的卓越教师、数以万计的教育家型教师。为谁培养人，培养什么样的人，以及怎样培养人始终是教育的根本问题。职前教师作为教师队伍的主力军，培养质量的高低直接影响着未来教师队伍建设的质量。

## 二、课程介绍

陕西师范大学是以教师教育为主要特色的综合性、研究型大学，始终坚持以师范教育为主业，秉持“扎根西部、甘于奉献、追求卓越、教育报国”的西部红烛精神，长期致力于培养“学识扎实、情怀深厚、灵魂高贵”的卓越教师和未来教育家。班主任心理健康教育课程是提升我校师范生教师专业能力发展的核心课程之一，面向二、三年级公费师范生开设，定位于为基础教育培养高素质专业化创新型的卓越班主任。课程以“理论指导+案例分析+情境模拟+自主反思+行为反馈”实训模式架构开展教学活动，从2012 年至今，已连续开设 10 年，目前形成了老中青结合的稳定教学团队，主要成员是衣新发教授、何聚厚教授和胡卫平教授。

从课程目标来看，在知识目标方面，我们的定位是学生能够准确阐述班主任胜任力 CAMP 模型的构成要素和内涵；能够准确说明班级活动育人体系以及对学生核心素养培养的促进作用。在能力目标方面，学生能够基于思维型心理健康教育理论，针对具体育人要求设计科学有效的班级活动，能够准确分析班级活动开展中存在的问题，并能够有效解决；能够基于学生特点创造性设计、开展班主任教育实践活动。在素质方面，希望学生能从认知、情绪、行为、人际等多维度反思未来从事班级管理和学生管理的胜任力；培养学生秉持西部红烛精神，坚定育人理想信念，涵养高尚情操，永存仁爱之心，努力成为未来卓越老师。

从学情角度来分析，主要表现出三个特点，一是学生没有实习和见习经历；二是他们不熟悉基础教育的实际情况；三是没法精准把握基础教育存在的问题。

## 三、教学创新解决的痛点问题

围绕在教学内容、教学方式方法和教学评价等方面的实际教学问题，我们开展教学创新重点想解决以下三大教学痛点问题：

第一，在确保学生系统发展班主任胜任力的基础上，如何保证学生能够深度感知基础教育一线的真实问题，以及如何通过一线教师案例培养学生成长为四有好教师，成为教学内容创新方面的痛点问题。由于公费师范生缺乏一线教学经验，对班主任工作的理解还停留在学生视角阶段，确保真实问题和典型案例进课堂，为学生构建真实的教学情境，能够解决教学内容空泛、系统性不强、授课效果不理想的问题。

第二，师范生开展班主任和心理健康教育的胜任力能力培养需要专业能力的综合发展，如何通过一线课堂教学情境模拟和活动演练建立深度交流互动提升学生的应用实践能力，成为教学策略和教学方式方法创新方面的痛点问题。由于心理问题具有内隐性的特点，在教学实践中需要构建特定的教学情境，模拟呈现特殊的心理健康教育问题，并引导学生解决，进而发展学生的应用实践能力，有效解决学生应用实践能力不足的问题。

第三，心理健康和班主任胜任力实训大多基于小组实践活动，如何设计科学规范的评价标准，采用有效的评价方式，客观准确地评价学生的心理健康干预、班主任教育活动设计与实践等能力，并诊断学生能力发展存在的相应问题，进而构建以问题导向的精准化教学，成为学习评价创新方面的痛点问题。评价内容的信度与效度是准确反映学生能力发展的关键，一是有效发展学生设计科学规范的评价内容能力，使学生在未来的班主任工作岗位上能够准确分析自己学生的问题；二是通过课堂教学中学习评价内容准确评价学生的能力，有效解决对学生能力发展评价不规范不全面的问题。

## 四、教学创新的思路

课程聚焦三大痛点问题，我们按照“建设一流课程”支撑“一流人才”的思路，通过课程建设与教学实践落实怎样培养人的问题。教学创新的总体思路是：

在育人目标上，主要聚焦未来教师职业素养，建构出基本能力、教学能力、教育能力、教育技术应用能力、教学改革与创新能力和教师领导力六级教师专业能力层级发展模型，将教师专业能力的发展要求作为课程设计的出发点。同时，以教育部颁发的师范生教师专业能力评价的四大体系为核心育人目标，着重培养学生的综合育人能力。在实训方式上，实施情境模拟、无领导小组讨论、结构化面谈、行动学习、教练式引导、工作复盘等六大模式，把教学的落脚点放到学生的综合素质和创新能力提升上。在课堂教学路径上，通过方向设计、正面施工的理念，以问题为导向，以能力发展为本位，注重合作探究，开展 PBL 和 OBE 理念的课堂教学，通过“情境创设—提出问题—自主探究—合作交流—自主建构—迁移应用”等思维型课程，落实以学生为中心的教育理念，通过隐形教育和价值引领，厚植学生教育情怀。在教学评价和信息化教学上，通过打造三个课堂，开展混合式教学，采用基于 CIPP 的多元评价模式，通过课前评价、课中评价和课后评价检验学生学习效果，实现精准评价。最后，通过对学生的多维施测和精准培养，提升学生在四大维度和 16 个指标的班主任胜任能力，培养高素质专业化创新型的未来卓越班主任。

## 五、课程解决问题的具体措施

### （一）教学内容创新：重构课程内容，构建 FTF 课程体系

以往的班主任相关教材体系重理论、轻活动，重理念、轻实操。这导致师范生走上工作岗位开展班级活动和学生教育工作时，缺乏顶层设计思维，缺乏具有可操作性型的实施方案。我们的课程以专题化的形式，重构了系统化的 FTF 课程新体系。内容涵盖主题班会设计、学生小组自主管理模式创新、积极人格品质培育、创新素质培养、学生生涯发展规划、后进生转化和个性化辅导等主题。

1. 基于CAMP四维模型　提升师范生胜任能力

我们在2019年提出了胜任力“营地”模型——CAMP模型。包括素养、态度、脑力和人际四个一级维度，共16个二级指标。(1)C(Competence)代表素养，包括职业道德、专业知识、专业技能和健全人格四个二级维度。(2)A(Attitude)代表态度，包括责任担当、积极主动、承压能力和追求卓越四个二级维度。(3)M(Mental capability)代表脑力，包括系统思维、创新思维、学习意识和自我反思四个二级维度。(4)P(People skills)代表人际技能，包括沟通能力、合作能力、协调能力和领导能力四个二级维度。课堂教学改革的过程重点培育学生的四大胜任力。

2. 建构活动育人框架　开发系列活动方案

按照“情境创设—提出问题—合作探究—反思交流—拓展应用”设计活动方案，我们为班主任提供一站式工作指南。(1)策划了六大主题班会方案；(2)提出了小组自主管理创新方案；(3)设计了积极人格培育方案；(4)探索了五步法后进生转化策略；(5)提出了生涯规划六步法；(6)设计了团体活动方案；(7)形成了创新素质培养方案；(8)生成了学生个性化辅导的主题案例。

第一，针对主题班会存在活动形式僵化、设计理念缺位、缺失系统规划等问题，我们系统策划了六个专题的主题班会方案。以“入学适应”为例，基于“活动导入—活动过程—活动心得—活动拓展—个人反思”的设计思路，我们设置“相遇—相识—相知”三个前后互相衔接的活动方案。

第二，在学生小组自主管理创新方案方面，我们注重建设团队文化，开展小组合作学习。课程开始前，建立小组文化，开展团建活动，完成小组凝聚力建设，以小组为单位开展合作学习，完成学习任务，实施控绑式评价，激发全体学生学习动力，促进全员发展。

第三，在积极人格品质培育活动方案方面，我们按照“积极心理学”之父塞利格曼构建的VIA体系提出的六大美德24种优势品格为理论依据，设计了24个学生积极人格品质培育活动。

第四，在后进生转化策略方面，我们基于“以学生为中心”的教育理念，提出了“动机关—目标关—方法关—时间关—心态关”的后进生“过五关”递进式小组活动方案，为广大一线班主任提供了后进生转化的新思路、新方案。帮助后进生激发学习动机，端正学习态度，确立学习目标，掌握科学的学习方法，养成良好的学习习惯，形成良好的心态。

第五，在学生生涯规划工作方面，我们提出了学生六步生涯规划法，为班主任提供了新高考背景下开展学生生涯规划教育的操作性方案。

第六，在团体心理辅导方面，我们坚持“一次生动的活动胜过一千次空洞的说教”的观点，基于思维型教学理论，提出了团体活动模式和具体方案。

第七，在学生创新素质培养方面，按照“认识创造力—感知创造力—应用创造力”主线，通过创设问题情境，让学生在主动探索过程中认识创造力；通过头脑风暴，让学生突破思维定式，形成创意性方案，领悟创造力；最后，通过小组合作实现完成创造性产品设计实现应用创造力的最终目的。

### （二）教学方式方法创新：开展基于SCL理念的课堂教学模式创新

#### 1. 建设团队文化　开展小组合作学习

课程开始的第一节课，我们尝试建立小组文化，完成小组凝聚力建设。开展合作学习，实施捆绑式评价，激发学习动力，促进全员发展。

#### 2. 实施思维型课堂教学模式　落实学生主体地位

在开展课堂教学创新的过程中，我们始终坚持以能力发展为本位，以思维培育为主线，开展思维型课堂教学模式，在课堂教学中实施“情境创设，提出问题—自主探究，合作交流—总结反思，自主建构—从知到行，迁移应用”的教学流程。教学过程遵循四维模型，注重学生认知、情感、意志和行动的闭环训练，引导学生由知到行。

以学会感恩中的一节课程为例，首先在情境创设阶段，选用气球游戏引出亲子主题，让学生进行换位思考，继而将“吐槽大会”搬入课堂，引起情感共鸣。在自主探究和合作交流环节，设计了天堂午餐和KSS行为反馈等活动，创设问题情境，启迪学生的思考。在迁移应用环节，设计“感恩存折”，布置“爱的剪辑”等任务，引导学生由知到行。整个教学环节贯穿了以思维改变为主线，打破心智模式，落实由知到行、知行合一的思维型心理健康教育理念。

3. 基于 OBE 理念的 PBL 教学

基于基础教育实践和新课程改革对教师提出的现实诉求，我们将教师工作实际中遇到的真实问题引入课堂，创设问题情境，开展“以问题为导向”(Problem-Based Learning，PBL)的课堂教学。

以《班主任行动学习引导》一课为例。课程开始，通过“直击一线”环节，向师范生展示未来工作中会面临的实际问题，直观地展示了班主任工作的真实状态，引起情感共鸣，并通过小组自主选择探究问题，调动学生积极性，创设问题情境。在自主探究和合作交流环节，重新界定问题，发现问题本质，提出行动学习要解决的核心问题；借助鱼骨图分析和头脑风暴等技术，通过小组综合分析，促进学生对班主任实际面临问题的思考和解决，提出核心问题的解决方案。在反思建构环节，通过 SWOT 自我分析和 KSS 他人反馈，制订 IDP 个人发展计划，落实行动计划。

4. 打造六大实训模式支撑教师胜任力提升

我们在课堂教学改革中注重引入心理学、管理学等国际流行的范式，基于 CAMP 模型，打造了六大实训模式，在课堂中对学生进行实训。

(1)基于情境模拟的行为反馈模式。基于“情境创设—情境模拟—行为反馈—自主反思”进行胜任能力实训。

(2)基于无领导小组讨论技术的实训模式。开展无领导小组自由讨论，生成小组方案，通过自我反馈、成员反馈和教师反馈等手段，基于 CAMP 模型的四个维度，对学生进行现场评估和诊断，并给予适时的反馈。

(3)基于结构化面谈技术的实训模式。根据个体基于以往事件的客观描述，对其进行现场提问引导、互动交流和反馈提问，促进学生自主反思，实现“从知到行”的转变。

(4)基于行动学习技术的实训模式。以“真实问题—原因分析—解决方案—行动计划”为主线，提升师范生未来从事班主任和心理健康教育工作的胜任能力。

(5)基于教练式引导的实训模式。基于 GROW 模型(目标设定、现状分析、发展路径、行动计划)，开展心智模式觉察体验，畅享未来班主任职业愿景，并制订行动计划，掌握“深度倾听”“有力提问”和“有效反馈”的学生教育三大核心技术。

(6)基于复盘技术的实训模式。基于“回顾目标—评估结果—分析原因—总结经验”的复盘流程，按照“角色定位—胜任力分析—自我认知—个人发展计划”的逻辑主线，激发师范生学习动力，明确学习目标，树立教师职业理想。

### (三)学习评价创新：基于 CIPP 模型，打造课堂评价体系

#### 1. 基于 CIPP 评估模型　打造课堂评价体系

基于柯氏四层评估模型和 CIPP 模型，我们注重从以下三个维度评价学生成长。

(1)课前评价。包括背景评估和投入评估。

(2)课中评价。包括知识掌握、素质发展。

(3)课后评价。包括行为改进和创新应用。

按照实训与评价相结合的思路，基于我们提出的教师专业能力层级发展理念，以评价促发展，综合运用课程考核、授课评比、实践考核、量表测评、期末考核等多元化评价手段，体现了教师评价、学生评价、系统评价等多元评价主体思想。

#### 2. 开展混合式教学　实施全过程精准评价

我们教学团队提出了基于翻转课堂教学模式的混合式教学设计与实践架构，在课堂中落实“学生学为中心”理念，达到“学思结合，知行统一，因材施教”的目的。通过创设参与式、互动式课堂教学，学生通过小组讨论、同伴互教和实践应用，实现学生应用、分析、评价及创新能力发展，达成学生能力与思维目标，促进学生高阶认知能力发展。

### (四)课程思政创新：价值引领与隐形教育相结合

#### 1. 思维型心理健康教育课堂的思政元素体现

首先，我们将课堂作为育人主渠道，引入“群策群力”的行动学习理

念，以思维改变为切入点，启迪学生思维，引导学生进一步明确学习目标，激发学生学习动力、科学规划个人生涯发展，树立坚定的教师理想信念，实现知识性与价值性的统一。

其次，教学过程以解决一线班主任实际遇到的真实问题为切入点，实施“理论指导+案例解决+情境模拟+自主反思+行为反馈”的实训模式，采用小组讨论、合作学习、成果展示、组内评价、组间评价等方式，构建平等的师生关系，挖掘每一个学生潜在的优秀品质，启迪学生新观念，培养学生对班主任工作的热情，实现了立德与树人相结合。

最后，课程突破单向灌输式的传统课堂教学模式，坚持教学内容和教学形式创新，落实以学生为中心的思想，以问题为导向，创设问题情境，训练学生掌握“做中学”的理念、基本要素和操作流程，在课堂活动中升华情感。注重在体验中感悟、在感悟中成长、实现了显性教育与隐形教育的结合，做到了“接地气”“有意义”；教学设计既涉及学生教育活动设计的普适性原理，也围绕一个突出问题生成系统性操作方案，理论和实践相结合，点面结合，做到了“有广度”“有深度”；教学方式以环环相扣的学生活动为主线，不断创设情境、引发思考，升华情感，指向行动，做到了课堂“有温度”“有意思”。

### 2. 打造“三个课堂”模式，拓展育人载体途径

本课程打造了“三个课堂”教学模式，打造以课堂教学为主阵地的第一课堂、以校内实践活动为主渠道的第二课堂、以校外社会实习实践活动为载体的第三课堂的三个课堂教育体系。通过丰富多彩的体验活动，提高教育的针对性和实效性，做到全程育人和全方位育人，潜移默化地引导学生实现由知到行的转变，让学生“入耳、入脑、入心、入行”。

“第一课堂”以课堂教学为“主阵地”，探索班主任心理健康教育体系，开展基于情境创设、角色扮演、案例分析等多种形式的教学模式创新。

“第二课堂”以校内实践活动为主渠道。探索课外作业布置、课堂延伸活动、专业实训、社团活动、实践调查、特色活动开展的创新模式，促进心理健康教育知识的迁移应用。

“第三课堂”以校外社会实践活动为载体。探索“请进来”“走出去”的

模式，组织学生开展志愿活动、实践调研和游览参观等活动，丰富学生社会实践经历，提升核心素养。

## 六、课程创新的效果与推广应用

### （一）学生教学评价

课程开课多年以来，我们尝试从教学角色定位、学习责任、权力平衡、评价目的与过程、教学内容功能等五方面探索人才培养模式，切实有效地帮助学生提升了班主任岗位胜任力，课程深受学生喜欢。文学院刘雨萌同学在课程评价里写道：“教育就是用一棵树撼动另外一棵树，用一颗心灵去呼唤另外一颗心灵。这句话用于段老师的授课方式最恰当不过。对段老师课的喜欢始于‘颜值’，始于课程内容的有趣新颖和理论与实践的完美结合；终于‘才华’，段老师上课的一言一行、一笔一画都在教我们作为未来的教师如何面对自己的学生。他语言表达幽默风趣，言简意赅，思路清晰。一手好字如行云流水。最后陷于‘人品’，感动于他对学生的爱与关怀。随口拈来的金句，既发自肺腑又充满哲理，我想这就是老师最高境界吧。”我曾经发在朋友圈里的一段话也诠释了作为一名大学老师的幸福感和成就感：“孩子们的话语温暖了我冬日里的心田，我愿意继续做一个有温度、有情怀的老师，眼里有光，灵魂有爱。用知识和力量为学生点亮心灯。这就是一名老师最大的幸福。”我觉得学生的评价是他们给我教学改革和创新最好的赞扬，同时也是我未来持续改进教学改革和创新的最大的动力。

### （二）开设未来教师成长特训营

我连续主持了五届学校的“未来教师成长特训营”工作，构建了师范生教师专业能力六级模型，探索了“专题实训+专家指导+名师引领+教育实践+等级考核”相结合的“五位一体”师范生教师专业能力提升模式，建构了多维度、系统化的专题内容体系。形成了集实训方法、实训内容、实训评价和实训资源于一体的全方位实训框架，为师范生成长搭建脚手架。

未来教师成长特训营是由陕西师大一批熟悉和了解基础教育、有教育情怀的志同道合的老师集体完成的实训项目，包括胡卫平、何聚厚、衣新发、严文法、龙宝新、冯家渔、余海龙老师等。他们在上课期间录制的优秀线上课程资源不仅推广应用到“未来教室成长特训营”，同时全校师范生申请教师资格认证也需要完成线上的课程学习。我们探索的线上和线下相结合的混合式实训模式，受益学生从特训营学员拓展到了全校师范生。回忆见证美好，我们教师和特训营学员们在新老校区和中小学三地之间来回奔波，牺牲双休日的休息时间，依然坚守在特训营的课堂。虽然很辛苦，但这是一段和同学们共同走过、值得珍藏的难忘记忆，也是我们能够送给即将毕业远行的同学们一份珍贵的毕业礼物。我为有特训营这样优秀的学员而感到骄傲和自豪，也为看到学员们的成长而感到莫大的欣慰。

### （三）发表教学研究论文与专著

近年来，我在 SCI/SSCI 期刊和国内外权威及核心刊物发表教育研究类论文 60 余篇，出版专著两部。其中《班主任胜任能力实训》《心理健康教育能力实训》两部著作作为“思维型教学理论引领下的教师专业能力系列实训丛书”入选了 2019 年度“影响教师的 100 本书”和 2020 年“助推教师发展的 10 本书”。该系列著作基于教育实际问题，将理论与实践完美对接，内容贴近基础教育，实训方案更接地气。相关成果荣获国家高等教育教学成果二等奖、陕西省高等教育教学成果特等奖和陕西省基础教育教学成果一等奖。

### （四）创新成果向中小学一线辐射

我承担过多个国培、省培项目的班主任、骨干教师及中小学校长的培训任务，多次受邀参加“中国好老师”公益行动计划全国育人论坛，分享教学研究成果。在全国多所学校指导班主任心理健康教育工作。通过专题研究、教师培训和咨询服务等多种方式开展社会服务工作。坚持深入教育一线，努力做到学习基础教育、研究基础教育、服务基础教育。疫情期间，我联合策划了“抗疫心防线”18 期系列公众号，服务中小学生、教师和家长。受邀参加西安市教育电视台“心有暖阳”西安市心理健康暨家庭教育名师讲座直播系列活动，在线观看人数 68 万人次；《中国教育报》、人民网等十余家媒体进行了报道。

## 七、教改感悟

整体来说，我在课堂教学创新改革与实践方面，突出了以下三个创新点：一是通过问题导向，解决教学内容的痛点问题；二是通过情境创设和实操实训去解决教学方法的痛点问题；三是通过结果导向和精准评价解决学习评价的痛点问题。

从我开展教学创新改革的十年历程来反思，我自己最大的感悟有以下几点：

一是作为陕西师范大学的一名教师，我们要秉持西部红烛精神，培养能扎根西部、甘于奉献、追求卓越、教育报国的有情怀的优秀学子服务未来西部教育。明确教学改革要以学生为中心，落实以学生为主体的理念，培养更多的“大先生”。

二是要基于用人的需求，基于教师胜任力发展模型，实现学生从知到行的转变。课程教学要能够为学生未来发展奠基。

三是教育是一门爱的艺术，情感的力量是最重要的，教育的情怀是推进教学创新的最大动力。就像雅斯贝尔斯所说的一样，“教育就是用一朵云去碰撞另一朵云，用一棵树去撼动另一棵树，用一颗心灵去呼唤另外一颗心灵。”如果教育没有了爱，就如同池塘里的鱼儿没有了水。

最后，教师做课改的先锋就是要不断突破舒适区。当你每天停留在舒适区的时候，我们创新就会止步。只有接受新观念、新思想，进入到学习区甚至恐惧区，只有当学习区变成舒适区，当恐惧区变成学习区乃至舒适区的时候，我们才会成长，一句话：打破心智模式，发挥出我们的洪荒之力。

曼德拉曾经说过这样一句话：“与改变世界相比较。改变自己更困难。”韦尔奇也说过：“与其被迫地改变，不如主动地去掌控自己。”在新时代、新课程、新高考教育背景之下，基础教育课程改革的洪流席卷着我们无处躲藏，我们作为师范大学的老师，要培养未来高素质、专业化、创新型的教师，要落实立德树人的根本任务，培养学生的核心素养，我想用一句话来总结我今天的分享：被动变主动，心动变行动。

我的分享到此结束，感谢各位老师的全程陪伴。

**余海龙：**

衣教授，请您用几个关键词来概括一下段教授今天晚上讲座的核心。

**衣新发：**

谢谢段教授精彩的报告。今天段教授的报告，我相信大家和我一样都 get 到了他的情怀。他将心理学服务于师范生培养，尤其是服务于班主任专业能力发展，这样的努力、这样的能力、这样的风格，我相信大家都感受到了。我想从四个角度来概括一下听完段教授报告之后的收获。

第一，他在报告里明确强调了我们课堂创新要有一个明确的定位，首先就是“为谁培养人”的问题，这是第一位的问题。作为陕西师范大学的公费师范生，未来要成为高素质、专业化、创新型的教师，不是只把课教好就可以了，更要能够引领未来基础教育。因此，职前教师培养第一重要的，是要有一个把公费师范生培养成未来教育家潜质的定位。

第二，在课程创新方面，他围绕“培养什么样的人”的问题做了大量探索。他将心理学、管理学，包括企业管理、企业培训里用到的一些模型和方法与教师的培养相结合，引入了 CAMP 模型、教练式引导和行动学习等最新理念，在培养什么样的人的标准设定方面，体现了对教师更为全面和严格的新要求。

第三，他依托课程教学创新，回答了我们怎样来培养人，以及用什么样的方法培养人的问题。他列举了一些非常实用的样例来帮助我们理解如何在班级中使用这些方法，比如感恩训练、合作能力训练、沟通能力训练等。我相信这样的方法，不仅适用于大学课程，同样适用于中小学生培养。

第四，他后来播放的视频中，将学生结课的作业作为过程性的评价，我觉得这是一种非常具有创新性的手段，是我们评价和检验课程育人效果的一种非常好的方式。因此，我认为，为谁培养人，培养什么样的人，怎样培养人以及如何检验我们究竟有没有培养出优秀的人才，是段教授今天报告的核心线索。段教授在一门课里围绕这四个方面做了十年的探索是非常难能可贵的，最终形成的一系列可应用、可迁移的策略和方法，会让我们许多教师受益。

**余海龙：**

听了段教授讲座，给我最深刻的感受是教育绝不是一个经验式的、想当然的行为，它应该是像刚才段教授所展示的那样，最终形成了一系列非常适用的教学模式和模型。通过段教授的讲座，我发现我们进行的每一个教学行为都是可以测量的，它不是一种感性的、想当然的做法。尤其在当下非常重视核心素养和课堂教学创新的教育背景下，段教授的课堂教学创新始终强调“以学生学为中心”的模式。所以请段教授再聚焦一下，您为什么会提出来这样的模式？

**段海军：**

课程的探索与创新经历了多个阶段，总结起来大概就是四句话。第一，教育是有规律的，我们要基于国际教育改革发展的前沿动态，关注国家的整体教育改革方向，不能闭门造车，要具有一定的国际视野和政策依据。第二，从教育的导向来讲，国家提出教育要回答为谁培养人，怎样培养人以及培养什么样的人的核心问题，作为老师，我们必须要做出相应的实践上的回应，从而确保我们进行课堂教学创新的方向是正确的。第三，在基础教育一线存在许多学生教育和班级管理的问题，这些问题触动我们必须要思考并创造性地寻求解决问题的策略。第四，衣教授曾经说过“工作不等于业绩，好成果一定是凝练出来的”，因此，课堂教学创新需要顶层的理论支撑。我们整个团队 20 多年来一直在开展思维型教学的理论研究和实践应用，在国内外有非常广泛的影响力。思维型教学理论一直是指导我开展课堂教学创新的理论依据，通过十年探索，结合本课程教学内容，提出了具体的理论模型和教学模式。总之，教学模式需要在实践中检验、在检验中反思、在反思中体系化，最后应用于教育实践服务和一流人才培养。

**余海龙：**

两位教授，就刚才这个话题，我又延伸出一个问题：现在很多人认为，我们的高等教育人才培养具有一定的滞后性，但是我们师范大学培养出来的师范生，是要走到一线去进行教学的，这就导致大学的教育和基础教育一线需求是有鸿沟的。请教两位教授，如何将我们大学教育和社会需求之间的距离缩小？

**衣新发：**

我认为这种现象确实是客观存在的，主要原因是从某种意义上来讲，大学学习依然以单纯的知识记忆为主要的学习模式和方法。师范大学的教师缺乏从素养和能力的角度去引领和培养学生。但其实对知识和原理的应用，才是师范生走上一线教学应该具备的核心能力。最近发布的 16 个学科的课程标准提出，有四种能力是特别核心的。第一个是学科观念，第二个是思维能力，第三个是实践探究的能力，最后是态度、价值观和责任感。如果我们在师范生的四年学习中，没能很好地帮助他们完成“从知到行”的提升，没有实现从学习到思考的提升，那么我们培养的师范生，就很难适应基础教育一线对教师越来越高的素质、专业化水平及创新能力的要求。所以说师范大学的老师更应该去深入地研读学习，以此来倒逼和指导高校课程教学内容和方法模式的创新，我想这正是西部课堂创新研究院最为核心的使命所在。

**余海龙：**

请问段教授，您怎么考虑这个问题呢？

**段海军：**

要解决好这个鸿沟，我们在人才培养过程中需要坚持“反向设计，正向施工”的理念。反向设计是指根据社会需求反向设计培养目标、课程体系和教学环节。正向施工是指课程教学与学生评价能够支撑培养目标。这就好比在建造大厦之前，是需要有规划设计图纸的。教师的专业能力是有标准的，那么怎样才能培养这些教师达到专业能力的标准呢？我非常认同余老师说的，社会形势在变，教育情境在变，在这样一个大变革的时代，未来教师需要有卓越的学习力，才能更好地适应未来教育发展的任何挑战。作为高校教师，怎么样跨越这个鸿沟？我认为在课堂教学中，要切实为学生们提供一种发展路径，让学生学会系统思考和解决问题的能力。尤其是作为陕西师范大学的大学生，未来要扛起西部基础教育改革的大旗，我们必须要塑造学生甘于奉献、追求卓越的精神，促使打破原有心智模式的束缚，实现从知到行的转变。

**余海龙：**

非常感谢段教授对我们陕西师范大学教育教学研究中心的信任，未来教师成长特训营的成立，打破了我们原有对公费师范生的培养模式，已经成了师范生培养的一张名片，面对全校卓越师范生，培养教育情怀。未来教师成长特训营提供这样的一种平台，也是我们陕西师范大学在课堂教学改革方面的创新。段教授为未来教师成长特训营付出了很多的心血，从每一届授课老师聘请、课程策划、活动组织，段老师都精心计划安排，最后学生们都收获满满。最后一个问题，我们都知道段教授主要的一个研究方向是做班主任心理健康教育，希望段教授为即将走上讲台的一些老师提一些建议或者意见，帮助他们未来能够更好地关照学生的心理健康发展。

**段海军：**

确实，学生的心理问题不容忽视。联合国专家曾预言："从现在起到21世纪中叶，没有任何一种灾难能像心理危机那样带给人们持续而深刻的痛苦。"随着经济社会快速发展，青少年在学习、适应环境和人际关系等方面的压力增大，心理健康问题的发生率和心理障碍患病率呈现出逐渐上升的趋势。教育家杜威曾经说过，一切教育的最终目的是形成人格。纽曼曾经说过，一个人格健全、心理健康的人，他做任何事情都容易成功。那怎么样关照学生的心理健康呢？我们要建立三位一体的心理健康教育体系。第一，做好矫治性的工作。争做教练型教师，掌握深度倾听、有力提问和有效反馈的三大核心技术。通过深度倾听和有力提问，引导孩子们自己说出来我们想告诉他们的话，并通过定期复盘反馈他们好的表现以及需要改进的地方。第二，做好预防性的工作。"治无病者为上医，治重症者为下医"。预防为主的观念，在医学领域早就深入人心，同样地，教育也需要通过大量前置性的工作预防心理问题的发生。第三，做好发展性的规划。确保核心素养的落地和积极人格品质的培育，培养孩子形成终身受益美好的品德，让这些积极品质成为抵御各种心理危机的第一道防线。总之，建构系统的全方位育人体系，才可能引导孩子们健康茁壮地成长，用我自己的话总结起来就是"绘制心灵，点亮心灯"。

**余海龙：**

谢谢段教授的经验传授，请衣教授做最后的发言。

**衣新发：**

我觉得现在师范生"老三门"的课程体系必须要打破，在此基础上需要有探索性、选择性和实践性的课程。我们开设任何一门课之前都要问一问自己：学生在哪些地方是可以操作的，他们能不能掌握知识的复杂结构，实现深度学习，学得有没有兴趣，学习的效果能不能可持续？皮亚杰曾经提出类似的系列标准，与国家教育改革的方向是一致的，这也正是现在陕师大诸位课改人、创新人未来努力的方向。只要我们努力的力量越来越协同、越来越汇聚，就可以逐渐建立一个更加稳固的师范生专业平台，这也是我的期待和心愿。

**余海龙：**

谢谢段海军、衣新发两位教授今天的精彩分享！也感谢屏幕前的各位朋友们，咱们下期节目再见！

# 第6讲

# 把知识带回课堂

主讲人：常亚慧 教授

（与谈人：何宁 教授；主持人：余海龙 老师）

**【摘　要】**从"什么知识最有价值"的哲学认识论之问到"谁的知识最有价值"的社会认识论之疑与之惑，给当下的课堂教学提出了时代挑战与无法回避的问题。课堂教学是知识授受的主要场域，是教师与学生借由共同在场的体验生成的特定学校生活场域。作为制度委托人的教师要将法定知识以学生能够接纳与习得的方式呈现给学生，不仅需要教师有知识架构，还需要教师有转化能力，更要求教师有情感共享。以职后教师课堂教学的能力反哺职前教师的知识，以职后教师的培训反推职前教师的培养，在职前职后一体化的系统结构中形塑以学生发展为主的课堂，达成基于学生素养为核心的课堂革命。

**【关键词】**课堂教学；法定知识；师定知识；社会认识论

**余海龙：**

各位老师、各位同学、各位关心中国教育改革创新的朋友们，大家晚上好。欢迎大家来到由陕西师范大学西部课堂创新研究院主办，教育部陕西师范大学基础教育课程研究中心、中国西部师范大学教师教育创新与发展联盟、陕西师范大学教师口语教学与研究中心协办的"西部课创大讲堂·课创三人行"讲座的直播现场。我今晚继续担任主持人。

首先，还是按照惯例，请允许我向大家介绍西部课程研究院以及“课创三人行”大讲堂的基本背景资料。为了进一步促进高等教育与基础教育课程改革创新，经陕西师范大学社科处批准，陕西师范大学西部课堂创新研究院于 2022 年 4 月 15 日正式揭牌成立。研究院挂靠在陕西师范大学物理学与信息技术学院。

由陕西师范大学校党委常委、物理学与信息技术学院院长、博士生导师李贵安教授担任西部课创研究院研究员以及研究院院长。整个研究院的研究员以陕西师范大学课改团的 196 名教授、学者为主体。同时，研究院还聘请了来自全国各高校、各研究机构的多名专家教授以及各级教育管理人员，涵盖大中小学一线的大批优秀教师担任特邀研究员。

陕西师范大学西部课堂创新研究院的成立立足于立德树人的根本任务，发挥教师教育特色，聚焦西部课堂创新研究，不断推进中国西部基础教育高质量发展。研究院将整合校内外各种研究资源，加强与国内外高等院校、中小学、学术机构以及政府部门的联系，协同创新大中小学衔接的育人模式。陕西师范大学西部课堂创新研究院将不断努力奋斗，持续为中国西部教育发展和课堂改革提供研究、培育、咨询、指导、评估与服务，切实推动西部高等教育、西部师范院校与基础教育教学质量的提升。

今天晚上我们很荣幸地邀请到的讲座嘉宾是陕西师范大学教授、博士生导师、教育学部课程与教学系系主任，西部课创研究院研究员，陕西省首届基础教育教学指导委员会教学研究指导专委会副主任委员常亚慧教授。今天晚上担任我们与谈嘉宾的，仍然是我们的老朋友何宁教授。何教授是陕西师范大学教授、博士生导师、西部课创研究院研究员，同时也是陕西师大心理学院副院长、陕西省教学名师。我们同样把掌声送给何宁教授，欢迎您的再次到来！

**常亚慧：**

谢谢余老师的介绍和主持，谢谢何老师的参与，非常荣幸能有这样的一个机会借助“课创三人行”的平台与大家分享一些我个人的研究。

可能很多老师会说这个题目“很有意思”。为什么要把知识带回课堂？

我们的课堂本身就是围绕知识展开的一系列活动，难道我们课堂上没有知识？所以我估计很多人看到这个题目会很疑惑，而我要讲什么呢？今天我跟大家分享的内容其实不仅是一项单一的研究，而是我自己从 2011 年开始主持的陕西师范大学教学改革项目统合，包括两个高等教育教学改革项目、一个教师教育项目，还有我参与的教育学部大学和中小学伙伴协作项目，我从 2011 年一直做到现在。在这十几年中，自己有一些琐碎的研究点滴的思考，拿来与大家分享。

我今天主要分享的内容，是关于通识教育的问题，是围绕大学的通识教育课程的改革思考的相关问题。当时教育学部的教师承担着全校师范生的教育学公共课的教学工作。我在上公共课的过程中就发现给不同专业、不同学院的学生上公共教育学的时候，涉及教育教学知识如何与不同背景、不同学科特点的学生已有知识还有专业特点之间的对接问题。这是第一个教改项目的来源，也是主要内容。

第二个教改项目是当时我带实习的时候，有时间每天去听实习生的课，观察指导教师与实习学生之间的对话交流，并与实习生一起听指导教师的课。在此过程中我发现了一个问题，就是职前教师的知识结构与职后教师的知识结构之间，存在巨大的差异。这种差异不仅表现在学科知识上，也体现在对知识的理解和转化的能力上。这就构成了我的第二个教改项目，基于教师教学知识的构成的思考，去反思职前教师的培养。

第三个课题是关于大学与中小学伙伴协作关系，从大学课堂走进中小学的课堂，并且深入一线教师共同研讨，共同磨课，一起讨论一线实践中的问题。以大学教师教育者的视角，把一线问题返回大学课堂教学研究中，从如何培养教师的角度去思考，这是我今天想要跟大家分享的主要内容。

**常亚慧：**

## 一、教师课堂教学知识怎么来的

在整个讲座开始之前，我把要讲的三个课题研究做了一个目录导引，第一个研究去思考教师的知识问题，特别是教师的教学知识。所以我首先就要讨论，教师的教学知识是怎么来的，为什么它会成为一个问题，不管是我们实践当中的问题，还是我们理论研究领域的问题。第二个研究会带大家走进职后教师的课堂知识运用，当然我不是走进大家的课堂，而是以研究方式、研究的视角，把我在一线课堂当中的所听、所见、所思和我的研究结合起来，将一些小的成果与大家分享、理解、对话。

为什么要先从职后教师入手呢？因为我们只有知道职后的课堂当中，老师面临什么具体的问题，才能反推回来，回到大学课堂，特别回到师范大学课堂来反思职前教师该如何培养。我们培养的未来教师，当他们走进一线教学之后，能为我们的教学、能为我们的课堂、能为我们的学校教育带来什么样不同的声音，或者不同的看待问题的视角及课堂教学的不同路径。职前职后一体化，我们将从深层次思考，大学中小学联动起来，课堂教学改革能做什么，可以做些什么，也就是课堂教学改革的可为与可能，这是今天我想要跟大家讨论的主要问题。

首先我们来关注第一个问题，理论如何向前推进一定是因为教学实践当中提出了很多的问题，理论才能慢慢地往前走。对于课堂教学而言，实际上就是教师和学生依据课程这一个最基本的中介，或者最基本的标准和方案将两者连接起来，课堂教学在某种程度上成为我们讨论学校教育的抓手或者是切入点。所以当我们去看课堂教学，首先会思考一个非常重要的问题，也是很重要的基点，就是我们要教什么知识给学生？我们要以什么样的方式教？我们这样教的方式方法及流程，学生能否跟我们一起往下走？学生能从我们这里得到什么？能从我们这里获得什么样的启迪？

从整个教育学研究的范式和脉络向下梳理，我们会发现在教育当中对知识问题的思考，主要经历了两个非常重要的时代。第一个时代，通常将其概括成斯宾塞之问，可能在线的老师们都非常清楚，经典的斯宾塞之问：什么知识最有价值？当我们知道什么知识最有价值之后，才会依据这样的标准选择课程知识。基于课程最基本的目标和要求，我们才能去培训我们的师资，才能够顺畅地开展我们的教学活动。当斯宾塞之问走到20世纪的60年代之后，我们就会发现他遇到了一些问题，为什么呢？因为客观中立的知识面临着越来越快的社会发展以及不同国家的社会改革所带来的很多非常具体的问题。正是在知识界，特别是在教育界出现了现实挑战，人们就开始去思考，到底以什么样的标准来选定我们的课程、编订我们的教材，才是比较合适当今社会所需要的人才需具备的知识。教育学领域在20 世纪 60 年代之后，就进入了阿普尔之疑时代。

阿普尔之疑最主要的基点是什么呢？他不再问什么知识最有价值，而是开始关注谁的知识最有价值？开始基于社会的现实发展，置于国家的现实需要来思考学校、教育和社会之间的关系到底是什么？学校教育能为社会、国家发展做出怎样的贡献和努力？在此之后，整个世界都开始围绕着学校、教育和社会之间的关系和国家之间的关系来思考培养人的问题。人一定是我们教育最重要的内容，既是我们的基点，也是我们的归宿。这样的一个转型，在哲学上将之称为从普遍的认识论走向社会认识论，也就是说以社会发展、社会需要为基点来考量教育、考量课程，进而讨论它将如何影响到课堂教学。

当阿普尔之疑持续很长时间之后，人们又遇到了新的问题，为什么呢？当我们过分地强调以社会与国家这种自上而下的视角看待学校课程、规约教师和学生的时候，发现很多时候可能教师的手脚会被束缚起来，课程、学校教育，特别是课堂教学，给教师与学生作为主体性、能动性的人所留的空间到底在哪里？教师教学的创造和创新如何释放？学生的主体创造性、能动性怎样释放才是合适的？所以就有了非常著名的波普科维茨之惑。同样，他也是在谁的知识最有价值的层面思考问题，除了何以可为这样一种自上而下的一种视角之外，我们有没有一种自下而上的，基于课堂、基于教师和学生在学校场域中相对的行动的空间、行动的机会，来思考课堂教学的改革，思考课堂教学的活力，这在教育上称为社会实在论。就是把外在的社会和个体的人与具有主体性、能动性的人连接起来，开始思考知识问题，即知识如何影响我们的课程。我们也会发现，每一次大的社会改革一定会启动教育改革，而教育改革最先行的一定是课程改革，因为只有课标与课程方案定下来之后，课堂才有了依据，才有了最基本的方向。这是我接下来讨论课堂教学的一个前提，先从宏大的背景来看课程总体变化的深层社会原因，总体性的变化是如何影响学校教育和社会之间的关系，如何影响课堂教学的变革。在理论研究的背景下、在方法论的指导下、哲学的引领下思考课堂教学的改革。

我们回到学校场域，回到课堂场域。课堂任务要依靠教师与学生共同完成。说到学生，在很多时候，我们必须要考量学生的家庭背景。国家可以给社会、给家庭、给家长一定的指导，但是难以严格地控制和要求。国家可以培训教师，进而借由教师完成学校教育与社会之间的关系，达成教育目的。所以了解课程是怎么来之后，还要了解学校教师的角色和身份。对于学校来说，教师生存的主要空间是课堂。课堂场域当中的教师，他的形象、角色、身份是什么？我刚才讲到了，教师实际上是基于国家对他的培养和培训，在这个意义上，我们说学校里的教师，特别是出现在课堂上的教师，他不是普通的社会人，而是一个非常重要的职业角色。

教师的职业角色是什么呢？教师是作为制度的委托者，作为课程当中传递法定知识的讲授者，是以这样的身份、这样的角色出现的。所以，当教师走进课堂的时候，他不是代表着自己，他是作为国家制度的接受者，接受着法定知识对他的委托，是以一个委托人的身份走进教室、走进课堂的。

进入课堂之后，跟教师主要互动的就是学生。尽管学生进入课堂之后的角色是学生，但是我们会发现学生的背后是没有办法割断家庭的。因为学生第一天进入正式的学校、进入系统的学校教育时，并没有在一个特别的真空容器当中被过滤。每一个学生是带着既有的家庭生活方式、生活习惯、教养方式进入学校的，所以，尽管课堂上我们看到是单个的学生，但他们所生活的场域，既包括家庭又包括学校，孩子每天穿梭在学校和家庭场域中。

家庭是社会的最基本的单位，社会中人们的职业不同，社会经济地位不同。也正是在这个意义上，我们发现学生不只有一个普通的学生角色，他还有一个非常复杂的关系网络，学生是来自不同家庭、不同社会阶层的人。教师不仅是与学生互动，而且是与来自不同家庭、不同社会阶层的人在互动，这就会对教师提出很大的挑战。教师需要关注到每一个孩子的特点，需要关注到他在课堂当中所面对的学生群体背后的教养方式、思维特点和行为习惯。这也就是我们通常所说的，我们要研究学生。因为我是进行教育社会学研究的，所以对学生的认识不仅停留在个体的层面，一定是回到群体，回到他的家庭，回到它的社会阶层去看。所以当我们知道教师面对的是不同的孩子，来自不同家庭和社会阶层的孩子的时候，就会认识到教师并不是以一种单一的方式，机械地对课程知识，对教材知识去进行复制或者复读的。教师会根据学生的特点，会根据教学的场景，会把教材知识进行适当地转化，最后讲授给学生，传递给学生。

教师与学生对接的知识，南京师范大学教育社会学研究中心吴康宁教授提出一个很重要的概念，即师定知识。他指出在课堂上教师与学生实际互动的影响的这些知识，我们既可以看到国家法定知识的身影，也可以看到每一位教师独特的教学风格和教学特质，所以这样的知识准确地讲，教的是师定知识。我们发现，如何与来自不同家庭，不同社会阶层的学生去进行对话和交流，需要回到课堂具体的场域当中，这是从学生的立场来看我们的教师，这会给教师提出很大的挑战。教师职前培养大多是以群体为单位培养的。

但是当教师走入职场的时候，进入课堂的时候，必须是教师一个人独立地走进教室、走进课堂，面对几十名孩子。从教师工作的学校日常样态来看，教师其实是独立地进行工作的。因此，教师会面临很大的挑战。教师职前培养的时候，遇到了问题，可以跟教师共同体，跟教师同辈群体研讨，可以去请教其他教师，但是当教师进入职场之后，进入课堂当中时，只有自己一个人。哪位老师敢保证说，在课堂上学生对自己是没有任何挑战的，不管是知识的结构，还是解决问题的能力，抑或是思维特质，以及处理课堂突发事件的能力。即使此刻在线的经验非常丰富的老师也不敢这么讲。

所以，也正是在这个意义上，我们发现教师工作之后，面临一个非常大的挑战。对于具体的 40 分钟的课堂或者 50 分钟的课堂当中随时突发的事件，是很难去预料的。教师还会面临一个挑战，就是教师在课前备课非常充分，但当进入教室的时候，随时可变的动态的课堂，使教师已有的准备随时面临调整。所以，当我们进入具体时空的学校和课堂之后，会发现教师面临的挑战是非常大的，职前培养的方式和职后工作的方式存在很大差异。这也是我们思考职前和职后问题的一个前提性知识，也是一个先备性知识。按照社会学理论往下讲，大家可能都听到了，我不断地会提到具体的时间、空间关系，还有群体概念。那么学校课程的现状、教师的工作样态，在具体的学校课堂当中，它到底是怎么进行的呢？讲到课堂，讲到教师，一定没有办法离开教师教育的话题。当我们把理论和实践放在一起的时候，把教师实际的工作和社会期待放在一起的时候，这也是目前教师教育所面临的最大的一个挑战，就是在社会成员的社会期待和实际工作当中的现实困境之间，到底怎么去寻找工作的方式与样态，怎么样能够达成一个各方都满意的状态。

我们发现做到这点很难，为什么呢？课堂教学改革的宗旨是什么呢？一定是强调它的适应性与运作性，也就是实践的特质，尤其对于教师来说，要强调实践经验知识。

现实学校日常的运行和课堂教学的独特场域是动态的，因此客观现实要求对职后教师的挑战是非常大的。特别是一些新手教师，往往会遇到很多类似的问题。为什么呢？因为进入职场之后，学校的现实状况需要新手教师很快地适应学校的教学，适应学校的生活。虽然会有一定的适应期，但这个适应期不能太长，教师需要在相对比较短的时间内快速地适应职场生活。在这个过程当中，我们也发现了一些问题，就是在进行培养和培训的时候，非常强调实践，非常强调经验，甚至出现了教师教育者把教学当成一种意象、记忆去培训、培养的方式，这也是现在教师教育越来越难做的现实困境。

在这个过程中我们发现了很多问题，我们往往会用教学方法去替代教学思维，会用有效的教学经验、日常性的经验替代理论和实践对话之后的一种经过实践检验、经过理论思考的经验。教师的实践能力很重要，但是如果只有实践能力，没有实践智慧，那么教师职业这条路能够走多远？所以，我们需要谨防用教学方法替代教学思维，厘清教学实践智慧的实质，它到底是什么？这是我们进入一线课堂的一个很重要的问题抓手。

当教师教育的作用在近40年的社会发展当中越发凸显之后，传统的师范教育走向了教师教育，特别是今天我们强调教师教育既保有了师范教育的特点，又融入了现代社会发展对教师职业、对课堂教学的最基本要求和挑战，以及对教师培养的一些具体要求。在此历程当中，我们发现正是因为教学、社会和教育之间的关系，使得教师从传统的教书育人的德行使命，开始走向专业化发展道路，教师从启蒙者开始走向专业人。这种转变对教师教育提出了很大的挑战，而这种挑战是在一线的课堂教学实践中提出来的。

教师育人非常重要，但育人一定要和基本的知识授受结合起来，教育最后形塑的是学生的灵魂。灵魂是一个非常复杂的东西，不能只是靠简单的记忆，也不能靠简单的方法。我们不能用何以可用的表层的东西去替代深层的何以可为的东西。这是我们再从课堂反观回来看教师教育的时候发现的一个很重要问题，也是我们教师教育的难题和困境。正是带着这样的问题，我们开始走入一线课堂，看教师、看课堂，基于教师在课堂上讲什么、怎么讲，为什么要这么讲这么看。所以一定要看教师的知识结构。本研究就用了PCK来讨论教师能力，这是普遍所采用的一种知识结构的方法，看教师的学科知识、教育教学最基本的知识、教师的实践性知识等，这些知识是如何渗透在每一位教师具体的课堂当中。在每一节课、每一个细节当中，我们看它如何凸显、显现，如何影响我们的教师？因为知识结构一定要依托学科，我们主要聚焦初中科学教师，这是为了研究方便，统一集中在科学教师，具体学科包括物理、化学、生物。

我们看学科知识、教育教学的相关知识和教师的实践经验，是如何渗透在教师的日常教学当中，在教师的课堂上又是怎么体现的？特别是信息技术对教育教学的影响，我们已经进入信息社会、进入网络社会，这是没有办法去回避的问题。所以在PCK中，我们又增加了一个非常重要的维度，即技术性的知识，也就是technology，所以叫TPACK。我们看教师的知识结构、技术的影响，发现教师的学科教学知识与其他各个知识之间的融合度，研究主要选的是理科教师，来看融合度的变化。这里主要是呈现具体的做法，我们就看课堂教学不断地变革是如何要求教师教学方式的变革，以及教师的教学方式变革是如何通过他的知识结构发生变化的。

课堂教学对教师的变革主要通过两个很重要的维度完成：一个就是理念的转化。这是在职前培养和职后培训过程中都非常注重的，特别是在职后教师的培训当中，我们看到理念的培训一定是是国培、省培、校培、区培等非常重要的内容；第二个非常强调教师的策略性调整。但是在对中学理科教师的观察过程当中发现，策略调整呈现的一个很重要的特点就是依赖于计算机科学和课程的整合。对于教学方式的变革而言，是不是说我们注重了科技性知识，教学就发生了变化呢？

大家可以看本项研究，其实在教龄方面，技术性的知识差别并不大，TK 被我们称为基础性的知识，而实际上差异恰恰体现在 PCK，也就是在教师们的学科知识差异上。另外，我们进一步分析后发现：即使会有些许变化，但是依然是基于学科的融合去看技术是如何影响的。

即使课堂在发生这样的变化，技术也并不是主导变革的因素，而是教师的知识结构，是学科特点、学科知识在其中起了非常重要的作用。这个差别主要体现在什么方面呢？我们会发现，第一个是教龄上存在差别，主要是在对于学科知识上，教龄是有差异的；第二个表现最明显的是学校类型。学校的差异，不是体现在这个学校是在城市还是在乡村，而是在于学校的学生是谁，学校的生源结构。也正是基于这样的分析理论，我们主要是看教师的互动对象，即学生，是如何影响教师的课堂教学变革和他的教学策略。

我们进一步把研究的视角转向教师，教师的互动对象就是学生。那么在研究过程当中，特别是在培训的过程当中也要注意把教师的学科特点和他所在学校的类型结合起来，有针对性地去对教师的课堂教学方式进行调整、进行变革。我们会发现这对教师的知识挑战是非常大的，是什么样的知识呢？就是教师如何把他的实践性知识、学科性知识和教育教学知识以及学校和社会之间相连，准确地讲是将社区相关的一些场景性的知识与知识总体融合。这就是我想要讲的第一个方面，把什么样的知识带回课堂。并不是把那些离开学生、离开学校、离开社区的知识带回来，而是让教师的学科知识能够落地，主要是落地在学校、学生身上。

## 二、职后教师日常课堂教学知识运用

我们进一步看不同教龄的教师，他们对知识融合的方式和融合的程度，我们又做了进一步的研究，做了关于同课异构教学中老师的课堂教学知识运用的研究。因为我们做的是新手教师、熟手教师和专家型教师，我们除了用量化的研究方法，还用了大量的质性研究方法，除了观察教师们的教学计划和准备之外，还进入课堂教学环境阶段，去看教师如何创建学习环境、创建班级学习文化、组织课堂教学、管理学生的课堂行为，以及在教学的过程中，教师跟学生是如何讲解和分析知识的。比如说教师跟学生交流的方式、交流的语言、交流的态度、交流的内容等，还有教师在设置问题或者询问问题的时候，采取的策略以及在不同的教学组织方式当中，教师所采用的主要的一些讨论、研讨，或者引导的策略，看教师在课堂当中如何和学生互动，如何参与学生的学习。

在进行这些研究的时候，我们发现三类教师在学生知识管理、学生行为调控方面存在显著差异，特别是在使用讨论策略和教师参与学生学习方面存在显著的差异。在和学生交流方面也存在差异，但是并不明显。同时在教学资源使用方面也存在差异，但这种差异表现得也不明显，我们将之称为边缘显著。我们发现最主要的是使用讨论策略和教师参与学生学习，这两个方面主要是依赖于在课堂当中的一个动态的特定时间空间中，作为主体的人——教师和学生是如何互动的。互动的在场性，或者把它称为情景性，或者称之为在地性的互动，对教师的知识以及教学能力的挑战是非常大的。这是我们所看到的教龄的影响，在这个基础之上我们又做了一个更长时段的研究，就是去看总体的师资结构，这个抽样的范围是比较大的，看不同学历层次教师的能力结构，有的教师就会提出刚才看教龄，为什么现在就看学历呢？我们知道学历不一样，可能所受的系统训练和培养的方式也会不太一样。在学历方面，我们看到了很大的差异：学历层次越高，教师的计划能力、调整能力、监控能力、自我调整学习能力就越强，也就是说回应我们刚才想要看到的那两个策略。

## 三、职前教师需要什么样的知识结构

除了教龄会影响教师教学，还有什么因素会影响呢？因为我们是想把职后教师反哺到我们的职前教师当中来，看到了不同学历层次在这些方面的影响。将学历和教龄整体结合起来，我们发现一线教师的教学能力实际上既依赖于他的职前培养，同时又跟他的职后培训密切相关。所以说教师的实践不仅仅依赖于职后培训，学校场域作为他的任教园地的重要性，学校对他的职后成长很重要，我们还要看到职前的培养也是非常重要的，特别是系统知识和素养，这些都是教师未来提升的空间，或者我们把它称为教师的核心素养。做完了职后研究之后，我们最终要完成的是职前职后一体化。我不是中小学一线的教师，我是大学的教师教育者，我一定会回到大学课堂里面去思考，我们的大学课程该怎么设置，使我们的职前教师的培养能够更好地、更快地适应教师的职后生活。

回到职前来看课程设置，这里给大家呈现的是我们做的一个关于大学教师教育课程的纵向的长时段的研究。我们从师范大学文科、理科和艺术三个方向看不同专业职前的教师教育是如何做的？这里给大家呈现出来的主要是理科，以物理学院为例，先看学科知识模块，这个图表当中比较清楚。因为当时从档案馆找到的最早的物理学院系统的课程是 1977 年的，所以我们从课程的完整性和连续性上讲，选择 1977 年作为一个时间节点，这也是要跟大家说明为什么会选这一年。我们来看学科知识的学科课程的变化，会发现 1977 年到 1989 年，整个职前培养课程是比较稳定的，因为学科的知识模块的变化非常少，所以我称之为平稳中的变化。第二个阶段是 1990 年到 1999 年，我们发现这个阶段的学科基础，也就是作为未来的中学物理学科老师所需要的学科知识的变化是极其不稳定的，这种变化的幅度一度出现了摇摆和模糊的状况。2000 年到 2005 年，师范教育走向教师教育，这时有总体上的变化，但是变化比较缓慢、比较稳定。这是一个转折时期。2006 年之后，整个教师教育比较明朗化了，开始体系化，另外我们师范大学开始强调教师教育特色之后，整个课程处于相对稳定的状态。因为这个研究是从 2014 年开始系统做的，所以课程的提供只到 2013 年，大家会发现因为开始强调教师的学科知识，本学科的基础越来越重要了，我们注重对职前教师的学科知识和系统的学科能力训练，学科基础就反超了一些相关学科的各种知识教学，这个时间段学科知识的培养是非常扎实的。

再关注专业课程的模块，1977 年到 1989 年，这个时期变化非常大。1990 年到 1999 年专业课模块是比较稳定的，这跟我们前面所讲的学科课程不太一样。另外 2000 年到 2005 年，我们发现专业课程某些课程模块的分值开始下降，学分的分布不断下降，课程结构开始变化。这个变化就是对于职前教师的培养变革的体现，除了注重专业性的知识，也注重教师教育和社会发展，与中小学现实需要的对接。实际上职前的培养一直是与职后联系在一起，并不断调整和改革的。我们做完这样的关于课程历史性的分析之后，还要回顾大学的课堂，我们到底要怎么去教？就是教师教育者怎么去教未来的中小学教师？

我们研究了在大学中教授教学法和学科教学论的教师的课堂，主要是物理课程与教学论关于教学法的课程。在上课之前我们做一个前测，学期中再进行中测，看上课之前，从师范生的角度感知学科教师的知识和教学，看学科教师从教学法、从物理学科、从中学物理教学的角度，怎么教授学生？怎么引导学生？在课程学习中测之后，我们再看学科教学法课程对职前教师在教育教学知识、学科知识和教育教学的融通上有什么样的变化。等课程全部讲授完之后，我们再做一个课程的后测，以得知教学法类的课程对师范生未来从事教师职业以及对其整体教育能力的提升，到底有什么样的帮助？这个研究是针对课程做的。大家看这个单词 instructor 实际上指的就是职前教师，其知识结构除了受课程学习的影响之外，还要进一步追踪他们的实习。我们知道职前教师大四第一个学期要去实习，我们同样地会在实习前、实习中和实习后进行追踪研究。

实习前这些职前教师只有学科知识和教学法知识等的理论学习，也就是书本上的知识，那么他们是带着什么样的书本知识进入现场教学的？在实习中间我们会做一个评估，中期的评估，看看他们的知识和他们的实践是如何转化的。等到实习结束之后，再做一个评估，看整体的变化。在这个过程中，我们发现了一些比较有意思的现象，就是教师们整体上课程的学习以及职前教师教育知识的掌握、学科教学法知识的掌握，跟大学教师的教授方式有非常密切的关系。我们看到了学生从他们的角度如何评价教师、如何反馈和感知大学的教师教育者，也就是讲授学科教学论和教学法的教师，是以什么样的样态、以什么样的知识结构、什么样的教学方法去教他们？

这里我们主要给大家呈现了两位教师的数据，我们看到约翰老师在教学当中强调生活实例和多媒体的使用。而另外一位老师迈克，他非常强调教师的系统知识之间的连接以及学生对他课程的评价和反馈，这是两位教师的差别。我们发现约翰老师在中期干预之后，他开始关注到课堂当中一些学生的反馈，开始改变教学策略，将一些新的技术应用到课堂教学当中，但是在知识的系统性、知识的综合性运用方面，约翰老师还是比较弱的。迈克老师就非常强调学生对他所讲的知识理解程度，其讲授的知识学生能不能够举一反三？因为我没有指出约翰老师和迈克老师哪位教师的教龄长，哪位教师的经验丰富，我只给大家呈现了结果，实际上约翰老师是一位较为年长的教师，而迈克老师则是一个相对比较年轻的教师。约翰老师的学历是本科，他是一位老教师。迈克老师则是博士毕业。在这里我们也会发现，大学的教师教育者的知识结构与教学方式对我们职前教师的培养的影响是非常大的。

所以，这是我想讲的第二个方面，我们要把什么样的知识带回到课堂当中来？不仅是基础教育一线课堂，同样也有大学课堂当中我们需要带回什么样的知识？这样的研究我们还要深入，其实就是基于学生感知的视角，从学生、从职前教师的角度来看大学讲授学科教学论以及学科教学法的教师，怎么培养职前教师？大学的教师教育者，在学科知识、教学法知识、学科教学法知识的融通方面，教龄对职前教师知识的掌握以及对基于知识掌握方面所生成的能力，即能够更强地适应职场未来发展能力的影响是非常大的。这是我们从职前到职后再到职前，从课程到教学，整体上所看到的差异。职前职后一体化进程，不仅是对一线教师，也是对大学课堂的一个反思。我们要考量如何和一线教学现场对话，如何跟一线教师对话，跟自己的同事对话。在大学里面也需要一个共同体，讲授教学法和学科教学论的教师同讲授一般课程教学的教师坐在一起共同研讨以什么样的方式、以何种方法将知识及思维传递给学生。课堂教学不仅仅是中小学的事情，更是大学教师教育课堂所面临的一个非常现实的问题。

## 四、基于知识的课堂教学何以可为和何以可能

这实际上就回到了我刚才所说的问题，课堂教学何以可为和何以可能。

我们到底要培养什么样的教师？我们是要培养单纯的师者，还是要培养单纯的匠人？当然，我们既不培养单纯的师者，也不培养单纯的匠人。这里所谓的师者是什么呢？就是单一地强调教化，强调育人，育人目标一定是和知识结合起来的。我们实际上是要在二者之间去寻求一个张力。这样的张力，在职前和职后如何保持，在大学的教师教育者身上和一线的教师身上如何体现？这实际上既是对一线教师的一个难题、一个提问，同时也是对大学课堂，特别是教师教育者的很重要的一个提问。

我们既要掌握系统的知识，更要掌握能够把这种知识转化成现实知识、现实能力的特殊的知识，或者说是一种知识和能力融通之后的知识，它并不单单是一种能力。为什么呢？因为传统的教师观更多地强调的是教师作为道德和神启的个人形象，而现代教育特别是走向教师教育之后，首先强调的教师一定要具备学科知识和教学的一些最基本的能力。在这个过程当中，我们所要注意的就是谨防表层的专业化替代我们深层的专业素养。

我们要确立合理的教师观，不仅仅是一线教师，还有我们大学的教师教育者，要在总体上革新我们教师教育的实践，特别是2022年新的课标和新的方案刚刚颁布，新课标强调九年的贯通，强调育人的系统化、体系化，这对于大学课堂的挑战，可能比中小学课堂的挑战更大。

那么，我们到底能做什么呢？说实话，我也没办法给出一条路径表明你要怎么办？我们只能是有这样的一个思维，就是在师者和匠人之间保持一种张力结构，这样一种张力结构的标准是什么呢？对一线教师来说，就是回到我们的学校、回到我们的课堂、回到我们的学生，使群体的特点和我们个体的特点结合起来，生成在地性的课堂，我们把它称为实践性的课堂、动态性的课堂。对于大学教师同样是这样，我们在做职前培养的时候，也需要有这种能力，就是基于我们学生的特点，基于我们的知识结构，依据国家未来的以及当下对于我们学校教育提出的要求，统合性地、有机整合地做职前教师的培养，面对课堂，创新课堂，改革课堂。在此基础之上，我们要确立与之相适应的教师教育的课程体系，变革教师教育的培养方式和评价标准，一定要和新课标、新的课程方案结合起来，反思和调整大学教师教育的课堂，培养出新型专业型的教师。我们要警惕技术的陷阱，要避免强调单一伦理，而要回到社会当下的需求当中来。

培养教师来面对现实的课堂，这是今天我想要跟大家分享的主题，谢谢。

**余海龙：**

好的，谢谢常老师。我们一直在听，一直在做很多的笔记，您辛苦，您先休息一下。

**常亚慧：**

好，谢谢。

**余海龙：**

来参会的老师，首先是我们的西部课堂创新研究院的院长、陕西师范大学党委常委、物理学与信息技术学院的院长李贵安教授今天继续守候在直播间，包括物理学院 2019 级的刘虹含同学，也在一直关注。长安区太乙街道初级中学的高博老师也在我们的直播间，包括我们敬爱的衣新发教授同样一直守候在我们的直播间里，欢迎各位教授，欢迎各位老师。我刚才还看到了《中国教师报》的主编韩世文老师也一直在关注我们，还有校级教学名师、数学学院的韩国栋副教授也一直在现场关注今天的讲座。同时欢迎所有通过腾讯会议，或者通过腾讯视频观看直播的各位老师和同学们，欢迎大家。

依据课程大讲堂的流程，首先还是邀请何宁教授用几个关键词帮助我们快速地领会、学习，深入地把握常教授今天讲座的核心内容。有请何宁教授。

**何宁：**

余老师好，亚慧教授好，我们刚才聆听了亚慧教授的讲座，我也是学习到了很多。尤其是结合心理学角度，我觉得亚慧教授讲的内容，和我们心理学专业还是有一些交集，或者说我们能够深入思考的一些点。如果说要提几个关键词呢，因为不是做这个专业的，我只能从我自己听讲座的感受，表达一些非常感性的心得。

第一个关键词就是知识。我为什么提这个词呢？因为亚慧教授在开篇的时候呢，她就提了几个问题，什么是知识，谁的知识？我们学院也承担咱们教师教育的课程，比如师范生心理学课程，我们在上课的时候也感觉到或者也听到学生提意见，或者建议说，老师你教的这些知识，我们感觉好像和我们将来从事教学工作有一点距离。今天听了亚慧教授的讲座，我觉得感受非常深。知识是书本上的客观存在，或者说是抽象的、静态的，只有将知识放在具体的、现实的背景下，才可能变成具体情境的、带温度的知识，而不是书本里的存在。

心理学也讲这个建构或者说知识，不是简单地把书本知识展示一下，然后学生就可以通过各种各样的心理过程，思维啊、记忆啊，它就自然转化成为知识。这个过程还需要老师讲的知识与学生掌握的知识之间架起一座非常有效的桥梁，也就是帮助学生正确地建构某一个领域或者某一个学科的知识与信息。

第二个关键词就是自下而上。因为常老师讲的最初对问题的思考，是来自她对职后教师课堂的观察。那么从职后教师倒推回职前教师，也就是我们现在说的师范生，或者未来的教师，他们所学到的知识具有什么样的结构呢？我感受到非常强烈的问题导向性，以及她提出来的TPACK模型，还有师者和匠人之间的张力，我就觉得这些内容非常好。我们怎么样在实践当中把抽象的客观的知识，变成一种可传递的、可以有效地运用于我们教育教学情境的知识呢？而且所提到的张力，实际上也是保留了很大的空间和弹性。因为它是一种能动性，我觉得和这个张力很好地契合在一起。人的心理带有很强的意向性，就是我想做什么、我怎么去做、我选择什么，张力这个词很好地体现了这种思想，所以，从亚慧教授整个关注的问题、研究的路径，还有她最后提出来的研究，或者是运用在教育教学实践的一些建议，我觉得自下而上的色彩是非常明显的，而且也是我个人非常喜欢的实践取向，或者直面我的问题，并且能够把它抽象成带有非常强烈学术价值的学术色彩。

第三个关键词是实证。大家可能也关注到亚慧教授在每一张PPT，都会把研究的引文给大家标注出来，就是它来自什么样的研究。实证研究最吸引人的地方，是有第一手的资料，不论是课堂的观察、质性的访谈、问卷的调研，还是我们做的干预实验，相对于我们的定性研究，或者思辨研究，我觉得实证研究的魅力呢，就是让人感觉到非常接地气，它来自我们一线的观察，不论是研究者，还是在一线做教育教学的教师，所带来的启发。比如我看到亚慧教授讲的教龄、性别等，我就在想，它们与我的教学经历和结论有哪些关系，有哪些出入呢，它们是不是能够同样体现或者反映我的一些感想？

如果说有三个词能够代表我今天聆听的感受，那就是知识、自下而上和实证。非常感谢亚慧教授，给我很大的启发，因为我们现在做的课题里边也涉及一些社会心理方面的东西。无论是从群体的层面研究，还是从一些生物机制、生理方面的研究，就会发现我们所有的行为，背后都有着复杂的关系。

即便是一间小小的教室，就像亚慧教授讲的，实际上背后它折射着或者包含着丰富的社会的、历史的、文化的关系，如果分析起来，这里面有故事可讲，也是对我们非常有意义的。所以这也再次印证了我们讲人是一切社会关系的总和，或者大家非常熟悉一些像维果茨基的理论，包括社会建构论、生态系统理论，都是我们对人的认识、对学生学习的认识、对教师教学的认识。实际上可以置于一种更现实的背景，或者说更生态的背景，这样的研究或者说指导教学实践，可能更有针对性。

**余海龙：**

谢谢何宁老师。刚才常教授做讲座的时候，我也一直在对号入座，我们在进行教学的时候，我们的教学行为，包括我们的整个的教学设计，是不是符合我们教育学原理的一些设定，包括刚才其实也谈到了，比如说情境，除了教师在场以外，除了学生在场以外，也许我们整个教学的知识、我们整个的教学的构建也是在场，有的时候我们可能忽略到这一点。常老师，接下来又要辛苦您，因为您谈到一个很重要的观点，就是我们由什么知识最有价值发展到今天谁的知识最有价值，我还是想问一个比较肤浅的问题：在您看来提供知识的很多抖音视频，它给我们提供的到底是不是知识？

**常亚慧：**

好，谢谢余老师的这个问题，这个问题我觉得是一个很抓人心的问题，为什么呢？因为我们发现抖音在某种程度上已经成为某些群体生活当中不可或缺的东西，我是做社会学的，我对问题的思考，一定会从社会学的角度去看。我首先看到的是它的内容，而不是它的形式。所以从这个角度来讲，我觉得抖音只是传播的一种形式而已，它的内容怎么样，是需要辨别并分类的。

我们要考量抖音后面的制作者是谁？谁制作出来的？这个条件是非常重要的，也就是我们所说的知识的生产群体。因为现代社会我们知道是一个专业社会，是一个基于社会分工的社会，专业性实际上从某种程度上可以显现出来你的社会阶层的高与低，也就是说你在这个社会当中的位置。我刚才提到知识的生产性，其实也涉及这个。我觉得不管对什么样的抖音，主要看它生产的是什么样的知识，传播的是什么？我们一定要专业性地判断它。为什么我说这个问题抓人心呢？就是我一开始提到的把知识带回来。我举个例子说明一下，在小学听课的时候，我发现课堂丰富多彩，感觉孩子们很开心，老师上得也很有活力。但一节课结束之后，我们开始反思一个问题，这节课带给了孩子什么系统性的、知识性的内容？它的深度到底有多少？那么我想用这个问题反过来思考抖音。

就是从社会学角度来讲，我们要区分群体，每一个东西都是分层次去看的，它一定是基于它所传递的内容来划分的，而不是基于它传递的形式，所以内容永远大于形式。

**余海龙：**

谢谢您。现在很多人在讲，抖音上面也有很多老师的一些教学视频上传，通过抖音也可以实现技能的传递，刚才您谈到的观点，我觉得特别重要的一点就是抖音其实更多是一个形式，我们更重要的是把握它的内容。可能本科生、硕士生和博士生都在学课程教学论，但是他们所要阅读的，或者说他们所要获得的知识，其内容是不一样的。我是这么理解，包括对于深度的掌握和广度的掌握，可能它的内容不一样。如果说只是作为快餐式的了解，或者是碎片化，它能满足人们对于知识的初步了解，但是更深入的则是对于内容系统地把握，包括您刚才举的例子，就是去观察小学的一堂课，上得很高兴，同学们很高兴，但是到整节课结束了以后，我们再做一个反观的时候，孩子究竟在这节课上收获到了什么内容？我们前两天刚刚请龙宝新教授讲过新课标的改革，就是关注人的核心素养的培养。我们会更关注这一节课在整个人的素养的培养当中所起到的作用。抖音上确实有很多人能提供内容，但是另外一方面呢？我们国家现在也成了慕课大国，无论是中国大学慕课平台，还是智慧树、超星、爱课程等一系列的网站上，给我们提供了海量的课，甚至同样一门课还有国外版的和国内版的。

常老师，那我们在这个过程当中，在面对海量的慕课，如何做内容的选择呢？

**常亚慧：**

谢谢，我觉得问题一个比一个具有挑战性。慕课首先从大学的课程上来讲，我们说大学主要的一个特点，一定是基于专业性。那么在大学怎么去判断它的好坏？当然是打引号的好与坏。专业性是非常重要的一个指标。专业性内含的系统性与多维性，是我们评价这个专业非常重要的指标，当然这是基于高校教师这样的特殊的群体。

在这个意义上，我们会看慕课，它的背后同样是有高与低的，因为社会不是扁平的，在社会学看来是一定有分层的，而分层的高与低，在知识这个群体当中，一定是以知识的专业能力为依据的。

我们可以基于专业背景和学校的类型去选，这是最表层的，当然在这个表层之下，更深入的我们还要看传递的知识内容是什么。比如说我们知道哈佛大学商学院，它的慕课非常好。从整个学科的角度，我们可能需要去看。但是必须得放到具体的关系当中，刚才何宁老师讲得非常好，就是我们要放到特定的关系当中，比如它所讲的一些具体的和我们场景结合生成的内容，它是基于美国社会，基于其学生特点的，它可能不一定适合我们。所以所谓的好与坏，其实是看你的标准是什么。

对慕课的选择也是基于这样的标准，同时还是基于我们自己当下的需要。所以我再多说一句，就是比如说慕课，说抖音，我觉得有一个共同的条件，就是我们进入了信息社会，我们的媒介传播、传播方式发生了改变。但是在信息化社会中，我们要谨防的一个问题就是一切都可以被消费，也就是说我们进入了消费社会，消费社会当中隐含着一个非常深层的东西，就是利润上移、风险下移。知识的生产能力可能看起来越来越强了，但实际上属于知识阶层当中最高的那个阶层的群体可能变得越来越少了。在这样的社会当中，慕课、抖音这样的传播方式，可能更需要我们慎重地选择。

好，谢谢余老师。

**余海龙：**

我们要避免被机器操控，这个一直是我们在社会学或者伦理学当中提倡或者说关注的问题。好，何宁老师，因为您一直是从事教学工作，我把您的话筒再打开一下。

我们知道您一直在做人才培养的工作，刚才常老师提到一个很关键的话题，就是法定知识到师定知识。现在出台了新课标，但是每位教师根据新课标在教的过程当中，会有一些差异。这也是常老师研究的一个很重要的课题，就是为什么教师的课堂教学能力和他的学历、教龄存在一定关系。那您怎么看待这个问题，就是说师定的能力、师定的知识我应该怎么获得呢？共同的是法定的文本，但是我师定的知识和技能怎么获得？

**何宁：**

谢谢余老师这个问题，我觉得这个问题很重要，尤其对我们师范大学来讲，我觉得是特别好的一个问题，我这里只讲职前，因为可能对大学稍微熟悉一些。职前教师怎么样去掌握像亚慧教授刚才讲的学科基础知识之外，教育教学的或者说关于教学技能方面的知识？

刚才常老师讲的 TPACK 中包括学科教学方面的知识怎样获得，如果说从心理学角度来说，我可能更熟悉，角度技能的获得，它和我们书本上学习知识的路径还是不太一样。所以刚才从亚慧教授讲座里也受到很大的启发，比如说后期教师教育课程改革、心理学课程改革的时候，我们还是要放在具体的实践环节，因为这种技能性的就是如何做的知识、如何教的知识。

比如说关于教学教育教学理论，教师可以答得很好，但是要求他做的时候，也就是怎么样把这些法定知识变成师定知识之时，他需要大量的实践经验。比如我们现在一共是五门课，一门课我们现在算下来是一个学分，就是十八九次课，18 个学时，我们认为他拿到学分就自然掌握了这门知识，这是远远不够的。

技能的获得，一定是需要大量的实践经验，这一定是在做中学，而不是说简单地通过陈述性知识的学习，如果说要跳出来，就变成程序性知识了。还有一点，每个人都有其能动性。不仅仅通过一种单纯的行为训练的方式，还需要在大量实践经验里边积累或者通过观察、模仿。我觉得人的这种主动性，尤其成年以后，他对教育教学的理解，也就是自我指导、自我组织以及自我强化能力也是很强的，这种自我组织和自我强化能力来自他的意向。这种意向，我们需要提升，教师必须对教育教学有热情。

当教师有这种关注的意识，他愿意把教育教学做好，我觉得这是一个非常重要的因素。所以我想怎么样去提升，真的是在我们后期教育培养当中。我们在国外了解一些关于教育方面培养，一些国家或者学校做得非常好，具体做法就是让教师不断地回到学校，也就是在教师教育培养当中，第一学期他会到学校去简单地观察，就是被动地观察，那么可能第二学期，时间会更长一点，比如说两周的时间，这个时候他就可以参与，也就是大学课堂一体化，我们怎么不断地回到实践当中，我觉得这是非常重要的。

那么随着教师对于知识的掌握，如何在大量的实践经验当中，把所谓的这种陈述的或者是理论性的知识转化为程序性的知识，确实需要自己去体验。我认为这其中很深层的、非常重要的心理因素就是自己要具有这种动机，不仅仅愿意做一个匠人，更愿意在张力当中，把自我放进去，而不仅仅是把它看成是一种职业，或者是一种简单的专业。这是我的理解，谢谢余老师。

**余海龙：**

咱们陕西师大一直在做教师教育培育，培育的过程当中，从学校的领导，包括我们李常委提到的一个观点就是我们绝对不是说只是培养普通的简单的一线的老师，我们要培养的是教育学家。

要有教育情怀，然后把这个事当作终身使命在做。我看到了我们陕西师范大学教师干部学院的副院长葛文双副教授一直在和各位老师互动，但是这个互动目前只有我能看到，我把他的几个观点在这里给两位教授汇报一下。

一个就是说课程教学论关注的这种 TPACK 的技术整合模式，刚才常老师提到《把知识带回来》，这是非常好的一本书。麦克·扬对教育社会学和课程进行了反思，提出了知识的客观性与建构性。然后还提到互联网知识的教师专业发展体系，将对教师能力的提升赋予更多的灵活性。同时他提到教师自我组织和自我导向的发展很重要，我也及时把我们的网友参与的这个情况跟两位教授汇报一下。刚才何老师讲完了以后，我突然觉得陕西师范大学教师口语教学研究中心有大量的工作可以做，针对整个师范生的教学，特别是在教学的过程当中口语的运用，包括体态的设计、礼仪的讲授、师生的沟通、家校的沟通。我突然发现了研究中心还可以拓展一系列的内容。

好，还是要把话筒转回到常教授，常教授刚才还提到了一个观点，就是职前职后培训一体化，因为我们也一直针对很多职后老师做教师口语的培训，也给我们在校的师范生在做教师口语的培训，就从我自己的经历来讲，职前职后的培训其实我们都在介入。但是我们在培训的时候，有的时候会出现一个具体的问题：就是确实没有好好地研读职后教师的需求是什么？职前教师的需求又是什么？所以我对您刚才提到的职前职后培训一体化特别感兴趣，想再追问一句话。

在您看来，这种职前和职后的教师教育的培训一体化该如何落地呢？能不能给我们点干货？

**常亚慧：**

好，我主要从我的工作实践当中以及自己做的一些尝试来回答。我觉得何宁老师看得非常准，我实际上就是从一线日常的教学当中生发了这些问题，把它变成了这个教学改革的项目。那么这个过程当中，我有一个很深的体会就是，自从我开始做大学与中小学合作伙伴，就遭遇到一些职业困境。

就是我们如何跟一线教师对话。因为如果彼此都是高高在上，不愿意让渡，那是坐不到一张桌子上的，所以我们第一个做的就是先有可以对话的可能。那么这样一个对话的可能就是我们要进入中小学，同时中小学的老师，我们也尽可能地让他们能够进来，也能够听到大学的声音，让彼此先关注到对方的存在。具体在这种实验当中怎么做呢？就是我们在课程的设置上，比如说我们到大学三年级的时候，设置这些学科的，教学法或者是学科的教学知识的时候，我们会给一线的教师留一点点出口，就是把一线的教师作为我们的教师团队里的参与者，或者是作为我们的兼职的导师。尽可能地能够参与到课程当中来，跟职前的学生一起对话。

第二个就是课程教学论专业的大学教师一定要保持长期地进入一线。因为我主要是做社会学，我有一个习惯，就是每周有两到三天的时间，一定会在固定的中小学校，有固定研究的东西。这样你才知道你的问题怎么生长，你的理论研究往哪里走，你的理论研究要干什么？才能有一个联通，这是课程设置方面。另外就是在实习上，因为我们也慢慢这么去做，比如以我们学部为例，特殊教育专业就有见习和实习相结合。大学二年级的时候，见习可能是去学校一天两天，那么到了三年级可能就是一周，到了大四的时候，可以一学期去实习。另外每个学期，我们在综合课程中，定期会请一线的老师来与我们学生面对面地对话交流。这样对我们的职前教师而言，可以让他们听到职后的声音，同时职后的老师也能够捕捉到职前学生关注的问题是什么。问题的产生可能是基于他们的学科训练，那么他能不能用这样的学科训练反哺职后老师，在自己的职业过程当中，在日常教学当中思考一些问题。就是简单的一句话，要打通职前职后，使二者可以协作、可以对话、可以协同发展。这样才能够真正地把职前职后一体化拉通，但是一定是有差别，职前一定注重的是培养，职后一定注重培训。

培养和培训要对话，要联通，从心理学来讲，就需要相互建构、彼此影响，这样职前职后落地才有可能。这也是龙宝新教授所讲到的，新的课标和课程方案非常强调贯通，强调学段的贯通，强调大学和中小学之间解决问题能力的培养。

可能还是要回应我们当下的需要以及我们未来的课改方向，使我们能够更好地做到职前职后的联通和贯通。

好，余老师，这是我的回应。

**余海龙：**

谢谢您，亚慧教授。我看到陕西师范大学教师干部学院的副院长葛文双副教授一直在和各位老师互动，已经把您的话筒解除静音了。

**葛文双：**

我听得非常激动，然后觉得特别有同感，刚才两位教授讲的这些观点，尤其是在我们师范生的培养过程当中，我觉得特别有同感。这次义务教育课程标准，新的课程，强调跨学科，强调思维型的能力的培养，实际上我觉得这里面就牵扯一个很大的问题，就是未来可能我们的课程真的需要按照这种能力模块的精准化。尤其是师范生创设环境，包括现在的教学设计，以及最后的基于数据思维进行课堂分析评价方面，我觉得要做很多改变。这个难度还不小，甚至是非常大。刚才两位教授提到的那个观点，我特别同意，就是可能需要一个长期的过程。我自己就是咱陕师大培养出来的，本科、硕士完成之后去工作，先干着行政管理，后来又转到教师。这么多年，反思自己的个人成长，某一个阶段性的就是量变到突变，这种突变是教师能力提升的一个非常关键的因素。实际上在我们的课程体系当中，如何能够给学生创造一些不定性的因素，这是很关键的。

现在课程可能更多的是给学生很多的定数，不定性的因素很少，我觉得要给未来可能性。在一个地方，几个人可以漫无目的地交流，比如说像我们这种"课创三人行"，这是一个很好的方式。学生培养当中应该融入进去，我觉得西部教学改革当中可以用这样的方式来做开创，成为先河。我觉得就像今天这样的方式，未来可能要引入我们的学生培养，能够给其发展提供更多的可能性，这是特别重要的。刚才常老师提到《把知识带回来》那本书，在清华时老师给我们推荐过，麦克·扬在我们那里做过报告，当时听了，觉得特别好，就是它里面讲的你的知识不仅仅是建构的。过去他在南非做那一套建构的东西，刚开始很成功，轰轰烈烈，最后他自己也反思。在知识的客观性当中，怎么能够把教育学这个客观的跟主观的建构有机地结合起来，我觉得这像是教师能力不断地追求的过程吧，我觉得这个很难，就是什么时候该教，什么时候让学生去探究，面对不同的学生群体，完全不一样，我觉得这是一个很深入的问题。作为一位教师，不断地追求教学的艺术，能够成为一个教学大家，实际上这是一个终身的过程。

今天听两位教授发言，我觉得特别有启发，然后也想表达一下自己的观点，我就讲这么多。

**余海龙：**

谢谢文双教授，我在这里提前做一个剧透，下一周的周日，我们的主讲嘉宾就是葛文双副教授，他的本科和硕士都是毕业于陕西师范大学，博士毕业于清华大学，是专门从事教育教学研究的一位年轻的学者。同时，现在他还兼任陕西师范大学教师干部管理学院的副院长，是学术和行政双肩挑都做得很好的一位青年学者。在这里先借二位教授的这个直播间，做一个小小的剧透、小小的预告。下周日，他会给我们带来很多很新的思考。

刚才常教授、何教授都提到了一个观点，就是大学老师，尤其像师范院校的老师，从事课程论教学的老师，应该走到教学的中小学课堂的一线当中去。我觉得这个特别重要，因为只有当你了解了大家的需求，能够通过职后的培训和职前的培训，这样的一种连贯式的构建，才能给我们带来一个更加不一样的教学思考和反思，从而能够更好地并有针对性地在职前的培养到职后的培训过程当中找到更好的切入点。

**余海龙：**

按照我们的惯例，何教授，最后两分钟请您总结一下今天的“课创三人行”活动，谢谢。

**何宁：**

今天听几位老师的发言，我觉得非常好，就是思想的碰撞，因为每个老师的背景不一样，专业背景、研究的方向等方面都有差别，但是我们在常亚慧教授的带领下，尤其是关于在教师培养立体化以及大学的课程教学论的老师，给我们非常重要的启发。我想这种启发，就像刚才文双教授说的要落地，给我们今后研究还有教学工作提了很多新的问题，也提出了很多挑战，关键在于我们怎样使思想碰撞出来的火花转化成为熊熊的火焰。

好，余老师。我就说这些。

**余海龙：**

好，谢谢。我想陕西师范大学成立西部课堂创新研究院的初衷和初心，就是真正地研究一些实际的问题，走到一线当中去。我现在看到腾讯直播号里还有一些老师在讲，说希望大学的老师多走入一线，尤其是能够关注到乡村小学。我觉得陕西师范大学作为扎根西部的师范大学、西北地区唯一教育部直属的师范大学，除了立足于西部以外，乡村教育、乡村小学、乡村中学也是我们需要重点关注的一系列研究主体。借助陕西师范大学这一高层次的学校平台，所有西部课创研究院的研究员们一定会努力帮助提升西部基础教育的教学能力，更好地融合高等师范院校和一线中小学。把二者联合起来，就是希望能够真正地达成今天李常委和常教授所提到的，职前职后培训一体化，让我们走得更好、走得更远。

我对下一次的讲座，也做一个小小的剧透。星期四的晚上 7 点，由我来向大家汇报。在组织了六期“课创三人行”以后，到第七期的时候，我的角色稍微变换一下。我向大家汇报的主题就是如何在课堂当中激发学生的主体展示能力与课堂表现能力。在下一周周日的这个时间段，将由葛文双副教授跟大家谈一谈他对教学的思考和认识。再次感谢二位教授给我们带来的思维上的创新和不断的提升，同时也感谢所有关注我们讲座的听众。

我们下一期再见，掌声送给两位教授，谢谢。

**常亚慧：**

好，谢谢何老师，谢谢余老师。

**何宁：**

谢谢亚慧教授，谢谢余老师。

**余海龙：**

我们下周四再见，谢谢，再见。

# 第 7 讲

# 重构教学“生”动课堂

## ——以学为主的课堂教学组织创新

**主讲人：余海龙 老师**

**（与谈人：常亚慧 教授；主持人：朱晓彧 教授）**

**【摘　要】**教育的目的不是灌输知识，而是激发学生的求知欲。长久以来，单一的“填鸭式”满堂灌的教学组织形式，只能让学生做“知识的搬运工”，无法满足中国培养创新领军人才的发展需求。教育部旗帜鲜明地提出开展“课堂革命”，引导教师将传统的以教师教为中心，转变为重视学生学为中心的教学理念，打破沉闷的课堂教学，激发学生的学习自主活力，让学生真正地成为学习的主人。教学观念的变化，必然导致课堂教学组织形式的转变，一线教师应积极探索体现学生学习主体性的“翻转式”“小组合作式”等教学组织方式。教师由单一的知识告知，转变成学生学习的指导者和合作者，将课堂作为学习成果展示的平台，鼓励学生走上讲台，展示学习的成果，在合作、探究、质疑和思考中，不断生成新的知识和技能，获得核心素养。

**【关键词】**课堂革命；以学为主；教学重构；“生”动课堂

**朱晓彧：**

各位老师、各位同学、各位关心中国教育改革创新的朋友们：

大家晚上好！

欢迎大家来到由陕西师范大学西部课堂创新研究院主办，教育部陕西师范大学基础教育课程研究中心、中国西部师范大学教师教育创新与发展联盟、陕西师范大学教师口语教学与研究中心协办的“西部课创大讲堂·课创三人行”讲座的直播现场，我是主持人朱晓彧。

为进一步促进高等教育与基础教育课程改革创新，经陕西师范大学社科处批准，陕西师大西部课堂创新研究院于 2022 年 4 月 15 日正式揭牌成立。

研究院挂靠学校物理学与信息技术学院，由陕西师范大学党委常委、物理学院院长、博士生导师李贵安教授担任西部课堂创新研究院院长，研究院的研究员以陕西师范大学课改团 196 名教授、学者为主体，同时还聘请了来自全国各高校、各研究机构的多名专家、教授，以及各级教育行政管理人员、大中小学一线的优秀教师担任特邀研究员。

陕西师范大学西部课堂创新研究院立足于立德树人的根本任务，发挥教师教育特色，聚焦西部课堂创新研究，不断推动中国西部基础教育高质量发展。研究院将整合校内外研究资源，加强与国内外高等院校、中小学、学术机构以及政府部门的联系，协同创新大中小学衔接的育人模式。

陕西师范大学西部课堂创新研究院将不断努力奋斗，持续为中国西部教育发展和课堂改革提供研究、培育、咨询、指导、评估与服务，切实推动西部高等师范院校与基础教育教学质量的提升。

今晚的主讲人是西部课堂创新研究院研究员、陕西师范大学教师口语教学与研究中心的副主任余海龙老师，他今晚讲座的题目是《重构教学“生”动课堂——以学为主的课堂教学组织创新》，今晚担任与谈嘉宾的是西部课堂创新研究院研究员、陕西师范大学教育学部课程与教学系主任常亚慧教授。两位老师好。下面我们有请余老师开讲。

**余海龙：**

首先特别感谢本期讲座的主持人朱晓彧教授，同样也感谢我们的与谈嘉宾常亚慧教授！感谢二位教授今天能到“西部课创大讲堂·课创三人行”的直播课堂，来帮助我把这场报告给大家讲好。今天我向大家汇报的题目是《重构教学“生”动课堂——以学为主的课堂教学组织创新》，重视学生在课堂上的主体地位，这是当前全国各级各类学校课堂教学创新的核心观点。

我首先想跟各位老师们解释一下，这个“生”动课堂的“生”什么要打一个引号？重构教学，大家很好理解，将教师已有的传统教学的理念、思维方式、课程组织形式等，进行重新建构。那“生”动课堂里的“生”呢，它不只是指“生动”一词的本意，也就是教师教学的课堂本身是很生动的、活泼的，更重要的是学生能在这个课堂里边动起来，教师能够调动和发挥学生的学习主动性，真正地实现以学为主的课堂教学创新。

## 一、当下课堂教学问题的提出

为什么今天要跟大家交流这个话题？这是根据我国社会当前所处的历史阶段和发展需要，对教育教学特别是课堂教学提出新的要求来确定的。

在学术界和教育界一直存在着“钱学森之问”。钱学森先生晚年时，曾向时任国务院总理的温家宝同志提出了这样的问题：“为什么我们的学校总是培养不出杰出的人才？”实践证明，经过多年的改革和发展，我国目前的教学体制和模式是可以培养出社会各层面急需的人才，这是对我国整个教育战线的肯定和鼓励，但问题的重点是，为什么培养不出杰出人才。

什么是杰出人才呢？我理解钱学森先生的意思是，中国教育界要培养的是在各个领域都能够领航世界的、领军全球的创新型的人才。现有的教育导向，在很长的一段时间内，实际上都是围绕标准答案、围绕着高考这根指挥棒来展开的。所以学生当中流传着一句话，叫“考、考、考，老师的法宝；分、分、分，学生的命根”。教育在唯考试、唯分数而论的情况下进行着，往往将人才培养中的“杰出”二字忽视掉甚至压制掉。而更为可怕的是，在这样的教学过程中，许多青年学生对于学习的热情已经被消磨殆尽，“记住”或者“背诵”书本上的知识，成为一种学习常态。

早在 2013 年，我在微博上转发了一张照片。照片的大意说的是，大学生的课下比课上还要安静。课堂上还有一些师生的交流、提问，比较热闹。但是一下课，很多学生就趴在桌子上睡觉。相对而言，这种“课上动、课下静”的情况还是教师可以接受的，起码学生在上课时还在参与教学活动。那如果在教师上课时，学生也是睡倒一大片，面对如此“安静”的课堂，教师将怎么办呢？

事实上，这种“安静”的课堂在很多学校，特别是大学的理论课教学课堂上，是广泛存在的。如果授课老师只是单一地采用传统的“满堂灌式”教学方法，那么这个上课的现场，估计比刚才那张图片所呈现的现象还要安静。特别是夏天下午两点以后的课程，学生来上课，昏昏欲睡、不知所以然，再加上教师一成不变的语态讲授，教学现场的“静”，可想而知。一个不争的事实是，〇〇后学生已经广泛地走进了我们的大学课堂。他们生于网络时代，习惯于信息的碎片化传播，是否还能接受教师们沿用传统的教学方法去组织教学，这是新学情对教师们带来的新思考。

同样，作为一名教师，上课前辛辛苦苦地备课，课上很认真地给学生讲课、分析、论证，但是课堂教学的过程中，学生居然在课上睡觉，不知道老师们如何看待自己的劳动价值呢？也许上课时，学生未必睡觉，但教师在讲，学生却没有在听；老师在讲，学生却没有在学；老师在讲，学生却没有提高……如此的教学组织和教学方法，希望实现有效教学肯定是做不到的。对教师自身而言，长此以往，教师职业带来的荣誉感肯定是大大降低。讲到这里的时候，我们的讲座不得不回归到初始的命题当中来，那就是作为教师，如何去理解“教学”这个词？

图 1 教学图片

上面的三张图片，大家请看看它们分别说明了什么问题？第一张黑白的图片，一位女老师站在讲台后面，手上拿着鸡毛掸子，一边很严厉地盯着旁边站着的孩子。孩子站在讲台边，在老师的注视下紧张得浑身冒汗、发抖。同时，坐在教室里的其他同学们也是一头的汗，显得很紧张，低头不敢看老师，只敢盯着自己的桌子，唯恐被老师点起来。这样的教学是有利于学生学习的好课堂吗？教师在教学上严格要求学生，绝对没有问题，而核心的问题是在于如何构建学生主动学习的过程？“教”与“学”应该是什么样的关系呢？如果每个学生在走进教室之前、来到学校之前，是惴惴不安的、紧张的、恐惧的，学校对学生而言是煎熬的所在，这样的学习环境下，学生学习的持续动力又会延续多久？

近些年不止一次看到过类似的新闻报道：一些中学里，很多高三学生在高考来临之前，会把自己的教科书、复习资料撕掉，然后从教室的窗户里扔下去，同时伴随着学生们一阵阵的欢呼声。当然，有些人说这是高三学生的心理发泄，可以缓解学生面对高考的压力。但是作为教师，看到这类新闻是会心寒的，学生们作为读书人，居然要把书撕掉、扔掉来作为情绪的发泄，难道我们用来教育的书本带给学生的不是幸福吗？不是知识吗？而是痛苦和仇恨吗？这也回答了，为什么当下教育常常在探讨对学生学业减负的问题。单向性的教学模式、严苛的师生关系、追求标准答案的教学目的，很早就把学生的学习热情消磨殆尽了。

中间第二幅图片大家看到了，图上雕塑里的孩子，拿着杯子就往头里边倒，似乎在说知识如果能像杯子里的水一样，直接倒进脑子里就好了。大家在网上也能看到类似的视频：一些孩子，双手放在书上，然后做捧水状态，往自己脑袋方向放，似乎想把书里的知识全部捧进自己的大脑里。我们看到的是笑话，但是仔细想想还是有深意的。这种直接灌输是传递知识吗？是教学吗？讲到这里，就不得不回应前面“钱学森之问”的思考——这种教学是复制知识还是对人的教育？如果教学是以灌输标准答案为目的的知识复制性工作，那么何谈杰出人才的培养？

第三张图片是一间教室，看看教室前面贴着的标语，估计大家都能猜出来这是一间高三的教室。教室黑板上面的标语写着“只要学不死，就往死里学”，往死里学，能学成什么样子？原来教学与生死有关！大家想想可不可怕？这些都是教学应该有的样子吗？

教育的目的是为了什么？习近平总书记早在 2018 年 9 月 10 日召开的全国教育大会当中就指出“我国是中国共产党领导的社会主义国家，这就决定了我们的教育必须把培养社会主义建设者和接班人作为根本任务，培养一代又一代拥护中国共产党领导和我国社会主义制度、立志为中国特色社会主义奋斗终生的有用人才。这是教育工作的根本任务，也是教育现代化的方向目标。”归根结底，教育的根本任务是立德树人。最近，教育部公布的义务教育阶段的新课标，就再次明确地落实和强调了教育要立德树人的观点。从党中央掌控全局的领导角度来讲，教育就是要通过立德树人，培养对于中国共产党领导和社会主义制度拥护的而且立志为中国特色社会主义事业奋斗终生的有用人才，这是教育的一个根本性的任务。如果我们的教育，培养出的只是会考试而不会学以致用的人，那将是我们教育工作者的重大失败。

所以教师千万不要忘了来时路，我们常说不忘初心，不忘教育的初心，在座的每一位老师，您的教育初心又是什么呢？

著名的苏联教育学家苏霍姆林斯基说过：“教学大纲、教科书规定了给予学生的各科知识，但是没有规定给予学生最重的一样东西，这就是幸福。我们的教育信念应该是培养真正的人！让每一个人从自己手里培养出来的人都能幸福地度过自己的一生。”教育应该立足于培养人格完满的人，让人获得幸福是教育的追求。不同类型的学生在学习不同的课程时，他的学习习惯、接受心理以及学习特质等，都导致教育者无法用唯一的标准分数去衡量完整的人、全面的人。拿分数可以衡量智育，能不能衡量体育呢？能够衡量德育，能不能衡量美育呢？乃至于能否衡量劳动教育的教学效果呢？

老师们辛辛苦苦地教学，究竟是为了什么？我国的著名教育学家叶圣陶先生对于教育有着自己独到的观点：“教育的性质是农业。工业是把原料按照规定的工序，制造成为符合设计的产品。农业是把种子种到地里，给它充分合适的条件，如水、阳光、空气、肥料等，让它自己发芽生长自已开花结果……办教育的确跟种庄稼相仿……最主要的就是给受教育者提供充分的合适条件。”叶老的观点很有意思，认为教育的性质是农业，这一比喻既形象生动，又一语中的。教育工作不是替代种子自身成长，而是要帮助种子的成长。最终决定种子成长的，依靠的是他自己的内在动力。在教学中，老师要干什么？老师要给学生成长和发芽的条件，比如说阳光、水、空气、肥料等。而最终学生能长成什么？那就是在接受教师提供的适合成长条件后，自己生根、发芽、结果。农业的生产是没有办法用工业上标准计件的形式去开展的。这个西红柿长出来是七两，那个西红柿长出来是五两，那难道五两的就一定口感不好吗？

同样的道理，学生的类型不同、心理状态不同、学习习惯不同，教师不要采用“一刀切”式的教育方法，不要希望能取代学生自身的学习。教师所要做的事情，就是要给予学生养分和空间，帮助他更好地自主成长。这是叶圣陶先生提到的关于教育的观点，值得我们所有的教师思考和借鉴。

从 2017 年开始，教育部提出了“四个回归”的要求，以及指出在教学中应该树立“以学生学为中心”的教学理念。2017 年 9 月，时任教育部部长陈宝生同志在《人民日报》上撰写的文章，就明确提出来教育工作要以学习者为中心。2017 年的 11 月份，《中国教师报》对陕西师范大学从事课堂教学改革的老师们做了题为《课堂革命十人谈》的专访。我也有幸参与了当时《课堂革命十人谈》的专访。在面对《中国教师报》记者的专访时，我提出来：现在的教学、很多课堂，老师在讲，学生是不是在听？老师在讲，学生有没有在学？老师在讲，学生有没有跟上甚至超越教师的学习进度？教育绝对不是把教师知道的内容照搬照抄复制到学生的脑子里，课堂革命的重点就是要树立“学生是教育的主体”的观念。教师不是教学生，而是引导学生学习，并帮助学生形成终身学习的能力和习惯。这也是我今天跟大家汇报的核心的观点。

这种以“学生学为中心”的教学观念，应当是各级各类学校教师组织和实施教学行为的基本起点。所谓的课程教学观念的创新，是要以传统的教师教为中心，转变为以学生学为中心。教师教和学生学，二者谁为中心，决定了不同的教学观念以及课堂组织的形式，因此调整教育行为的前提，首先就要去调整教育教学的观念。

所以接下来我要问各位老师四个问题。

第一，老师们在进行教学的时候，课堂上的学生参与到学习中了吗？他是否积极地参与到您的教学设计、教学活动、教学练习等环节中了？

第二，学生在学习的过程当中，对于当天的教学内容，他懂了吗？他掌握知识了吗？他知道了这个内容吗？

第三，学生在掌握了本节课的知识以后，他学会了吗？他能不能用这节课上的知识去解决现实的问题，也就是达成新课标里提到的培养学生的核心素养？

第四，则是更高的要求，那就是学生有没有做到突破？所谓的突破，就包括独立思维——自己解决问题；创新思维——别人是这么解决，我还能不能够在前人的基础上有更好的解决方式；挑战性思维——能否解决当前社会要解决的“卡脖子”难题？

以上四点，作为一线的教师应该经常反思，经常问问自己是否做到了这四点。学生参与学习了吗？参与学习了以后他掌握了吗？掌握了以后能变成一种具体的能力吗？而能力给到学生以后，他结合他所在的空间、时间、经验以及时代的需求，他能否完成独立创新的思维，这也是值得教师考虑的。

## 二、课堂教学方式创新思考

如果说现行的“满堂灌”课堂教学形式存在问题的，那么一线教师应该采用怎样的教学方法来改进教学效果呢？带着这个问题，我开展了一系列的研究工作。

首先让我们将视野放宽广，看看历史上西方教育家是如何认识教学的？古希腊文化是整个西方文明的源头之一，当时古希腊最著名的哲学家、教育家苏格拉底说：“教育不是灌输，而是点燃火焰。”同样苏格拉底否认了教育是灌输，不是简单地把教师知道的内容告诉学生，他强调的是，教育是点燃火焰。给学习者一点火，然后好好地自己燃烧去。这和叶圣陶先生讲教育是农业的观点，是不谋而合的。"点燃"学习者，是教学研究中非常重要的词汇。

当时，苏格拉底通过长期的教学实践，形成了自己一套独特的"苏格拉底方法"，他本人则称之为"产婆术"。"产婆术"教学法意思是教师为学生的思想接生，通过教学引导人们产生正确的思想。

"苏格拉底方法"自始至终是以师生问答的形式进行的，所以又叫"问答法"。苏格拉底在教学生获得某种概念时，不是把这种概念直接告诉学生，而是先向学生提出问题，让学生回答，启发学生的思考和探索。如果学生回答错了，他并不直接纠正，而是提出另外的问题引导学生思考，从而使学生一步一步得出正确的结论，这一方法为启发式教学奠定了基础。

特别需要指出的，苏格拉底和学生之间开展的教育活动，采用的是问答的形式，老师问，学生来答。更关键的是，如果学生回答错了，他不是纠正，而是引导学生思考。

我在这将"拿来主义"篡改一下，叫"给你主义"，苏格拉底不是用"给你主义"，他并没有采用教师知道什么，然后告诉学生什么。如果苏格拉底采用的是"给你主义"，整个社会都会陷入相对静止的状态，人们只是重复前人的知识，整个人类社会就没有办法得到进步和提升。同样，苏格拉底没有预设标准答案，没有说学生只要把教师提出的十个问题全部答对了，学生就毕业了，而是采用不停追问的问答式方法，引导学生产生正确的思想。

了解完西方教育的观念以后，我们将研究的视角收回来，来看以我国为代表的东方教育观念。说到东方教育，在我国被誉为"万代师表"的伟大教育家、至圣先师孔子的教育思想，是必须要去研究的。研究孔子，首先应该从记载着他思想的著作《论语》来分析。《论语》是一本语录体和对话文体为主的著作，并不是孔子本人直接撰写的一本书，而是他的弟子和后人编纂成书的。所以在讲到孔子究竟写了什么书的时候，不能说孔子写了《论语》，只能说孔子说了《论语》。

当我们去阅读孔子说的《论语》时，很少看到文字很长、内容很多的文段，常常看到的就是孔子的两三句话，微言大义，他就把自己的教学内容给学生讲出来了。很多时候，孔子讲的话，都是引起学生的思考，而绝不代替学生的思考。所以孔子提出教育是“有教无类”，要去“因材施教”，并且在东方最早提出启发式教学。教师应该在学生认真思考并已经达到一定认识的时候，恰到好处地进行启发和开导，这也是孔子进行教学的关键方式。

由此看来，无论是东方还是西方的教育家们，都没有说教育是复制、灌输、拷贝、重复。恰恰相反，中西方教育家们都不约而同地使用了问答的形式、启发的形式、开导的形式去进行教学组织。所以教学活动的本质是师生之间以对话、交流、合作为基础，进行文化知识传承和创新的特殊交往活动。

这种师生之间的交往活动，采用的手段往往是对话、交流、合作。我并没有否定传统讲授式在教学中的重要作用，但是我更想问在座的各位老师们，您在教学的过程中用得比较多的教学手段和教学方法是什么呢？您用了对话吗？您和学生开展了交流吗？您组织学生进行了合作学习吗？

对话、交流、合作这三个词特别有意思，都是属于双向的互动词汇。我对你说，你对我说，叫对话；我对你说，你又对我说，咱们两个在对话的过程中能够有碰撞，你来我往进行交流；大家群策群力，既有对话的沟通，又有交流的碰撞，最终形成统一的行为指向，形成合作。这三个词汇其实都是涉及你来我往的意思。

我们可以思考当前很多学校里，是否存在这样一种教学现状：教师们往往是备好课走进教室就来讲，缺乏对学生学情充分的了解和分析。当然也有部分有经验的老师会进行学情分析，根据学生的需求来设计自己的课程。但是，教师的学情设计和学生真实的需要有冲突时，教师又该怎么办呢？这是我今天提出来，请各位老师思考的一点。

老师们要改变自己固有的教学观念。教育之道不在于灌输，而在于“传道、授业、解惑”，在于教师通过鼓励、引导和启迪受教育者的求知欲、主动性和创造性，使其在德、智、体、美、劳等各方面都得到发展，成为素质提高、个性发展、具有创造精神和能力的社会主义事业的建设者和接班人，成为新世纪、新时代所需要的人才，以适应全球竞争与合作的环境。

教学不再是告知学生知识，而是启迪学生去探索；学生不是死板按照教师的做法去做，而是在教师的鼓励和引导下主动去做。

错误的学生观，是把学生当口袋、当标准件、当考试机器，把分数作为教育追求目标，教育者已经忘记教育为什么而出发。应试教育，错误地让教师和学生在挖空心思与殚精竭虑应对考试的游戏中身心疲惫。如果教育的目的，只是一味地追求分数，那么必然是我们的整个教育出问题了。

请大家看看以下的几个造句：

想——我想听到开花的声音。

悄悄——我们听不懂小鱼的悄悄话。

淘气——风很淘气，把水逗笑了。

这样的造句结果，在标准答案面前必然是大大的红叉！这是学生交给老师的作业，他们为什么错了？因为它与标准答案不同！尤其是这个问题：在一次语文考试中，试题问“雪融化了以后是什么?”有学生回答：“雪融化以后是春天。”这个回答居然被教师打了一个叉！因为这道题的标准答案是雪融化了以后是水。一个是充满着想象力和情感的诗情画意的表达，一个只是机械冷漠缺少感受完全标准化的回答，但哪种表述更美，更具有想象力，更合适语文学科的教学要求呢？

在标准答案存在的前提下，学生个性化的回答和独立的思考，都被判断是错的。学生们很多具有创造性的思考常常被标准答案所扼杀。因此我在给陕西师大的学生上课，特别是给公费师范生上课时，经常引用陶行知先生的这段话：“你的教鞭下有瓦特，你的冷眼里有牛顿，你的讥笑中有爱迪生。你别忙着把他们赶跑。你可不要等到坐火轮、点电灯、学微积分，才认识他们是你当年的小学生。”

我认为“以学生为本”教育观念的核心，应该是摒弃简单的知识灌输，改为引导、启发和鼓励学生独立思考，鼓励学生敢于和善于提出问题，善于观察分析，敢于探索，敢于创造新的学习方法和工作方法。我们的教育使命应该是了解、尊重、发现、解放、唤醒、激励、帮助、引导，而不是强迫、扭曲、阻遏、误导。

这些教学观和方法，不仅仅只是停留在少部分教育专家论文里的研究，教育部早已通过多份文件的形式将它们上升为了国家意志。

2019 年国务院办公厅颁发了《关于新时代推进普通高中育人方式改革的指导意见》，明确提出推进选课走班制度，学生开始选课。我国目前在很多省份已经全面推行新高考，学生选择物理科目或者历史科目，在这个基础上，学生再去选择自己喜爱或者擅长的相关课程，国家已经关注到学生要有自主选课的权利了。如果仍然推行单一的灌输式的教育方法，行不行？同样是这份文件，第十条提出来：要深化课堂教学改革，“积极探索基于情境、问题导向的互动式、启发式、探究式、体验式等课堂教学，注重加强课题研究、项目设计、研究性学习等跨学科综合性教学，认真开展验证性实验和探究性实验教学。提高作业设计质量，精心设计基础性作业，适当增加探究性、实践性、综合性作业。”这些教学模式的改变，都是尊重学生为主体的教学方式。

2020 年 10 月公布的《深化新时代教育评价改革总体方案》的文件中，教育部再次明确提出纠正片面追求升学率的倾向。第二十条提出“深化考试招生制度改革。稳步推进中高考改革，构建引导学生德智体美劳全面发展的考试内容体系，改变相对固化的试题形式，增强试题开放性，减少死记硬背和‘机械刷题’现象。加快完善初、高中学生综合素质档案建设和使用办法，逐步转变简单以考试成绩为唯一标准的招生模式。”

第三份不是文件，是教育部对全国各级各类的高等院校教学提出的要求，希望高校里各类课程的建设与教学都要努力达到“两性一度”的要求。这是由教育部高教司司长吴岩在全国大学教学论坛上提出的标准，在座的各位高校老师，也请您结合自己的日常教学工作，考虑您的课堂教学方式如何改进，才能达到“两性一度”的要求。

对于基础教育阶段的老师而言，最近最应该关注的是《义务教育课程方案和课程标准》(2022 版)的公布。在教育部的新闻发布会上，发言人谈到了一系列核心的观点，要求中小学生能做到做中学、用中学、创中学，参与学科探究活动，让认识基于实践，通过实践得到提升，克服认识与实践“两张皮”现象。这里体现出来的，是非常重视学生在学习过程当中的主导性，而不只是简单的教师我讲，学生你听。

多位专家也对教育部新版的课标进行了解读。中国教育科学研究院院长崔宝师提出：研究以“知识本位”教学转向以“核心素养本位”教学的特点规律和方式方法，积极探索启发式、问题式、情景式和探究式等教与学方式，提出创设合理教学情境，营造良好学习环境的可行性。

国家督学、北京市中关村第三小学原校长刘可钦认为，要加大学生的活动和体验性的学习，增加学习的趣味性和吸引力，克服那种以“讲授、提要求”为主的单一方式或路径。

陕西师范大学杰出校友、清华大学附属中学校长王建军教授也提出，要把以传授知识、追求分数为导向的教育观念，转变为基于核心素养培养的观念。

专家们纷纷结合新课标开展了系列的研究和解读。除了新的课程标准发生变化外，当下的课堂也存在着显而易见的四个变化：教与学发生了变化，师生的关系发生了变化，知识的主体发生了变化，评价方式发生了变化。在这里再插上一句话，随着网络的普及，各类知识的获得方式变得更加简单，教师不再是传统的知识垄断者，师生之间应该成为教与学的合作伙伴。

“学习内容 24 小时后平均留存率”这张图是相关科研机构根据调查后，得出来的结论。对于知识的教学，如果让学生采取听讲的方式学习，24 小

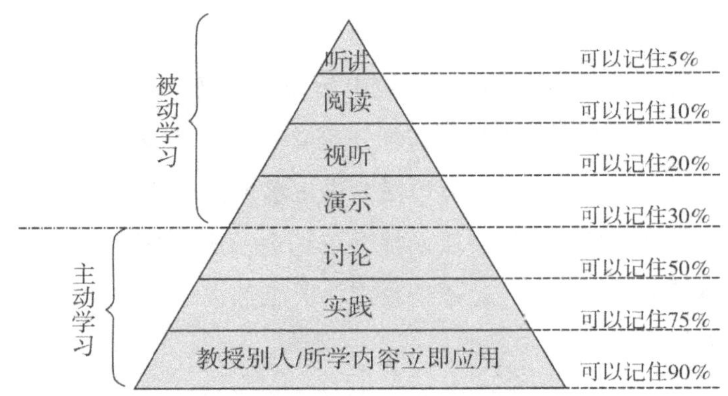


**图 2　学习内容 24 小时后平均留存率**

时以后只能记到5%的内容；如果是学生自己来讲给别人听、教别人学该内容，那么在24小时以后，学生自己可以记住90%的内容。

这一科研结论的提出，为教师们在课堂教学创新中提供了关键的理论支持。课堂教学创新的实质，是让教师根据学生的学习特质来调整自己的课堂教学理念、课堂教学形式组织、课堂教学实施方式。教师关注的不仅仅只是学生学习到了什么，还应关注学生怎么学的全过程。这样的教与学全过程，是真正地引导学生开展学习。

## 三、探索以学为主的课堂教学组织创新

在第三部分，我结合自己的教学实际，向各位老师汇报自己探索以学生学为主体的课堂教学组织的创新研究过程。

### （一）积极参与各类教学培训会议——不断学习，颠覆陈旧教学观念

首先，作为一线教师需要积极参加各类的教学培训会议，及时更新自己的教学理念和教学技能。

有些老师可能觉得，参加教学培训会是比较务虚，但实际上，每次参加教学培训会的过程，就是一次教学对比、一次教学借鉴、一次教学反思。通过培训，哪怕受训教师只接受到了一个新观念、一种好做法、一个新启发，都是莫大的收获。陕西师大教务处就非常重视对教师教学理念和教学技能的培训，对教师先后多次组织例如全校规模的blackboard平台使用的教学讲座；邀请国家级教学名师傅钢善教授、冯博琴教授、马知恩教授开展信息化课程、教学成果奖申报的讲座培训；2018年寒假第一天，举办陕西师大课堂教学改革推进质量提升培训会，邀请复旦大学的蒋玉龙教授专门做教学讲座，同时，也邀请校内一大批热衷于课改的教师在会上做了主题分享。

2018年的4月8日，陕西师范大学校党委常委、时任学校教务处处长的李贵安教授，亲自给全校做陕西师范大学课堂创新专题交流会，不断地

在给一线教师传递国内外最新的教育观念和最新课堂教学组织方法。

2019 年的 3 月 12 日，学校刚开学，陕西师大教务处就组织了全校规模的课堂教学创新工作推进会。当时邀请分享的，均是获得陕西省高校课堂教学创新大赛一等奖的老师，而在会场下面听讲座的则是陕西师范大学校级教学督导。教务处处长李贵安教授指出，既要改变一线教师们的教学观点，还要改变学校教学督导的教学评价观点，二者结合才是完整的教学创新。

### （二）广泛深入课堂一线——不断观摩、学习、借鉴、模仿课堂组织形式

随着课堂教学改革的不断深入，学生在课堂上主动展示、学习小组合作与探讨、教师走下讲台与学生开展对话交流……很多的创新课堂已经不是传统课堂的组织形式。很多创新课堂一开始，也是传统课堂的教师讲、学生听。在陕西师大课改团的组织引领下，不少教师意识到了当下课堂教学存在的问题，开始尝试着向先行老师们学习借鉴，结合自己所教课程的实际情况，不断加以改进，最终形成了创新的课堂教学组织形式。

这种学习和借鉴甚至还突破了学段的限制。很多开展课堂教学创新的教师，本身承担的是大学本科、研究生教学，但是他们放下身架，主动会走进中学、小学去观摩课堂创新的课程，去看中小学一线的课程好在什么地方。因此，作为全国第一所倡导高校课堂教学创新的大学，陕西师大课改团成员多年来一直深入到各级各类课堂教学的第一线。课堂的一线不仅仅是指大学课堂，还深入到中学课堂和小学课堂。

大家现在看到的课堂，是 2007 年在陕西师大历史系教授宋永成的指导下，陕西师范大学历史系的师范生主讲，在渭南师范学院附中进行的高一历史新课改的实验。课堂教授的是《新民主主义革命的崛起》，通过照片，大家可以看到教学现场有学生辩论会的形式，有学生现场展示的形式，有模拟当时学生游行的形式……上课的高中生，通过参与一系列的教学活动，准确地了解了为什么在 1919 年这个时间段，新民主主义革命在中国社会爆发。课程由原来的学生被动听课，到此刻主动去研究、去参与、去探

索课程的教学内容。每一个上课学生的积极性都得到了提高。

不少教育专家表示，在听评课时，除了关注上课教师的表现外，最为注意的就是观察上课学生们的眼睛和表情。因为通过学生的眼睛和表情可以真实地感受到学生在课堂上的收获。这张图片里学生在参与学习时的表情是什么样子？这就是全国著名的课改学校——山东杜郎口中学的教学实录。大家可以看到，这是杜郎口中学进行的小组合作式学习的方法。每个孩子在上课时都是主动、积极、自信的。从这一张张图片中，我们能够最直接地观察到参与学习学生们专注的目光。

如果大家对杜郎口中学有所了解的话，会知道它是一所地处于城乡接合部的普通中学。让很多教育研究者和老师们来看，杜郎口中学的生源质量其实非常一般，学生既有来自农村的孩子，又有来自城市的孩子，还有来自城乡接合部的孩子。每个孩子的学习目标、学习动机、学习习惯都不同。这种不同还包括学生原生家庭里教育教养观念的不同，学生之间可能形成较大的差异。但是通过图片，可以观察到学生们对于学习的主动性很高。学生参与学习时，眼睛里是放着光的，这种对于知识的渴求表情，是没有办法能够作假的。

杜郎口中学在多年的课堂教学中，一直强调学生的当众展示，并且总结出来进行展示的口诀，叫作展示歌。学校要求每一个学生在进行课堂展示的环节中，都要做到以下这么几点：

我自信我最棒，聚焦点处来亮相；胸挺直头高昂，面带微笑喜洋洋；

嘴里说心中想，脱稿不再看师长；吐字清声洪亮，嗯啊口语别带上；

一握拳一挥掌，肢体语言能帮忙；展示完忙退让，褒贬评价记心房。

同样，福州市福州江滨中学对于学生的高效课堂展示，也提出了自己的要求。如果从演讲与口才课程教学的角度来讲，以上学校对于学生当众展示中提出的要求，诸如体态与站位、声音表达、音量大小、口齿清晰的要求，包括肢体语言的自如使用，都是培养杰出演讲家的标准。从小在这种展示环节当中锻炼出来的学生，他的未来会怎样的优秀，只可以想象，却没有办法预估的，因为学生能取得的成就会超过普通的想象。

2015 年，陕西师大组织部分教师和教育硕士到西北课改名校进行观摩学习，可以观察到课堂里发生的最大变化，就是学生们的座位摆放方式变了。由以前的"排排坐"，变成了按小组的"团团坐"。表面上看，只是改变了学生学习的物理空间，实际上改变的是学生的学习关系、学习心态和学习习惯。

2016年的10月29日，时任陕西师大教务处处长的李贵安教授带领来自陕西师大不同学院的200多名师范生，包括一批热衷于课改的老师，到渭南蒲城的芳草地学校进行观摩教学。和山东杜郎口中学一样，芳草地学校也是位于城乡接合部的学校，是九年一贯制的学校，他们学生们也是按小组围坐。同时，大家可以看到教室的四周都是黑板，孩子们在学习的时候，随时可以在各自小组所属的黑板进行"趴板"展示。

2016年12月2日，陕西师大教务处组织师生到西安市高陵一中进行观摩学习，同样这也是课改名校。后来还组织师生到课改名校、西安市灞桥区东城一小进行学习。东城一小的这名中队长小同学，在面对大学师生们进行展示时，面对这么多听课老师时，没有一丝畏惧，落落大方、神情自若地讲述，如果没有平时大量的展示训练，普通学生是达不到这样的展示效果的。

2017年5月份，由陕西师大承办的陕西省高校课堂教学观摩周拉开帷幕。一周的时间里面，陕西省内各高校的老师可以选择现场线下参与，也可以通过线上直播来观摩陕西师大一批优秀教师们上课的实际情况。在这一周的时间中，不同高校、不同学科、不同专业的老师们参与和旁听了陕西师大的优质课堂，大家彼此听课、彼此评课、教学相长。

陕西师大课改团的老师们，除了不断地深入中小学听课，在大学部也同样广泛地去听课。陕西师大校党委常委、教务处处长、课改团团长李贵安教授在向与会的陕西省教育厅的专家们介绍陕西师大是如何进行课堂革命和课堂创新的。

把师范生带到教学的一线。陕西师范大学作为教育部直属师范大学，不断提升公费师范生的教育教学能力，一直是学校的主职主业。学校很早就组建了卓越教师实验班，由教务处牵头，直接把卓越教师实验班的师范生们带到山东杜郎口中学、清华大学附属中学、北京师大第二附属中学等学校去观摩教学。为什么要把师范生带到北京去呢？就是为了让学生们直接到一线去体验国家基础教育最高水平的学校是怎么做的。陕西师大的师生们走到清华大学附中进行观摩，所有的带队老师和师范生直接走入课堂去听课、去学习。这是陕西师范大学教育学部的龙宝新教授和教师口语中心的余海龙老师，与清华附中高二的语文老师进行的课后交流。这位语文老师的课组织得非常好，既注重本节课知识点的落地，又重视知识网络的横向联系，能看到他在清华附中进行教学的环境。

安静的课堂就一定是优秀的课堂吗？起码在清华附中里的一节“吵闹的课堂”颠覆了很多听课师生的观念。“吵闹的课堂”是清华附中高二的一节政治课，授课老师进了教室以后，整个班里就弥漫着一种“躁动”的氛围。后来下课后，经询问才知道，被听课的是一个理科班。该理科班上政治课时，所有的学生都很热情地站起来回答提问，对老师的整个教学进行积极的呼应，甚至还有学生彼此之间站起来展开了问题辩论，部分没有机会站起来的学生也在座位上积极参与探讨，整个教室显得“闹哄哄”。在理科班级里上政治课，学生们都积极参与到学习中来，达到这么好的教学效果，确实不易。同时，该课堂给予听课师生的启示是：看上去课堂纪律不是很好的“吵闹的课堂”，有了学生的积极参与，也许是最好的课堂；安静的课堂，未必每个人都参与学习了，也未必就是优秀的课堂。这样的教学评价不用太绝对，但是这样的课堂一定是可以引起教师们思考的。

这是卓越教师实验班师生们在北京师大二附中进行观摩的情景。高二年级教室的角落里有一个班级的图书角，里面有很多的图书。课间，听课教师和高中生们交流，问他们是否真的看了图书角的书，学生们回答他们是真看，图书角不是摆设。在强调增加学生阅读量的大背景下，给予学生们便利的阅读环境，培养孩子的阅读习惯，显得尤为重要。

北京师大二附中学生们的作业呈现是一本正式出版的书籍。高中学生上物理课，通过学习、实验、阅读、思考，最后将他们自己的物理实验报告总结出来，正式出版为一本书。北京师大二附中的特色体育课程，也是该校的传统课程——大刀课，每个学生拿着大刀在操场上操练，强调了学生的体能训练。

随着卓越教师实验班师生们在深入清华附中、北师大附中等学校听课的过程中，不少师范生结合自己的亲身体验，就开始独立思考，主动产生问题了。例如，就有师范生提出："老师，究竟是杜郎口的教学模式好，还是北大附中、清华附中、北师大附中的模式好？"以前在静态的大学课堂里，教师在进行教学论或者学科论的教学过程当中，没有学生会意识到这样的问题。但是，把学生实地带到不同的学校进行对比观摩了以后，学生就开始主动思考，积极发问了。所以教学形式的改变，带来的是意想不到的教学惊喜和收获。

除了完成好大学日常教学任务的同时，陕西师大课改团的各位老师们，还积极参加相关的社会服务工作，担任高中、初中、小学的高效课堂创新大赛的评委工作。与其说大学老师是评委，不如说正式借助这一平台，向中小学老师们学习、探讨和进行教育案例采集分析的过程。不少大学教师在担任评委的同时，发现真问题，开展真研究，用手机随时把老师们的课录下来，以便于老师们后期的探讨。每一节赛教课结束，参赛的老师和听课的老师就会马上围着担任评委的大学老师问："我的这节课上得怎么样？有没有什么地方可以去改进的？"评委和一线老师直面问题，直接交流，产生了"以赛促教、以赛促研、教学相长、共同成长"的良好效果。

2019 年的 11 月份，进行的是西北地区首届高中高效课堂创新大赛，教育部基础教育司高中教育处处长李静波同志亲临比赛现场，他对整个的赛教、评课工作给予了高度评价，并且对举办教学比赛活动给予了大力的提倡。不少陕西师大课改团的老师们参与听课、评课、做系列学术讲座，在这个过程当中，大学教师们也是在不断地学习、借鉴、反思和总结。

### (三) 边探索、边总结——从实践中开始探索

课堂教学创新是一个边探索、边总结的过程，没有任何教师的课堂教学创新是一蹴而就的过程。2013 年，我自己的课堂教学改革就开始于这一年。我的课堂教学创新，首先是从学生交的作业开始的。当时要求学生完成自己的即兴演讲视频作业，上传到网络，然后再用微博转发。因为当时没有微信朋友圈等便捷的社交媒体，只能要求学生将作业上传网络视频平

台后，再用微博转发并@教师。教师通过微博观看学生的作业，并将对学生口语视频作业的评论，发到微博上去，这是第一个探索阶段。随着各类新媒体的问世，从教学改革的第三个阶段开始，就有了网络视频直播的平台，教师可以用微信、微博转发直播平台上学生的口语作业。经过教学实践，教师发现直播软件是一个很好的锻炼学生口语表达的平台。经过一定时间的摸索，就在课堂教学上采用了“一直播”的直播软件，对教学内容开始直播。

另外，在课堂教学当中，教师不断增加和改进教学内容，努力做到与时代接轨、提高学生的学习兴趣，减少枯燥内容的讲解；在教学过程中，给予学生鼓励，减少对学生的批评；教学活动中，增强学生和老师之间以及学生之间的互动，减少老师一个人单独讲课的时间。

这里边有四个思考的问题。

1. 师生要共同重构教与学的新理念

在目前高校课堂教学中，很多教师非常认同“以学为中心”的教学理念，也很积极地开展教学探索。但在面对学生的“启而不发”、无人参与的安静课堂时，往往上不了几节课，就会感觉到束手无策和无奈。于是，刚刚开始的教学改革就此打住，课堂又回归到原来的满堂灌讲授式教学。

问题的产生在于，教师更新了自己的教学理念，却没有及时调整学生的学习理念，也没有培养学生自主学习能力的过程，教与学没有做到“同频共振”。试想，从沉重高考压力下走过来的学生，被应试教育的模式训练得只有标准答案概念时，怎么会主动参与到大学课堂的自主学习中？教师在开展课堂教学改革时，没有培养学生的自主学习能力，就直接让学生课外自主学习、课内上台展示，这些习惯了“填鸭式”教学的学生肯定是无所适从的。因此，课堂教学改革的第一步，是教师要引导学生改变学习观念，将自主学习、乐于展示的学习习惯渗透到学生行动中去。在演讲与口才课中，教师除了阐释清楚自主学习的优点和方法外，还采取了多种形式鼓励学生自主学习。例如，教师在课程的每一节课内，设置一定比例的奖励分数，对于积极参与展示与完成学习任务的学生，采取当场加分，计入期末总成绩中的方法。在学生中建立只要主动学习，就能拿学分的观念，从机制上激励学生，改变他们被动学习的心态和习惯。

改革的关键在于逐渐培养学生的主动学习习惯，一定要选择符合学生特点的方式开展教学。教师的教学改革万万不可操之过急，在给学生提要求的同时，还应该给学生适应自主学习的尝试期。在演讲与口才课程中，并不是每节课都运用自主课堂。结合每学期前两周，学生可以自由退课的规定，演讲与口才每学期前两次课，仍然采取的是传统的讲授教学方式。这是一种传统教学方式的延续，既符合学生已有的学习习惯，同时也便于展示教师风采和课程精彩内容，是吸引学生参与课程学习的关键。进入到教学第三周时，则会要求全班同学，以小组为单位，集体上台展示。要求人人上台，人人张嘴，既要有团体展示环节，也要有个体自我介绍环节。通过这样循序渐进的方式，学生逐渐适应了自主学习的教学模式。

### 2. 鼓励学生走上台，建立“试错”光荣的观念

在学习的过程中，参与学习者往往厌恶错误，甚至因为害怕产生错误而不愿意当众发言或者参与课堂展示。这也是教师在重构课堂时最常遇到的问题，学习者也因此而不愿意参与自主学习。但另一方面，也需要让学习者明确的是，错误其实正是学习者由不成熟、不熟练走向获得成功的必由之路。像演讲与口才这类的实践性特别强的课程，厌恶错误就意味着拒绝正确，无法提高自身能力。正如张紫屏提出“试错既不是简单的刺激与反应，也不是鲁莽的实验行为，更不会成为问题解决的一种限制，为其提供可以复制的程序与规范，而是唤醒问题解决内涵理解的重构需求。”因此在教学中，给学习者建立“犯错是正常的”观念，鼓励参与学习者大胆试错，大步前进。

### 3. 教师及时反馈，给予充分肯定、表扬和鼓励

上台展示的学生都会获得教师的评价分鼓励，根据学生展示内容的优劣程度，教师采取动态赋分。对于参与学习者展示的内容和状态的评价，可以采取自我点评、本组助评、他组互评、教师总评等形式，多样态组合开展。对于学生在展示中呈现的优点，要集中表扬，予以肯定；展示中存在的缺点和不足，评价者应注意以商量的口吻，尽量用客观直接的语言指出问题，并给予学生具体改进的方法。

#### 4. 教师做好“导演”——由教到导

教师要做好“导演”。大多数人对于以学生为主的教学形式存在的最大误解就是——学生已经通过导学案和课外教学视频学习了相关内容，到课堂教学时，还需要教师干什么？教师在课堂教学里的作用，应该是导演的作用，指导和帮助学习者更好地开展学习，而不是替代学习者自身去学习。

看上去教师在课堂教学时“不作为”，实际上是“大作为”，把教学工作做到了上课前。比如本课程的慕课教学视频是否提前录制好？教师的课堂活动设计是否细致具有操作性？导学案有没有提前给学生进行做出来，让学生按照导学案的思路去进行提前的预习和学习？相关有价值的参考文献、参考论文有没有给学生布置？上课之前就让学生整理。所以课前学习、课上展示、课上检查，老师是针对学生课堂展示的不足、缺陷、错误，再集中的有针对性地进行教学。

所以以学生为主体并不是教师不教学，而是让学生在教师的引导下，更加明确自己学习的方向，主动学习。

### （四）巧妙设计展示环节

整个课堂的教学活动，老师要去做精妙的设计，由浅到深、由易到难；由集体讨论到个人展示；由能上台说一句话，到能到台上去滔滔不绝地讲一段话……这是我总结的五个小的层面。

## 四、积极实践，摸索课堂展示方法

下面向各位老师汇报一下具体的课堂教学创新做法。

这张图片展示的是我们的日常课堂教学形式，学生在课堂上做个人展示的环节。大家可以关注学生给教师微信发来问题的时间，是晚上时间 10 点钟。这么晚的时间了学生还在围着老师提问题，第二天要展示的部分依靠自学仍然无法理解，该怎么办？

通常情况下，大学生一般不会晚上 10 点还在追着老师问问题的，但是教师设计的翻转教学的课堂组织形式，该学生第二天需要向全班同学讲解知识点，这样就倒逼学生，无论今天晚上时间再晚，他也要想办法弄清楚自己第二天展示的问题。如果是传统课堂，学生是不会有这样的学习紧迫感，但进行了翻转教学以后，学生的学习主体性得到了很大的提升。所谓的课堂教学创新主要是围绕学生的学习痛点，相应地采取解决路径。

### (一)传统“满堂灌”教学，无法提高学生口语表达能力

针对以上痛点，在课堂主要采取以下三点方法。

1. 教学形式采用翻转课堂和混合式教学

要求学生自己在课前先学，而教师在课中、课后教，这是经常讲的“先学后教”。老师要给学生发布导学案，利用现在陕西师大自己购买的这个bb平台，教师在线上要发布任务、发布视频，要让学生去用活网络资源。要求学生课外先学习，带着问题来上课，而课堂成为展示讨论和答疑的思想碰撞的殿堂，这是第一点。

2. 采用翻转课堂

从师范生培养的角度来讲，翻转课堂和个人展示的教学环节，不仅锻炼了学生当众表达的口语能力，还练习了学生的板书能力。三个组各选择一名代表，三名同学走上讲台书写板书。板书写完了以后，再开始个人陈述。学生都能想到的东西，老师坚决不讲，老师在课堂教学的作用一定是拔高，一定是超越，一定是让学生能获得更新的东西、能在学习中获得成功感。

所以教师在课堂上起的作用是什么？在课前，教师是提供资料方法的，而且给学生们学习的导向。在课中，教师进行课程的指导、补充和答疑，但不是大包大揽地讲课。最后，在课尾，老师是总结、引导深入学习、布置下节课的学习内容。所以在教学创新的课堂里，学生是唱主角的，教师让位走到讲台下边，学生在讲台上边主动展示。

每学期演讲与口才课的教学内容在18个教学周完成，每周两学时的演讲课。教学的重新设计，减少概论式的讲授，更多地将学生在演讲当中存在的困难，进行痛点化的重构。学生在演讲当中遇到哪些问题，教师就在

课程中解决具体的问题。在这里的教学方法也是多元化的，课堂教学创新并非就是排斥传统的讲授式教学，在演讲与口才课第一周和第二周共四节课里，教师采用的仍然是讲授式教学，这是因为要培养学生主动参与翻转式学习的习惯，进而达到师生对于教学观念的同频共振。如果一开始授课就采用翻转课堂的形式，从高考中走来的学生，也许会产生水土不服的学习效果。

再次需要强调的是，进行课堂创新未必就一定要抛弃传统的讲授。在教学中，需要讲授的地方，教师一定要有讲授；需要学生小组展示的部分，一定要让学生展示；需要教师进行总结提升的地方，一定要教师进行总结提升。

因此，学生在上演讲与口才课的时候，是抱着提高自己演讲能力的角度来上课的，学习者的学习针对性就很强。教师的教学内容完全实现了解决学习者痛点的重构：第一次的课程，就解决学习者当众演讲慌张的问题；第二次课程就解决学习者不会写演讲稿的问题；第三次课，就解决学习者演讲时不会抑扬顿挫、轻重缓急的说话发声问题；第四次课，就解决演讲者当众演讲站不直、习惯性小毛病多的问题……每一节课就是给学习者解决问题式的教学。

3. 重视展示

在课堂上，学生展示的部分永远是最关键的，永远是最能发现问题的。而且在学生练习的过程中，一直是有手机在进行线上直播的。在演讲与口才的课堂，从来不对学生点名，所以希望自己上台展示的学生，都是自觉自愿，要上来展示的同学都自觉排队做练习。所以愿意做练习的学生经常就把大门给堵了，这就是正在排队的照片。

激发学生参与学习的热情，教师一定要突出以学习者为中心的教学理念，重构教学方式和整个的教学的设计。

### （二）学生的学习往往缺乏真实的语境和及时的评价

课堂上往往与现实有较大的差距，缺乏真实的口语交际语境。基于这样的情况，演讲口才课在课前都会收集大量优秀的音视频作为教学资料，每次上课的时候都会播放一些小视频，营造具体的语境。

很多的大学课程，它对于学生的学习评价往往就是期末考试那一项，而学生完全不知道自己在学习过程当中存在有什么问题。因此，在教学的展示环节当中引入直播软件就很重要。

(1)通过直播软件，能够及时给予学生学习反馈。学生下课以后，就能通过直播软件的回看功能，看自己在课上的学习状态和口语表达的优劣。在课下，让学生自我发现问题，自我纠正问题，自我提升能力。

(2)通过直播软件，引入第三方的评论。网络直播是一个开放的平台，打破了教学的物理空间，非课堂内的各类网友，也可以介入关注课堂内学生的当众展示，将网友们的评论也引入到学生学习过程当中来。整个学习过程中，第一方评价是任课教师，第二方是同伴，即本班同学之间的评论，第三方是网友的评价。当然，在这里，为了确保网友的评价质量，教师也会调用相关资源，邀请一些媒体的主持人、重点中小学的校长、骨干教师参与网络的评价。

(3)转发直播软件链接，能够激发学生的学习热情。参与课程学习的很多学生，纷纷将自己的演讲练习直播网址转发给自己的父母、亲友观看。所以这样的教学类直播，居然有很多条视频播放量都过万。

(4)最新的探索是用微信公众号和视频号，对于学生的教学成果进行延伸的管理或者展示，采取多元化的机制评价。课堂教学和课上展示的时间是有限的，但是学生可以课下录制自己的展示视频，上传到相关的视频号上，然后再进行学生自评、同学互评、教师点评、专家和网友的留言评，多种评价的体系，打破教师的唯一评价。

### (三)解决学生缺乏学习热情的问题

(1)全过程性考核。对学生的学习全过程，既要提要求还要给奖励。本课程采取的是全过程性的考核，这节课来上课，就获得1分的奖励；参与到小组的讨论，就有1分的奖励，学生点评他人展示有加分，参见全班展示有加分，全班展示完了以后还可以获得老师的评价分……学生日常参与教学活动获得的平时成绩占到了总成绩的70%，学生没有办法偷懒，他必须要围绕教师的教学设计来参与学习。而期末考试，只占到总评成绩的30%。重视学习者在学习过程中的阶段性考核，推翻了仅凭一张试卷定终身的学生学习评价方法。

(2)建立小组合作，开展同伴间的学习互助。在演讲与口才课里，教师布置的很多练习话题，学生未必愿意给老师讲，但是同学之间可以相互沟通。甚至在课程早期，部分学生还未能适应翻转课堂的学习方法，通过小组讨论，学生彼此之间听取其他人的观点，然后集中起来转换成自己的语言，便可以面对全班当众来表达。这种小组合作的同伴式的学习效果很好。

另外，教师从座位安排形式上打破原有的“排排座”，采用了便于学生参与讨论的围坐式座位组成，教学主要以讨论式为主，拉近参与学习学生之间的距离。

(3)因为参与学习的学生较多，教师还从播音系的研究生和高年级的本科生中组建了助教团队，来帮助教师完成一个小组或若干个小组的学习指导任务。

(4)解决课时不够的问题，主要采取了理论知识慕课化、线下课程实操化、课外学习活动化三个方案。首先，依托中国大学 MOOC 平台，完成了《教师演讲与口才实训》慕课的建设工作，已顺利完成三轮教学。其次，线下课程实操化，让学生在课堂上动起来，在课程当中提高自己的能力。最后，课外学习活动化。组建陕西师范大学演讲与口才协会，积极调动各方面资源，在学校里举办系列的演讲比赛来进行教学活动的拓展。

(5)坚持课程的思政元素挖掘，积极践行课程育人、全员育人、全过程育人特色。学生在课下做教学展示准备的时候，在进行当众演讲的准备过程当中，他们就会自觉地关注国计民生的重大的问题。教师在日常的演讲练习和期末口试题目设置中，也会引导学生去了解党史和国情。

同时，教学团队积极调动各方资源，邀请了陕西省学习贯彻党的十九届五中全会精神记者宣讲团到陕西师大来做宣讲分享。目前演讲与口才课教学的影响和反馈，这些年也获得了一系列的认可，包括省级慕课的建设获得了系列的教育教学的成果奖，包括省级课堂教学创新大赛一等奖、演讲与口才课是陕西省第一批一流本科课程。

这是本课程的学生去媒体实习时，接受采访工作任务，没想到新媒体直接用的是直播的方式，这个学生现在已经硕士毕业了，而且现在也在陕西师大留校任教。参与本课程学习的多名学生，分别被保送到华东师大、中央民族大学等 985 高校攻读研究生的，还有学生参加全国的电视主持人大赛，拿到很好的名次。

后面展示都是本课程的教学影响，特别有意思，当这门演讲与口才课开始进行教学直播的时候，内蒙古师大的孙慧婷老师和西北师大的李莉老师，分别在他们的朋友圈转发了该课程的直播二维码，结果很多外校的学生也参与观看和学习。在参加相关的学术会议中，关于本课程进行课堂教学创新的课改报告，也获得了很多老师们的认可。所以只要敢于探索去做一些事情，很多时候就能够取得非常好的教学的效果，最终也能够被大家所广泛的接受。

这是《中国教育报》当时对陕西师大课改团队做过的一个采访。采访中，记者重点就讲到了演讲与口才课程中采取了直播，同时会有很多电视台、电台的主持人在网络上对学生们的演讲直播进行点评，媒体记者侧重关注到我教学评价的创新改革。

然后这里是《中国教师报》对于陕西师范大学“四位一体”的教学活动的报道，其中有一个部分是专门讲演讲与口才课程的学生是怎么上课的。这里重点报道了陕西师大课改团团长李贵安教授的课程教学模式，以及陕西师大一批从事课堂教学创新的教师，在做课堂改革时一系列的实践经验、成果等。

最后是学生对演讲与口才课的评价了。很多的学生特别是师范生，因为学完本课程了以后，在未来的求职、从教的生涯当中，都会经常给我发信息过来，说这个课对他们的帮助和影响，感觉特别得好。

当老师、从事教育工作是一件极其光荣的事情！如何不断地提高自己的教学能力，帮助和引导学生们更好地进行学习，提高学生们的学习效果，这应该是我们每位教师在从教生涯中常常反思的问题。

**朱晓彧：**

好的，辛苦余老师，余老师时间观念非常非常的强，整整一个小时，刚好八点完成讲座，感谢余老师。常老师您好，根据我们的惯例，我想首先请您用几个关键词，给我们总结一下余老师报告的主题，有请常老师！

**常亚慧：**

好的，谢谢朱老师。我觉得整整一个小时的时间，余老师的讲座不仅仅践行和体现了他想要创建的生本课程，同时，我觉得余老师也把自己作为演讲口才课专业老师的魅力释放出来。

在这一个小时当中，从前到后，我觉得不仅看到了很多的专业表达，并且在这个过程中，看到余老师跟整个课改团队，带着学生，足迹遍布祖国的很多地方去践行课改精神，我觉得他真的是身体力行地在做课改。

今天的报告，我听了之后有很多的感触。朱老师刚才说用几个关键词概括出来，我想说的第一个关键词是“人”。

这个“人”是什么意思呢？我发现在余老师的课改理念中，包括在他的教学理念中，把学生不是当学生看，把学生当人看。可能有的人会说，你不是讲废话吗？学生不是人？学生是人，但是在课堂上，我们经常自觉不自觉地会把学生当作学生这样的角色。在教学的过程中，教师经常可能无意当中就忽视了学生其实首先是一个人，他只是在课堂教学的这个场域中，暂时有一个角色叫“学生”。那为什么会这样讲呢？因为这背后体现出余老师课堂教学创新的一个很重要的理念——学生观在变化。他把传统的只见学生、只有知识、只有教师身影的课堂，真真正正地变成了以学生为主的课堂，以学生跟教师之间发生互动的课堂，所以正是在这个意义上，我想说的一个关键词就是“人”。

在余老师的课堂上，我们看到了作为具体人的学生，这样的话，学生才能够真正地参与进来。这样的学生观变化，实际上对余老师的课堂教学挑战是非常大的。所以这是我想说的第二个关键词“生活”。

我们说课堂教学是什么呢？课堂教学是活动，课堂教学可能是各种各样的东西，但实际上在余老师的讲座当中，我们看到了一个非常重要的信息，就是课堂教学是生活。课堂教学当中的教师和学生，他们是在这样一个特定的时间、特定的空间当中，完成的人与人之间的交往。在一个情境当中，在一个事件当中，在一个话题当中，那么教师活了，学生也活了，教师不再是高高在上的演讲者，或者说课堂教学的独白者，教师变成了参与者，教师变成了情境的创设者。就像余老师提到的，教师看起来可能会隐向了后台，但是这样的课堂又不是无序的、又不是无内容的、又不是无中心的，他正是在这种非常重要的情境问题设计过程当中，让学生自觉自愿地、主动地、积极地参与进来。所以这样的课堂它是协商的课堂，它是教学相长的课堂。

在余老师的讲座当中，他的整个课堂教学的组织形式，他的教学方法以及教学评价，每一个细节、每一个环节都践行着他的学生观的变化，都践行着"以学生为本"的课堂教学理念的变化。所以在这里，我们看到了具体的人，在这样生活场景当中互动，而这样的生活又不是我们的日常生活，它有特定的时间、特定的空间、特定的关系、特定的目标，我们又要达成特定的内容、达成特定的目标。在这个意义上，我用关键词"生活"去概括。因为课堂变活了，教师有创新，学生才会有创新。单方面的创新课堂，可能都没有办法真正地去改变我们的课堂，所以教师与学生都积极地参与进来，双方对话、交流、合作。

第三个关键词，我用的是"表达"。为什么会这么讲呢？演讲与口才课本身注重的就是表达，在余老师的演讲与口才课中、在他刚才的讲座中，我们听到，他会给学生内容，给学生一个话题，给学生参与的机会。在这个过程当中，学生掌握了演讲口才课作为专业的知识、专业的技能、专业的课程，以及学会了如何使用语词、如何组合语词、如何进行表达。同时，学生也在不断的参与过程中梳理逻辑。如果说演讲与口才课仅仅关注这些作为专业的知识、专业的语词、专业的逻辑以及专业的技能和技巧，我想这一定不是余老师的演讲与口才课想要传递的东西、想要让学生学会的东西。

我是做社会学的，我非常关注言语，特别是关注在公众场合言语表达背后的内容。在余老师的课堂中，我看到了他想要通过这样的课程、一个专业课程背后所要达成的更高层次的育人目的。

余老师的课可能更多是给师范生开的，他自己在讲座里面也提到了，这些学生将来毕业都是要走向工作岗位，进入教师这个职业。教师职业中很重要的一点是一定要有专业的表达，一定要有精准的语词，特别是在中小学，教师的语言逻辑一定要非常得清晰。

在达成专业能力教学之后，我们还要思考一个非常重要的内容就是，我们的师范生可能更多的是来自中小城市、县城和乡村社会的，用社会学的语言讲，这些孩子更多的可能生活在、成长于一个熟人的环境当中，他已经习惯了内敛，习惯了大家共同在场的有一些不用说出来大家都知道的东西。但是在余老师的课堂上，当他给了话题、给了情境，让学生参与进来之后，他就需要一个曾经非常内敛、不善于表达的孩子，必须站起来、走出来，甚至是说要把自己讲的东西记录下来，在一个公共的场合学会表达。这个不仅仅是需要语词、需要一定的词汇量、需要一定的专业的技能技巧，更需要勇气。所以这个也是我想要用第三个词“表达”想说的更深层意思：这个演讲与口才课，其实在培养孩子们的自信。孩子们在成长过程中，可能没有办法直接获得这个能力，但是在余老师的课堂上，他有机会去获得，有这样的支撑条件慢慢地养成。

我们知道普通人在公众场合讲话的勇气，不是一天两天就练成的，他需要有人去鼓励，需要有人给他机会，需要有专业的人去引导他。在余老师整个的课堂上，我觉得这一点他做得特别好，是一种非常高级别的育人。这也是我觉得在师范教育、教师教育的课堂上应该传递、表达的内容，余老师真正地做到了。正是在这个意义上，表达背后的内容或者更深层给予学生的正面影响，是余老师的讲座带给我最大的震撼。在这个层面上，他养成的不仅仅是一个职业的人所需要的最基本的素养和知识能力，对于培养一个愈加自信的人，显得更为重要。这个自信的人可能是超越职业的。对于这些来自不同地方的孩子，特别是来自中小城市县城和乡村社会的孩子来说，可能真正地会改变他的未来，使他有更多的机会，也有更大的勇气，在以后更加广阔的舞台上展示自己，表达自己。

朱老师，这是我从刚才余老师的讲座当中，我想要表达的三个关键的词，人、生活、表达。我暂时说这么多。

**朱晓彧**

谢谢常老师，常老师用的“人”“生活”“表达”这三个词，不仅仅是在总结余老师刚才的主题报告，更重要的是，我觉得常老师非常精辟地总结了我们在做口语教学的过程中的初衷。我们特别希望把口语表达的教学工作，纳入所有学生作为社会人应掌握的基本能力学习体系中去。因为我们发现，口语是贯穿于人的整体生活之中的，就像刚才常老师用的第二个词“生活”。其实刚才我在听讲座的过程当中，在想一个问题，我也是一个老师，也做了这么多年的教学，我就在思考，其实无论哪一个学科的老师，他在整体的教学过程当中，老师知识掌握程度的差异性，我想应该不是非常大。但是不同的老师，他的教学效果差异性是非常明显的。这里其实就涉及作为老师在教学过程当中教学能力的问题。我忽然想起我自己在上学的时候，曾经接触过特斯特马克，他曾经对于教学能力有一个论述，他说教师知道一些别人可能不知道的东西，那么老师就用自己的一种理解、一种表达的技巧、一种态度或者价值观，把它转化成为一种教学的行动。这个教学的行动，实际上就是作为一个教师，他如何在他自己的教学过程当中来设计与控制自己的课堂，那么在这一点上我觉得余老师有他自己非常独到的思考。

常老师，您是专门做教育学相关研究的，在理论上面也有很深的积淀，我想再请教您，在刚才我们整体的听和交流的过程当中，您觉得在余老师的报告当中，从教育学的角度上来讲，您最关注的是哪一点？能不能给我们也做一点点分享？

**常亚慧：**

好，谢谢朱老师。从教育的角度来讲，实际上我刚才也提到了，就是余老师的学生观发生了变化。其实学生观发生变化的前面，一定是你的教学观发生了变化。我们说传统的课堂，特别是在大学的课堂，大学教师往往在专业性，就像刚才朱老师讲的，我们都是专业人，特别是做专业研究的，自觉不自觉的，不管我们自己还是学生，都会觉得说，老师讲的课非常专业。所以很多时候我们在大学课堂中，作为老师就自觉不自觉地说，课堂是什么？就是我要用专业的概念、专业的语词、专业的理论讲授给学生。

很多时候我们会发现大学课堂，真的是高空性的课堂，就像刚才说的，就是因为我们觉得自己是专业人员，我们完全有能力、有资格这样去做。当然这可能是不自觉地呈现出来的。但是在余老师的课堂上，我觉得他做得非常好，他特别谦虚，他说我把自己内隐了去，但实际上，他其实并没有真正的内隐，他只是去创制这样的情境，让教师跟学生都参与进来。

所以从课堂教学、从教育的角度讲，这就是我们想要的课改。不管中小学的课堂还是大学课堂，想要实现的是一个平等的、对话交流的、协商合作的课堂。特别是在高等教育阶段，在大学需要有基本的知识框架和脉络，但实际上，在教学中有很多内容是需要师生共同探讨、共同研讨的。在某种意义上，这样做才可能真正地推动我们的专业、我们的学科不断地往前走。所以在这个层面上，余老师的课堂是协商的课堂，是我们所说的对话交流的课堂，是合作的课堂。好，谢谢朱老师！

**朱晓彧：**

好，谢谢常老师！常老师说得特别好。刚才余老师在讲座的过程当中，他讲到了学生要勇于试错，是吧？试错。其实我觉得在教学改革的过程中，对于每一位老师来讲，就是当你决定进行教学的这种改革尝试，当你决定去重构你的教学的时候，实际上也给了自己试错的机会，或者说一种出错的可能。因为我想起来，余老师在几年前进行课堂直播的时候，那个时候，起码在我们这个学科还没有哪一位老师敢于把自己的本科的课堂直接公开直播，因为会有很多人上线观看，对于教师的课堂现场控制能力、对于教学的整体安排，提出很大的挑战。同样，这个时候不仅学生会有很大的压力，老师的压力也是非常大的。那么我就想，常老师，从您的专业角度来看，作为老师如何去看待这样的一个问题——就是我有可能在我的教学过程中出现一些错误，可能会让我自己过去的高高在上的完美学者的形象受到损伤。那么这个对老师来讲，是不是一种很大的挑战，我们应该如何去应对它？这个问题您怎么看呢？

**常亚慧：**

好的，好的，谢谢朱老师！我觉得专业的主持人真的是不一样，每一个问题都是直击要害。确实，我也在思考这样的问题，包括刚才余老师讲到把他的课程直播。我们说要教学改革，首先会面临的挑战，就是对自己的职业角色、对自己的身份重新定位。这个挑战是非常大的，我觉得它不仅仅是一种知识能力的挑战，更是勇气的挑战。我们知道，很多时候我们去讲别人的时候，或者去评论别的东西的时候，我们可能会说得头头是道。但是，当把审视的视角放回到我们自己，或者是把我们自己，不管是作为研究对象还是作为改革对象的时候，实际上是非常艰难的过程。这也是在课堂改革和课堂创新当中，对每位教师非常大的挑战。在这样的挑战背后，我自己思考的问题就是，教师的现代的角色和传统的角色是否还是一样？今天的我们是在什么样的时代、什么样的语境之下去思考我们的教学？这也就是为什么我今天会用第二个词“生活”作为主题词，去讲余老师今天的讲座。如果教学是生活的话，我们会发现我们都回到了具体的时间、具体的空间、具体的关系当中。但是在这里，我觉得有一个最大的难题在于，教师进入这样的生活场景的时候，他一定不是盲目的，他一定要做好充足的准备，不管是对个体的挑战，还是对他的知识结构、对他的专业素养以及对他的课堂教学机制和课堂教学智慧的挑战，都是非常大的。这个可能除了余老师自己本身做好充足的准备外，我估计可能朱老师你们整个团队，一定也在余老师做课改的背后给予了很大的支持，这是一个人很难去完成的。

**朱晓彧：**

谢谢常老师！我们西部课创研究院的院长李贵安教授，今天一直在现场听讲座，而且到现在，刚才也举手了，李老师您请讲。

**李贵安：**

非常高兴！非常高兴！朱老师是今天主讲人海龙的老师，是主持人老师的老师。以往是海龙在这里给大家主持，和大家在一块交谈，但是海龙今天作为主讲人，所以请来了大腕——他的老师朱晓彧教授担任今晚的主持人。朱老师也是咱们这里边的前辈，所以今天晚上能够邀请到朱老师主持，是我们研究院的荣幸。另外，今晚的与谈嘉宾常亚慧老师是陕西师大教育学部课程与教学系系主任，所以今天与谈嘉宾的专业性非常强。我听到这里，有感而发说几句。海龙真正是咱们的课改达人。咱们陕西师大里边的特色是什么？就是有那么多的老师都在搞课改，自觉地靠情怀来做这些事情。我记得我认识海龙的时候已经是十多年前的事了，我那时候从美国回来了以后，在老校区教学五楼上课，海龙也在那里去上课，结果我们不约而同地讲我们都是在做课改的。我和他在教员休息室里面交流，我那时候才知道他是直播课堂。而且他有个特点，上课点名的时候，他从来不念名单，学生来没来，用手机给学生拍照，然后在群里面发出来，马上就知道谁到谁没到，你自己上去看，这都是改革创新啊。而且刚才讲的直播课堂，不管是常老师、朱老师都讲到这种课堂要求高，海龙讲得非常好。一般传统的老师上课的时候，都要把门关起来，就害怕督导来听课，就是关起门好说话。如果现场再有个摄像镜头，这个老师就更没办法说了，对吧？现在他要直播，首先是对老师的一个挑战——你的课你敢不敢拉出来遛遛，对吧？对学生而言，就是敢不敢站出来说话。所以要克服这一点，老师和学生起码要有强大的内心，这个强大的内心，事实上也就是对自己更高的要求、更高的境界追求。这个过程一定是从刚开始的胆小，到最后的自然、大方。这种课堂里的老师和学生，特别是教师要担任导演的角色，在课堂组织里发挥很大的作用。今天讲座的标题里有“重构教学‘生’动课堂”，重构教学是手段，“生”动，我们说谁讲得很生动，课堂很生动，实际上你把这个把重心放在“生”上面，上来强调的是以学生为中心、以学生的学为中心、以学生的发展为中心，这是现在的新理念。要强调“动”字，“生”动的“动”字上面，我们课堂改革创新的核心，就是要动。这种动除了这个行为的动以外，更重要的思维的动！思维中的高阶性，是教育部提出来的建设"金课"里的"两性一度"要求。

海龙今天课里讲得那么多，用的大量的照片，实实在在地在做事情。他拍的许多照片里边，你看我也在里边，我们这些人都在里边，我们是一个课改团队，大家都在做。我要说海龙的这个课非常接地气，是一种改革，他是改革实践者，也是课改达人。你去调查，省内外搞教学的许多人都知道他，所以我们每次搞活动的时候，尤其这次"西部课创大讲堂"的活动跟他一说，他马上响应，这些事情都做得非常好。我看时间快到了，所以我举手是有感而发。再一次对朱老师的主持、对常老师的评论、对海龙的精心准备表示感谢！大家谈得都非常好！我们的这个讲座，录音也有、视频也有，后边制作好后会重播。最后，我们要通过文本的形式、录音的形式、视频的形式，通过不同的形式，向社会发布，展现我们研究院强大的课改团队的实力，我就说这些，谢谢。

**朱晓彧：**

再次感谢李贵安院长！谢谢常老师！其实就是刚才像李院长说的，海龙作为一位普通老师，很早就在我们团队当中率先开始了非常大胆的课改，后来在他整个的实践过程当中又得到了李贵安老师、常亚慧老师这些大咖们、资深教授们的指点。目前海龙老师的课，已成为我们新闻与传播学院的品牌，我们现在拿到了省级一流金课的课程，然后海龙老师主讲的MOOC《教师演讲与口才实训》，也已经在教育部的智慧教学平台上线运行，给我们播音与主持专业带来了特别大的促进，为我们后面进一步进行课改，带来了很大的激励和动力。所以在这里，从我们专业的角度，我也想向李老师、常老师表达谢意，其实是你们从理论上给我们更大的支持，让我们有了更好的平台。

咱们今天晚上进行的讲座活动，是由陕西师范大学西部课堂创新研究院主办的公益讲座活动，后面还会继续开展。今天非常感谢余老师给大家做的分享，感谢常老师精彩而专业的评论，也感谢李老师和所有参与今天晚上讲座的各位老师和同学们！今天我们的讲座到这里就结束了，希望下一次我们还在云端相聚，谢谢大家！

## 第8讲

# 数字化转型下教师信息化教学的实践研究

主讲人：葛文双 副教授

（与谈人：廖伟 博士；主持人：余海龙 老师）

**【摘　要】**在教育数字化转型发展的关键时期，教师面临着前所未有的挑战和机遇，特别是针对在线学习与混合学习环境下的教学能力变得非常关键，同时人工智能+教育为未来学习展现了新的潜力。首先针对十年来国家教育信息化政策发展动向和教育部近期的教育数字化战略行动进行了深入分析，提出教师在数字化时代要把握的课堂变革关键要素(包括课程目标、内容、活动和评价等)；其次，从联合国教科文组织(UNESCO)提出的可持续发展SDG4教育目标开始，提出了信息技术与课程教学深度融合的实践方法和路径；最后，从互联网、人工智能等新兴技术支持教师专业发展的培训项目，重点介绍了XR-3D虚拟现实技术在中小学不同学科开展教师信息素养提升的主要做法和工作成效。

**【关键词】**数字化转型；教育信息化；人工智能+教育；在线学习；混合学习

**余海龙：**

各位老师、各位同学、各位关心中国教育和改革创新的朋友们，大家晚上好。欢迎大家来到由陕西师范大学西部课堂创新研究院主办，教育部陕西师范大学基础教育课程研究中心、中国西部师范大学教师教育创新与发展联盟、陕西师范大学教师口语教学与研究中心联合协办的“西部课创大讲堂 · 课创三人行”的讲座直播现场，我是主持人余海龙。

为了进一步促进高等教育与基础教育课程改革创新，经陕西师范大学社科处批准，陕西师大西部课堂创新研究院于 2022 年 4 月 15 日正式揭牌成立，研究院挂靠学校物理学与信息技术学院，由陕西师范大学校党委常委、物理学与信息技术学院院长、博士生导师李贵安教授担任西部课创研究院院长，研究院的研究员，以陕西师范大学课改团 196 名教授、学者为主体，同时还聘请了来自全国各高校各研究机构的多名专家、教授，以及各级教育行政管理人员、大中小学一线的优秀教师担任特邀研究员。陕西师范大学西部课堂创新研究院立足于立德树人的根本任务，发挥教师教育的特色，聚焦西部课堂创新研究，不断推动中国西部基础教育高质量发展。研究院将整合校内外各种研究资源，加强与国内外高等院校、中小学、学术机构以及政府部门的联系，协同创新大中小学衔接的育人模式。陕西师范大学西部课堂创新研究院将不断努力奋斗，持续为中国西部教育发展和课堂改革提供研究、培育、咨询、指导、评估与服务，切实推动西部高等师范院校与基础教育教学质量的提升。今天晚上，我们请到的主讲嘉宾是陕西师范大学副教授、硕士研究生导师葛文双博士。葛文双博士毕业于清华大学，取得了教育技术博士学位，是陕西师范大学教师干部培训学院的副院长。

今天晚上我们请葛文双老师给我们做数字化转型背景下教师信息化教学实践的主题报告。葛老师从研究者践行者到现在的这样一个管理者，也可以说是政策的研发者，所以非常希望能够通过今天晚上的这样的讲座，听到葛老师给我们带来这样新的思维的碰撞。特别有幸的是，今天我们邀请到的与谈嘉宾是廖伟博士，廖伟老师是北京师范大学教育学部教师教育研究所硕士研究生导师、美国密西根州立大学博士，同时也是我们西部课创研究院的特邀观察员，欢迎二位教授来到我们今天“课创三人行”的现场，我们用网上的掌声欢迎两位教授。我们整个讲座的第一个环节，那就是有请葛文双教授进行今天的主题报告，后面半个小时由廖伟博士和葛文双院长一起进行约谈，好，首先有请葛文双教授。

**葛文双：**

好，非常感谢海龙老师对我和廖博士的介绍，今天非常荣幸能够受到我们这个西部课堂创新研究院院长，也是我们学校党委常委李贵安教授的邀请，让我介绍一下自己的研究，还有包括这几年的一些教学经验。我今天跟各位老师想探讨的一个问题，就是有关数字化转型背景下教师信息化教学能力的实践研究。以下是我个人简介，刚才海龙老师已经介绍得非常详细了，实际上我的本科跟海龙是一个学院的，海龙是我的师兄，当时我的老师是傅钢善教授，带着我一直做现代教育技术的课。从这个课程起步，我开始对信息技术教育和信息技术与学习的创新逐渐有了兴趣。今天就我的一些学习和工作经验，从五个方面跟大家进行一个交流。第一个是有关信息化发展的政策动向；第二个就是谈一谈教育数字化转型下我们教育的一些趋势分析；第三个就是谈谈如何理解数字化学习的变革进程；第四个就是结合自身的实践讲一讲怎么开展信息化教学的一些学术研究；第五个是就数字化转型背景下教师的专业发展问题，谈一些个人研究想法。

## 第一部分

首先我们来看看政策动向分析。2019 年，习总书记参加国际人工智能教育大会，给大会发来贺信，第一次提出：要在教育领域要去开展人工智能技术的应用。实际上，这个报告中又前所未有地提出：教师要应用人工智能技术，开展更高层次的教学。我觉得这是一个特别有挑战性的任务，大家去想一想，可能在我们面对基本的多媒体课堂或者线上跟线下混合环境下的教学都还没有完全适应的时候，要求我们在人工智能的学习环境下开展教育教学应用，这是一个非常高难度的挑战！这个会议上还发布了《人工智能教育北京共识》，就人工智能在教育管理和教育教学的应用方面提出了若干设想，这也是未来到 2030 年，教育结合人工智能技术发展的导向。在这里面，我结合总书记提出的要求，把近年来我们国家针对人工智能的政策上做了这么一个图表，大家可以一块跟着这张图来看一下。2017

年的 7 月，国务院发布了新一代的人工智能的发展规划，这里面就提出我们要利用智能技术加快人才培养模式和方法的改革。到 2019 年 2 月，出台的中国教育现代化 2035，提出了我们要适应信息技术来培养新型教师。到 2019 年 8 月，这也是教师工作司所启动的一个跟信息化最直接相关的工作，就是人工智能助推教师队伍试点建设项目。到 2020 年 11 月，结合第十四个五年规划，提出要建设高素质专业化，具有高水平现代教育体系能力，对我们人工智能环境下教师的教育教学的能力提出了基本要求，再到 2021 年 9 月份又开始了第二批的试点项目。可以说，从这个政策中我们可以发现：人工智能的时代来了，真的进入教育信息化快速发展的关键期。再回顾一下，如果再放眼去看近 10 年教育信息化政策，在这个时间图中大家可以根据走向，看到若干关键词，第一关键词就是我们从 2016 年的 7 月新一代的人工智能的发展战略当中提出了“人工智能技术与教育教学的深度融合”；然后是教育信息化 2. 0 行动计划，首次又提出了“互联网+教育教学”的改革目标；再从过去的信息化的基础设施，搬迁到我们现在所说的互联网支撑的教学环境，再到未来可能就进入人工智能教育教学环境阶段。国家教育信息化基础设施快速发展，通过三通两平台的建设，基本上实现了我们各个远程教学资源点的全覆盖，并且对我们老师进行了完整一轮的教育信息技术能力轮训。可以说。我们 90%以上的教师都已经具备了课件设计与开发的能力，这也是我们在这个 10 年里所取得的典型成果。这个 10 年里还有一个特别明显的变化，就是从我们学校信息化设施来看，在 2012 年我们做过统计，当时中小学校的联网率和多媒体教室的比例，分别不到 25%和不到 20%；在 2020 年再做统计的时候，这个数据已经达到了 100%。信息化基础设施建设发展，得益于我们国家对教育经费的持续投入。

同时，也可以看到课堂教学信息化已经逐渐成为常态，并且在我们教育管理当中，也因为有了学生学籍管理系统、教师信息管理系统，使得我们的管理逐渐实现了信息化。在课程教学当中，我们发现：通过中央电教馆开的“一师一优课，一课一名师”的活动，使得我们很多的老师已经在学科教学中利用微课或者其他的信息技术工具开发数字化资源。由于互联网的应用普及，我们给很多的师生开通了网络学习空间，这种网络学习空间开展的教学与科研互动，也极大促进了数字化学习方式的转型。在 2.0 阶段发展时期，2017 年 11 月，时任教育部副部长杜占元到华中师范大学进行考察的时候，跟华中师范大学校长杨宗凯教授一起考察教育大数据国家工程实验室。在考察过程当中，杨校长跟杜部长商量，我们之前的信息化 1.0 取得了一个非常辉煌成绩，但是我们始终在跟着欧美的步伐。随着阿里、腾讯、百度这些国内互联网公司的快速发展，我们也进入了在信息技术领域领跑的阶段，那我们在信息化的这个建设中，中国应该去做出一些自己的特色，所以就提出：我们要走出中国特色的信息化发展道路。在 2018 年 4 月，就有了我们刚才时间列表当中的文件《教育信息化 2.0 行动计划》。

这个计划我在此不多讲了，各位老师可以通过百度，在教育部的官网中获取到。这里面我觉得印象特别深刻的一句话就是——带动教育信息化从 1.0 时代进入 2.0 时代，教育信息化“转段升级”，这个转段升级是个很有意思的概念。提到“段位”，我们会想到围棋选手，会下围棋的人就是在你达到业余初段之前，一点点学习积累都是升级的过程，这个阶段是一种围棋技术“量”的积累过程，当你达到了业余初段，才证明你开始能够熟悉围棋的基本玩法，才能形成“质”的提升，这时候才能够随心所欲地发挥创造。所以你会发现 2.0 阶段与 1.0 阶段最明显的变化就是：1.0 更多是关注于工具的显示度，在 2.0 当中要解决教与学的实际问题。借助互联网的方式，怎么开展“互联网+教学”的实践，实际上这是 2.0 阶段的重要目标。“互联网+教育”的这种新模式形态，在我们高等教育当中特别明显，我们国家目前已经成为全球最大的拥有慕课平台和慕课课程的拥有国。目前上线的 MOOC 课程超过了 4.75 万门，注册用户达到了 3.64 亿，选课人数达到了 7.75 亿，中国慕课数量和慕课学习的人数居世界第一位。这个变化是非常惊人的，因为我 2013 年读博士的时候，刚进到清华，就赶上了全球的慕课革命，北大、清华、上海交大、复旦等高校都在争先恐后地做慕课，迎来了我们叫作慕课爆发的全球元年。当时在清华团队，我个人参与慕课的设计就达到了四五十门，这样的教育方式的改变，对于我们今天高等教育课程体系是一个具有开创性的事情。因为有了一门慕课的课程，我们的老师在传统的课堂教学中就会去思考和变化。传统课堂跟在线的互联网的方式怎么结合，这是一个特别有意思的事情。第二个特征，我们可以看到：基础教育也在做这样的变化，比如说疫情发生之后，在 2020 年 6 月，中央电教馆迅速按照教育部的要求，推出了国家中小学网络教育云平台。这个云平台就要求我们中小学老师采取多媒体大屏加教师讲解的视频方式，创造学生在课堂里面听课的临场感，做了一系列微视频，这种微视频课程有效支撑了很多地区的老师跟学生开展在线学习。这种基于互联网支撑的教育资源均衡优化配置，是教育公平中一个典型的突破，具有非常典型的信息化 2.0 时代的特征。

2020 年，我们国家出台了深化新时代教育评价改革的总体方案，这里面有特别明确的一句话，就是我们要创新评价工具，利用人工智能和大数据等现代技术，对学生开展全过程的纵向评价，以及包括德智体美劳多维度全要素的横向评价。这个实际上就是把我们过去基于结果的评价要变成过程性的评价。那未来我们要追求的是什么？教育政府都在去追求综合性的增值性的评价。那么在这个追求的同时，可能在我们评价当中，真正需要的是真实性评价！真实性评价不仅仅是孩子在某一次成绩当中的表现，而是整体的过程，包括学习的情绪状态，最后所得出来一个综合性指标。就像心电图一样，它不是取你几秒钟的心态变化，而是某一个时间段内看你的心态变化状态。在教育评价改革当中，技术可以支撑做这样的评价改革。

2021 年，教育部出台了教育新基建的政策，实际上对于我们开展基于 5G、大数据的这种新型的教育基础设施又提出了新的要求。在这种情况下，我们结合教育信息化“十四五”规划，可以看到八个方面的典型应用，通过优化网络基础平台升级学校智能信息设备，应用数字化教育资源变革教学方式，升级教育管理方式完善教育治理体系。这时候，我们可以看到：师生发展如何变成同数字时代相适应的体系，在线教育如何变得不可或缺，怎么去保证它的质量？如何保证教育网络系统安全？如何确保教育用户的信息隐私？如何使得资源相对安全？这些都需要我们进行更高层面的规划和思考。

## 第二部分

面对今天的数字化转型，我们该如何面对？在2021年人工智能与教育会议上，教育部党委书记、部长怀进鹏就提出：要推动人工智能与教育教学的深度融合，实际上是致力于推动教育的数字转型、智能升级和融合创新，加快建设高质量教育体系！在这样的情况下，教育部在2018年到2021年就做人工智能的探索，在宁夏教育厅和北京外国语大学，分别开展人工智能助推教师队伍的建设试点。宁夏主要是在基础教育做了探索，在课堂当中让学生利用平板工具转变学习的方式，利用智慧化平台，改变教师研修的方式，通过教育大数据系统监控每个学校的发展；北外重点在于培养教师，提升教师智能教育素养，在教师发展评价中开展综合性评价。2021年10月，教育部又启动了第二批试点，在北京大学等56所高校，其中也有我们陕西师范大学，以及广州市等20个地市和成都市武侯区等25个区县进行更大范围、更多内容的试点。这里面会发现基于人工智能、5G新兴技术的教学应用，还有就是在教师管理和教师资源配置上要取得一定的创新。进入2022年，怀部长在全国教育工作会议当中，提出了全面实施教育数字化战略行动，就是教育信息化要在服务教育高质量的发展当中，充当工具箱的作用，不是说建好了才用，而是边建边用、边实践边修改，这实际上要求对信息化要有一个全新的认识。3月28日，怀部长宣布国家智慧教育平台正式上线，在国家中小学网络教育云平台的基础上，先把基础教育段升级，然后逐渐扩充到职业教育发展板块，还包括高等教育阶段。智慧教育平台的出现，实际上是对我们这种在线教育，包括未来数字化的资源应用提出的一个总体要求。国家有了智慧应用平台，那么我们如何基于平台开展应用成为关键要务。实际上，过去我们都是小范围地做一些在线或混合式的改革尝试，那么国家建了平台，实际上要求我们的教师具备数字化在线教学和混合教学的能力，这是一个新要求。

智慧教育平台当中有一个教师研训的模块，分别在基础教育学段、职业教育学段和高等教育学段，跟我们全国教师信息管理系统打通。通过用户登录，教师登录进去之后学习资源，基于学习的资源特征进行档案记录，再根据档案来分析学习者需要什么样的资源，来进行精准推送。实际上这就把我们过去在国培线下的发展路径之上，再建立一个在线互联网支撑支持的培训发展路径，我觉得这是非常好的，这也是符合我们当前需求的。

另外，谈到数字化转型，这里我结合一个具体工作来展开。去年 11 月，我的两位导师邀请我参与了这么一个工作——跟联合国教科文组织高等教育教学创新中心研制一个研究报告手册，我承担了高等教育教师教学能力手册部门的研制工作。我参加这个工作，也让我对数字化转型有了一些新的认识。我给大家分享几张图，第一个图在研究过程当中，是我们很多学者的研究结果：你会发现从人类文明的进程当中，教育形态是不断发生变化的，从原始社会到农业社会，再到工业社会，再到信息社会的初级阶段，再到我们所说的现在逐渐进入新型社会的高级阶段。由于生产方式、传播技术、传播方式和人才需求培养的目标不断变化，我们的教育形态在不断变化。过去劳动就是学习，父母就是教师，再到后来农业社会私塾学院这种固定教学场所出现，再到我们工业社会有了学校有了课程，有了班级制度，再到我们新型的信息技术与课程教学要产生深度融合。数字化转型中使得时间跟空间变得越来越融合。这一段时间元宇宙非常火，我觉得这不仅仅是炒作的经济或者是一种符号的概念，有的时候跟我们社会的任何行业都是相关的，比如说像我们的教育，因为疫情大家都开始使用腾讯会议，你会发现它可能没有很好的互动性，但是我如果是元宇宙嵌入虚拟教室中，大家以一种虚拟的身份进入。在虚拟沉浸式的空间当中，体验感和情景交互性都是非常强的，所以这也就是虚实融合环境带来的转型变化。

另外，从工业时代和数字时代的改变来看，过去我们必须要在物理空间当中去做的事，随着网络的发展，可以在网络空间中完成。网络与物体之间的融合，会变得越来越普遍。比如说像答辩，以前答辩我们更多的是在线下，但是现在因为有了疫情，线上线下相结合的答辩变得非常普遍，而且你会发现开展得也很顺利。在数字化转型当中、在课程的教学模式当中会发现我们也做了这样一个结构性的变化，就是我们教师跟学生作为整个课程中主体性的要素，教师不再仅仅是人的因素，可能 AI 教师会出现，传统的物理空间同网络空间进行虚实结合。实际上我们可以看到这种培养目标的改变，它相对来说整个历史发展进程来看，随着社会价值塑造变化，追求对学生的培养是永恒的。

另外就是我们的评价反馈，因为有了技术的支撑，我们越来越强调评价和回馈。这个是特别重要的，老师在教学过程当中会用考试来评价，可能不是简单地在学习效果中起作用，更多的是评完后，你要给学生的错误知识点及时反馈，帮助他们解决这些问题。这本质上就是新技术来支撑课程教学要素中的一个变化。从整体来看，实际上我们的整个学校，尤其是高等学校改革，可能未来也会逐渐出现。从课堂当中技术应用到课程层面的混合式课程开发，再到你学科专业中与外部机构的联通，以及可能出现的区域共同提升的新型模式。机构不断变迁，未来可能也会促进我们大学内部在治理方面产生很大的变化。

## 第三部分

我结合我自己的教育经验，带大家来去认识一下学习过程要经历怎样的变革？刚才提到数字化转型的研究心得，很多来自我在清华读博期间的学术经历积累，我当时做的研究是高校教师信息化教学能力，获得了中国高等教育学会高等教育学博士论文学术创新计划的首批入库表彰。我提出了一个理论性框架：针对高校老师做信息数字技术融入教学的研究，构建了四个维度：首先要具有相关意识，接下来要有相关素养，还具相关能力，最后就是要开展信息化研究。在不同的专业发展阶段，会有不同程度的要求，是一个从应用到深化，再到创新的过程。因为有了这个理论框架，我们面向高校教师可以提出相应的能力标准，基于能力标准来研发教师培训项目，引导教师开展有效的混合式教学实践与改革。基于我的研究的项目为清华大学教育研究院累计实现了成果转化经费 500 余万元。这个经历帮助我对教学研究范式的转化有了更深刻的理解。

因此，我对学习过程的变革有了以下认识：

第一，关于教育的目标。习近平总书记考察人民大学的时候，提出教师要做“经师人师”，其中涉及三个重要问题——一是为什么培养人？二是培养什么人？三是如何培养？从国际视角来看，我们人才培养的目标是高度一致的。在联合国教科文组织《教育 2030 行动框架》中有关 SDG4 的目标里，提出全纳、公平、优质、终身的教育目标，让所有人能够获得具有包容性和公平性的教育。终身学习就是说从你一出生开始，就有接受教育的权利，也是说人要能够具有不断提升自己的能力。

第二，在教育目标达成共同认识的基础上，我们再来看看当前的学习方式在发生了怎么样的变化？过去在传统教学环境中，教师更多的是以教为主的教学方式。这里有一张来自加拿大学者乔治·西门子提出的一个问题图，他也是世界上第一个提出“MOOC”概念的学者。在我跟他的学术交流中，他就提出了这样一个问题——欧美的老师跟中国的老师在用讲授式教学方法时具有一样的价值认识：就是老师希望把所具有的知识全部都灌输给学生。这种灌输式的学习，打个比方，就像是在学生的头上打个一个洞，再插一个漏斗，把老师知道的这些知识和信息一滴不剩地灌输给学生。那么，当灌输的效果越好，教师的课堂教学效果就会越好。在互联网时代学习又在发生着新的变化，过去人的知识都是存在自己的头脑中，但是有了信息网络之后，这个网络就会形成很多 AI 的智库，这样的智库会极大地改变人的生产与生活的方式。因此，在这种新的互联网沟通中，不仅仅要考虑人与人之间的网络联通，更要考虑人机协同的方式，需要重视互联网中的各种智慧与人机协同共同构建的知识体系，所以这就形成了我们对学习新的认识，就是不仅仅要把知识记忆到头脑当中，更要更多地要具备能够找到这些相关知识网络体系，进行知识关联，形成解决问题的知识策略。在当前教育数字化转型的背景下，我们需要做出应对和改变！在 2022 年教育部提出义务教育阶段新课标里，提出“跨学科”的学时要求，就反映出了这样的变化趋势。

第三，学习科学的研究，特别是关于脑科学的研究是非常关键的。

这里我们谈谈信息技术支持的翻转课堂教学问题。在我们学习的整个过程当中，你会发现要经历这样的四个学习阶段：第一个阶段叫作概念的探究。在概念的探究过程中，过去传统课堂里教师主要以讲为主，有了信息技术之后，可以把它录成各种微视频、音频，甚至把它变成网络中各种可读的文本信息，这时你会发现，技术在某种程度上是可以替代教师的！那么再深入到发展过程阶段，你会发现激活的脑区是大脑表层，学习就在促进大脑平衡过程中，在促进感知知觉的网络当中，就会产生学习的应用性。这时就有了第二阶段——学习体验。那么在学了之后，你就要去体验，这种体验过程包括很多方式，比如物理化学的实验、艺术性学习活动和各种项目化活动。当然，这个过程是需要花费很多时间的，而这个过程可以帮助学习者更好地去体会所学到的知识概念，帮助学习者更好地去内化。这两个阶段更多的是教师发挥主要作用。那么，进入到后面两个阶段，你就发现学习者要起着更加关键的作用。第三个阶段就是应用阶段，这里需要学习者学会贯通，一个很好的方式就是要把这些知识应用下去，这里面包括一些创造性的活动项目，比如汇报报告、教育游戏等，这里面需要体现一个特别重要的知识创新环节。创新的最重要的途径就是反思，反思对创新是非常关键的一步，比如在信息技术的环节里，可以通过社会网络(抖音、博客、信息化日志)，通过跟别人交流，形成决策性的网络，来激活大脑相应的区域，这样才会产生新知？这里大家可以再去体会一下，比如我们心理学中提到的“24 小时学习记忆曲线图”——当你听别人讲授的时候，这种记忆效果 24 小时之后的记忆效果是最差的；当你能够去给别人去讲授你所学的东西的时候，你的记忆效果能达到 90%，记忆效果最好。所以，这也是课堂为什么要让老师改变和创新，让教师更多地把被动性的学习变成主动性的学习，减少“惰性”知识，更多主动探究，形成知识策略。

## 第四部分

这里我要结合自己的研究体会，谈一下如何去做教学学术研究。2017

年，我刚回学校任教的时候，因为学校的管理体制问题，我一年以后才正式确定了教师的身份。这个过程中，我接触到了创课教育，利用教育机器人引导孩子们学习编程，提升他们的信息技术素养。我做了这样的一个学习探索：使用微视频知识讲解、回顾，在加入游戏化的学习情境，利用信息技术设置了进阶性的学习任务。这个学习过程是很好的，但是在课程的推广应用中，就发现由于授课教师本身的能力问题，导致这个项目没有很好达成我们的预期。这时，我们就发现针对教师的能力培养和职业培训是非常关键的问题。从 2018 年 10 月开始，我为师范生开设了一门教会师范生利用信息技术来提升教学的创造性通识选修课程《师范生创新教学思维》。我基于思维型教学的能力结构，利用在线学习平台对学生进行个性化数据采集、分析，并通过创客学习空间开展项目化学习。在开始教学之前，我首先确定了关键性的概念，设计规划课程和教学内容。从创造力、设计思维等方面，对比研究了其中的典型教学模式，比如斯坦福大学 EDIPT 的五阶段模式、英国的 IDEO 设计公司的学习模型、英特尔设计性研究项目中的十步骤模式。在此基础上，我们自主研发了 Woteach 在线学习平台，结合清华雨课堂工具，形成了信息技术支持的混合型课程。从 2019 年的 3 月开始，通过两个学期逐步形成了课程雏形。此后三年，我投入大量精力做了更多的实践，而且越做越有意思，最后形成了四个互动的主题：思维导图的实践设计、移动 App 学习应用、发散性思维训练和智慧学习环境设计。在这个基础上，在每一次课堂教学中都应用雨课堂开展互动，采集课堂实时生成的数据；在设计思维的实践中，让学生能够形成思维导图的相关作品；在技术应用阶段，让学生自己去制作二维码开展进行小范围的直播教学，还有很多开源的软件可以提供给学生做教学辅助工具；在团队学习中，利用六顶思考帽技术来开展小组合作的创造性学习；最后设计智慧学习环境，带学生到很多的中小学校实地参观，学习国外的智慧学习环境设计视频案例，让学生以小组为单位来形成设计方案。同时，我也进行了课程实验设计，使用 TTCT 教学发散思维测评量表，针对两种不同的教学模式方法对课程教学效果进行测评。实验结论里，我提供下面这张图表，这里你会发现实验组在哪些方面变化特别多？可以发现，言语的流畅性、言语的独创性、图形的独创性以及图形的灵活性等方面提升最明显，独立样本 t 检验是非常显著的。这里我们可以发现：课程模式实际上可以在思维的角度上去激发，去产生讨论式教学，产生更多创造性的学习过程，这为我们教学研究提供了实践性的框架。

## 第五部分

数字化转型对教师发展和教师培训是非常重要的，我这里也跟大家分享一下我的体会。在当前教育数字化转型的时期，教师要具备相应的数据素养，这种数据素养放到课程层面，或者知识点层面，体现为如何把握课程学生的态度与效能？目前来看，我们更多采用问卷或量表。一是课前怎么去做？我们可以通过小测试来测课前的能力水平，比如说老师讲了一个知识点之后，他的教学掌握程度怎么样，我可以及时去添加小测试、小问题，添加完了之后，看这个系统给你反馈学生做的状况，来证明你到底教得如何？学生学得如何？二是课后怎么去做？可以通过各种的考试作业来去检验，信息技术在这些方面都可以支撑，比如很多老师使用各种各样的小程序或 App、网络平台的在线考试和作业功能去实现。那么教师层面来说，如何获取有效的教育教学研究数据呢？首先要及时掌握教育部的一些公开数据文件，在教育部网站的公开信息平台中可以找到很多当前的教育政策文件。其次，就是各种互联网的数据信息平台，比如百度指数、国务院的发展信息中心信息网等，都可以获取到各种各样的教育信息类数据。第三，还有就是作为教师，也需要专业的学术性网络，比如 CNKI，但是需要付费。这里给大家分享一些数字开源的教育类学术期刊，每一期内容都可以在这上面免费地在线阅读和下载。那么这里，我同时给大家留一个小任务：今天在线的各位老师按照自己任教的学科，整理一个数字开源的教育列表，去做一个自己的教育数据资料“武器库”，这是很重要的！

下面，我再介绍一下合作学习方法。合作的方法，实际上是面向深度学习的追求，这里将具体的分组方法和信息技术的工具操作介绍给大家。

结合这个任务，先介绍一下合作学习的基本步骤：第一个是结合案例设置问题，第二个是协作解决问题的过程，第三个是汇报讨论初步结果，然后是完善、发表最终性的成果，老师跟学生都有相应的活动。这里面首先介绍“所罗门学习风格测量量表”，这个特别适合去做学习分组。如果一个小组中，学生的学习风格太同质，那这个组的交互效果会受到影响。如何才能把不同学习风格的学生有效地分配到一个组里呢？在学习过程当中，小组成员之间有互补性是十分重要的。这里我们推荐北卡州立大学的所罗门学习风格测量量表，很多学者已经把它翻译成中文了。量表一共是包括 44 道题，分成了四个维度八种类型，从认知加工当中分成为活跃型和沉思型，从感知的状态分析分为感觉型和直觉型，从输入的状态分解成为视觉型和语言型，从理解状态分解成了序列型和综合型。量表的应用测量主要为：学生填完之后，在这一类题当中，他如果这个选择活跃性的多，不活跃性的少，那么就用选择活跃性的那个数字多的减去小的数字，那么它就属于是活跃型的。它的数值越大，代表它活跃程度越高，数值越小，活跃程度越低。反之，如果沉默型比较有代表性的时候，也是这样的。根据这样的风格测评后，可以有效地把学生放到相关的组里面。接着我们再介绍一个工具，利用雨课堂的分组工具来设计分组，雨课堂软件可以到网站上去下载，分组视频的方法打击可以参考这个网页链接进行学习 https：//pan. baidu. com/s/1goY8MEC_ 0wLYaGWyv8_ QNw？ pwd＝2022.

最后，介绍一下智慧环境下的研究探索。数字化校园时代来了，你会发现从过去电子化、规模化，再到个性化，技术融入教育教学的过程使得物理空间和网络空间发生深度的融合，我们团队正在做着这样的一个尝试。从 2021 年 6 月开始，我们团队开始做陕西省中小学幼儿园教师信息化素养提高项目，针对智慧教室环境开展课堂教学实践，基于 3D-XR 的虚拟现实资源开展教学应用与实践探索。在教师培训方面，采用互联网平台，在陕西省 10 个试点区县开展“互联网+教师培训”的试点。大家可以拿出手机去扫描下面两个二维码，打开学习体验账户进行学习。

## 报告总结

从教师专业发展从本质来看，可以说我经历了从黑箱操作到逐渐看清真相的过程。在这个发展过程中，我们要培养学生的终身学习力，然后去满足学生的期望与自我激励，要善于沟通，如果教师没有良好的沟通能力，很多教学内容是没有办法展开的。还有教师的学习技能策略，以及如何培养学生的深度思维、学生的内在情感动机，要让教师给学习赋能，为学生创造良好的体验。只有这样，才能更好地培养和发展学生的创新能力。而这些品质也都是我们作为一个老师未来都要去具备的关键能力与素养。

最后用我天津的一个小笑话来结尾。我是天津人，天津有三个字：吃、好、嘛。这三个字在一块就可以组成一个小故事。早晨起来我就想吃嘛好(吃什么呢)？到食堂一看这到底嘛好吃(什么早点最合胃口)？一看这煎饼果子不错啊！我们学校食堂还正好有个天津大煎饼，我就问那个卖煎饼的大妈，你这个好吃嘛(东西口味怎么样)？煎饼大妈说特别好吃，赶紧买吧。我就问好嘛吃(how much？多少钱)？

实际上，这就跟教育研究特别相似。教育目标、过程方法与评价策略这三者之间存在一致性，你如果能把三个要素之间编成一个有意思的小故事，就说明你的教学成功了。所以教学研究上总听到一路话叫自圆其说，这种教育逻辑关系的设计与梳理是非常重要的。今天我就分享这么多，谢谢大家！

**余海龙：**

跟大家报告一下，葛教授是谦虚，实际上他最近这些年一直在做相关的教学研究、教学管理，包括教学监测的工作，他接触到的课堂比我们所看到的课堂要更加丰富多彩。比如说他去年在陕西省教育厅挂职的时候，就开展了很多丰富多彩的活动。我先把廖老师的这个话筒打开，请廖伟博士点评。我觉得内容特别好，特别实用，所以包括在后面葛老师讲的时候，我也一直在看他如何制作动画、如何制作视频，包括借用现代技术手段监控教学效果，以及来观测我们教学的成果，我觉得这些都是特别好的地方。廖老师，下面要辛苦您了，因为按照我们大讲堂的一个惯例，接下来的这个环节是首先请您用几个关键词概括葛教授今天晚上讲座的核心内容。有请北京师范大学廖伟博士点评。

**廖伟：**

非常感谢葛老师的非常精彩的分享，我也是听得特别入迷，做了很多的笔记，如果要用关键词来做总结的话，因为正好葛老师的分享是五个部分，从里面涌现出来了五个词，我觉得很重要，也特别想跟在座的各位听众一起分享。第一个词是国家立场，就是当我们在讨论信息化或者是数字化转型背景下的经济发展，其实它有一个非常重要的底色，就是国家教育事业的发展，进一步服务国家的重大发展战略，这样的一种基本的属性和认识下所开展的。所以看到葛老师在一开始的时候，就国家近期所发布的一系列的重大政策，教育信息化的 1.0、2.0、3.0，尤其是教育现代化这样一个非常重要的教育改革的政策文本理念，对于教育信息化以及对于教师信息素养提出了很高的要求，所以我觉得这是第一点——国家立场。第二个关键词我认为是历史与国际视野。因为看到葛老师不是就现在的政策谈政策，我们都知道政策是有一定的时间敏感性的，它是在特定的时期解决特定的问题。我们发现不同的时期、不同的国家对于教育问题会有不同的特点，所以，他引用的 UNESCO 联合国教科文组织的目标里面，对于教育信息化的素养的强调，这个应该是一种国际共识。同时让我印象特别深刻的是一张表，我不知道在座的各位朋友们有没有看到这是关于人类文明进程中教育形态的转变，就是葛老师给了我们一种非常深厚的历史的视角去理解当下为什么我们要在教育数字转型的时代，通过发展教师的信息化能力，进一步推动学生学习方式转变。所以第二个是历史国际视野。第三个关键词是理论阐述。我们在座的很多听众应该是大学老师，我们的中小学老师们也有自己的实践的智慧和理论。葛老师关于理论部分阐释是重新回到学习本身，即学习是什么，它如何发生？在数字化深度转型的时代下，学习如何发生，他的主要解释的点是从被动学习向主动学习转变。虽然葛老师没有明确指出来，但是我认为他讲的这种从被动学习到主动学习，不仅仅包括我们中小学的同学们，也包括了老师的学习，也需要从被动的接受式的学习到主动的学习，以及像我们的很多的培训管理者、组织者，甚至教师教育者，我们都需要这种主动的学习，他给了我们很好的理论支持，我们为什么要在当下讨论这个问题。第四个关键词是科学探究。我们经常说教育是科学和艺术的结合，但是它的规律性的、普遍性的、一般性的原理规律，作为像我们这么大一个国家，我们要开展教育治理、教育引领改革的时候是必不可少的，所以我们看到葛老师他们做得非常具体扎实的、基于设计的研究方法，做的一系列关于教师、职前教师、职后教师的研究，我觉得印象特别深刻，尤其是关注到了基于设计思维推动师范生的创新。我们做教师教育的人都知道，现在当下以及未来一段时间，我们国家教师队伍建设的一个很重要的目标就是建设一支高素质、专业化、创新型的教师队伍。其实高素质、专业化我们谈得很多，从学历到基于专业标准提升知识技能，但是关于创新，什么叫创新的教师？什么是创新型的师范生？这个政策点，我觉得在研究上、理论上、政策上，都还有很多要进一步探究的。我觉得葛老师的这个团队从一些非常扎实具体的研究项目给我们做了很好的示范。最后一个关键词是实践提升。前面所有的内容都要回归指向我们的实践，既包括一线教师的课堂教学实践，也包括我们对师范生的培养，以及在职教师专业发展的一系列的实践。我们看到这个团队从在新的时代下，教师应该具备的素质素养、探究的方法以及数字化的技能等多个方面，给我们展示了非常鲜活的案例工具以及非常扎实的研究。所以，从这五个方面，我觉得葛老师的分享既有整体的宏观的格局，又有中观的从管理层面操作的思考，还有非常具体的我们叫作扎根一线的这样的具体的可操作的技术工具，我相信对于在座的各位教育界的朋友都可以从中汲取到很多，包括我自己都已经记下了好几种研究文献，包括学习 Learning Style，就是我之前用的一个工具，还有另外的一个所罗门的工具，我说我赶紧要去下载，然后在对比以后运用起来，所以再次感谢葛老师的精彩分享。好，这就是我的五个关键词的评论。非常感谢！

**余海龙：**

谢谢廖老师。廖老师很谦虚，因为我们知道廖老师做的很多研究也是非常的扎实，也发表了很多关于教师教育方面的论文，我们看到了很多的材料。我觉得刚才廖老师的这个整个的总结也好，提升也好，让我们快速地掌握到了在我们当下这样的一个时代背景下如何做好、如何提升、如何关注我们的这个师范的职前教育和职后教育，特别在今天我们强调数字化转型，我们整个的国家立场、我们整个国家的发展，就是要在数字化浪潮当中占尽先机，那么在这个过程当中，如何提高我们教师的教育教学能力，如何改善和帮助我们国家的基础教育、高等教育的持续发展。我觉得数字化是一个不能回避，而且还不是说不能回避，是必须主动出击的一个过程。

葛教授，我想问一下，因为你现在的具体工作岗位就是在咱们陕西师范大学教师干部培训学院这一块，从事职前和职后的培训工作。那我想请问一下，前一段时间咱们教育部出台了强师计划，特别是对于咱们现行的职前，也就是说校内的本科，甚至说延伸到研究生阶段师范生，从信息化的角度来看，您觉得还有哪些地方可以进一步提升？

**葛文双：**

好，非常感谢海龙老师的这个提问，我觉得这是一个非常好的问题。强师计划，大家也知道现在是一个非常重要的政策，实际上我们现在尤其是面向薄弱地区的师范院校，包括薄弱地区的教师，我们怎么能够让这些地方提升教师水平，这是很关键的。如果教师整体水平不行，那么教育很难真正做到高质量。我们现在可以说义务教育基本均衡已经完成了，但是面临着向优质均衡的转变，教师首先是一定要先行的因素。对于师范生培养来说，我们这个学院主要是做国培省培，面向职后教师的培训、培养，我觉得一个特别关键的问题就是，以前我们具有这些培训的能力，包括有一些标准，更多的是满足于国家已经制定好的，或者是每个省政府的需求，那么未来我觉得可能这里面前瞻计划来了，我认为像北师大、华东师大，包括我们陕西师大这些部属师范大学，要发挥更加重要的作用。这就是我们所说的职前与职后的一体化，不仅仅包括六所部属师大，甚至包括像南京师大这样优秀的师范大学，在师范生的培养当中，尤其面向未来教师培养当中，都有一套很成熟的基于能力导向的模块方法，大家可以看到在陕西师范大学就是李贵安常委带领的这支团队，其实我们每个老师所做的系列课程，如果转化为师范生的若干个能力模块当中，我们可以按照这样的方式把它变成一个体系认证。比如说像海龙兄的教师口语慕课课程，如果我通过慕课课程的学习，我已经完全通过了，我是不是就可以不再去学线下的课了？是不是可以基于这样能力的导向来改变？这样的话我们就是能力标准导向下，所做的新课程内容体系。那么我们未来可能就是先认证，再学习，然后再认证这样的一个模式，构建基于真的职前职后一体化的能力，这就是你做教师必须达到的基本能力。我们再向上发展，成为骨干型教师，当名师，需要具备与之匹配的能力，我觉得实际上对于我们学生来说是一个特别好的发展，尤其对于师范生来说。举个例子，可能我们的师范生在经验上达不到名师的标准，但是他在很多专业的技能与知识上，他可能已经达到名师甚至超出名师的水平，他可能在我们这种卓越的教育培养下，成长为教育家型。在师德师风这些人格素养魅力的形成过程当中，可能快速地形成一批名师，这就是对我们整个教师专业发展体系的流程再造。现在有很多在线培训平台、直播系统，未来教育部网站也会有大量在线课程资源，我认为，比如说信息技术类课程，可能讲得也很好，但是我已经达到了，我就没有必要再去学了。这些课程的知识是留给那些有必要学习的人来学，所以说资源一定要精准。现在参加的大部分培训，就算是 100 个人，也都是一样的内容。我觉得未来可能是要改变的，基于能力模块的标准发展体系的改革，我认为“十四五”期间基于数字化可能要重组，这将是一个很有意思的研究问题。

我就想谈这么多，谢谢！

**余海龙：**

我觉得有很多的可能，包括很多的畅想已经在我的内心开始荡漾开了。有请廖伟博士，还是就刚才的问题，因为您是专门做教师教育研究的，我还是想请教一下您，在您看来，基于现行的强师计划的推出，我们特别是在校的职前师范生的这一块的培训，您觉得应该关注哪些点？

**廖伟：**

好，谢谢余老师，你这个问题我觉得非常关键。强师计划应该是立足“十四五”，面向“2035”，我们国家面向基础教育的教师队伍建设的非常重要的可能是最重要的一个文件。而且是刚刚出台，现在各地各校有的已经在部署推进，具体到这个文件里面，关于教师的信息技术素养的政策点一共有两个：一个是提升所有教师的信息技术素养；第二个是提升加强信息技术教师的培养。这两个有相关，但是他们其实指向的是不同的教师群体，对于提升教师的信息素养以及信息技术素养从职前师范生的培养，我认为至少有以下四个主要的方面可以去做：

第一点是理论建构。就是刚才葛老师提到的，其实，关于教师的信息技术素养，最早的一个概念叫作 TPACK，我想在座的做信息式教育的应该很多都了解，大概是十四五年前由美国的教育学家提出来的，这个概念也被引用到中国，但是在我们国家当下的背景下，虽然有人说技术不分国界，但是我们对于不同的技术，它如何去运用，如何与比如说我们的有中国教育特色的一些课程的目标和内容、课程思政、我们的师德等这样的议题结合，实际上是特别需要不同领域的学者共同把这个理论建构出来，建构出来之后把它发展成刚才葛老师提到的相关的教师信息技术素养的能力标准，以政策的形式出台，我觉得这可能是长期需要去做的工作。第二点是关于培养的方案。我们都知道师范生的培养统领，知道培养实践是他的培养方案，我相信陕西师大这方面应该是做得非常靠前的，就是凸显出我们在所有学科的师范生当中，对于信息技术能力的培养，刚才葛老师介绍到很多案例，可能对于不同地区不同层次不同类型的师范院校，在这方面他们可能需要做的一个工作是在强师计划这样的政策的引领下或者是指导下，更新完善拓展发展他们的培养方案，让信息技术素养课程或者是把信息技术能力整合进其他学科或者学科教学的通识课程，我觉得这是需要琢磨的，需要研究改进。第三点是师范生的学习。在3个月6个月的实习过程当中，你有机会去体验、观察、运用信息技术，从而逐渐提升你的信息技术能力，这一块我觉得是需要琢磨的。第四点是培养师范生的群体。培养师范生的群体是谁？是教师教育者？但我自己也是教师教育者，说实话我自己用信息技术就是搞个PPT，有的时候可能最多加个动画，或者是对于在线资源，有的时候可能设置超链接，或者我要怎么剪辑都还要现学再去用。因此从根本源的角度或者是更长远可持续发展的角度，我们需要关注教师教育者这个群体，他们的信息技术素养的提升，以及通过他们的亲身示范、指导、反馈、支持，更好地发展示范性的信息素养的能力。这是第一方面。第二方面是关于信息技术专科老师。上个星期我们出台了加强小学科学教师培养的文件，如果您去调查相关的数据的话，可以看到，在我们国家现在小学科学的专任教师非常少，大部分都是兼任，而且兼任的里面有70%是由文科背景的老师担任，文科背景老师有他的专长，但是科学或者技术的教育，我们认为有专业训练的师范生会更能胜任。所以从这个角度来讲，我们的那个文件包括后续可能出台的一系列文件，会从扩大科学技术教育专业的师范生的招生规模，加强相关专业的培养质量，以及优化小学科学信息技术教师的配置，就是刚才郭老师提到的，可能整个区域总量是够的，但存在区域结构失衡的状况，如何通过政策保障，优化教师在不同区域、不同学生群体、不同院校之间的配置，以及加强制度保障，包括从职称评定、相关待遇，包括专业职称或者是荣誉等等一系列的规定形成制度和文化，才能够持续地形成自动引流，让接受过专业训练的优秀老师能够胜任这个岗位，这是我的思考。

**余海龙：**

谢谢，谢谢。是您刚才讲到，我突然间也想到了，像我孩子今年读小学三年级，他的科学老师就是他的班主任兼任的，而他的班主任恰好是一位语文老师，老师讲课包括课堂组织风格各方面都没有问题，都很好，孩子们也都很喜欢，但是如果能有更好的比如说理科背景，或者甚至是工科背景的老师，能够进入其中的话，效果当然会更好。比如说孩子们动手做实验的能力，我们在新闻当中也看到了，有一些学校课堂借着咱们神舟飞船的发射升空，要求孩子自己动手组装简易的火箭，从动手能力上看，理工科老师要比文科老师强很多，比如说像我们物理专业的同学，包括我们化学专业的同学，他们就能够现场做出来，所以我们很希望包括像咱们陕西师范大学相关的一些学科，除了传统的培养物理老师和化学老师，其实还应关注到刚才廖博士讲到的科学老师的培养，用科学的精神，当然如果说现行的条件还不具备的话，可能还得依托我们葛院长这边，他的学科背景、教育技术专业的背景，可以帮助目前从事科学教育的老师提升专业素养，我觉得这个话题如果再谈下去的话，还能谈很多。还有一点我的发现，同廖博士的感受大致是一样的，就是我们的高中老师、我们的初中老师、我们的小学老师都是从师范院校毕业的，而我们从事师范教育的很多教师，未必是从师范专业毕业的，因为一旦到了硕士或者博士阶段以后，他们做的某个学科专题研究，本身的信息技术的能力是有差异的，相对而言，可能男生的操作动手能力比女生的操作动手能力强一些。包括您刚才提到的做 PPT，做直播，做分区，我也需要在百度上搜索这些小常识，就跟刚才葛院长给我们看到的他做的那些短视频特别的像。如果我们在日常技能当中都能够用到这样的小视频，通过国家级的平台再整合的话，也许能对我们当前的教育起到更大的作用，所以我估计我下面要谈什么，二位专家可能已经都猜到了，就是当下教育部正在努力做的全国性质的智慧平台的搭建，就我个人关注到的有基础教育阶段的和高教阶段的，请二位给我们解读一下这样的愿景性的东西。国家级的信息化平台，如何建如何用？要不葛院长就先开始。

**葛文双：**

谈到如何建，实际上怀部长在 3 月 28 日介绍智慧教育平台板块，包括就业平台上线的时候说得很清楚了，就是要发挥教育信息化工具箱的作用。你一定要有资源，资源要先行，要有广度，它实际上是一个很好的汇聚。然后另外就是我们这两天也看到了，教育部出台了非常严格的资源审核制度，就是保证我们的资源一定是符合当前的教育要求的，根据目标导向，教育部对平台资源应用，包括审核机制建设，包括资源怎么发挥作用，都有总体的要求。根据资源进行优化配置，未来可能在资源的分类、精准的推送上，人工智能大数据技术在后台不断进行统计、迭代，然后更新，未来我觉得肯定会出台一个大数据的引擎，就像现在的淘宝一样，它会根据用户购物的习惯，推送你最喜欢的商品，当然教育不是那么简单的事情，不是说只是根据你的爱好，可能还要根据你的哪些地方的不足，还包括职业需求，甚至你可能会点击我近期特别关注的一些事吧？所以我觉得会通过人工智能不断完善，形成一个智慧教育平台，对，我觉得肯定是这样子。我就谈那么多，我相信廖老师会有更多的见解，我就留给廖老师。

**余海龙：**

有请廖老师。

**廖伟：**

好，我们在一起共事的过程当中，葛老师主要负责这块工作，他已经谈得非常全面了，我想谈的有两个问题，第一个是怎么建；第二个是怎么用。国家层面怎么建，我觉得领导们都已经有了部署，这个问题更多是给比如说不同的地方、不同的机构院校如何建设自己的相关平台提供一些启发。从这个角度来看，我们建设数字化的智慧平台，可能有三种路径：第一种是自上而下的，就是从顶层做好设计，然后有一个比较清晰的框架，里面的内容，彼此之间的关系是什么？往下推。这样的一种路径，它的优势在于比较系统化，而且各个部分是自洽的，会让你的整个内容很丰富完备，但是这样的一种自上而下的路径，首先我觉得成本有点高，其次就是它有可能会出现在不同的时期，与一线的需求，有一个磨合对接的时间。

第二种路径是自下而上的，有点像抖音或者是其他视频媒体，就是说我们相互分享，我不知道这个比喻是否恰当。自下而上也比较难采用，有的时候时间不等人，某些时刻它必须得推出来。国家层面来做这个事，肯定是自上而下要顶层设计来推，但是从不同的组织机构层面来看，我觉得倒是可以采用第三种路径，即上下结合来建。关于怎么用的问题，我觉得可以有三个用法，第一个就是教师自主式的学习，通过自主的学习需求选取这个平台的东西来学，这是第一种用法。第二个是基于里面的资源，可以在线开展若干的叫作合适的教研学习共同体，然后对包括现在的虚拟教研室的建设，可以把这些资源盘活。比如说里面有一个最新的 PBL，这种项目式的学习，每系列讲座我们学完之后，我们是否可以围绕这个课程在学校运用，再把应用的过程带回来分享，我觉得依托这个平台模块大家可以开展在线合作学习及专业共同体的建设。第三个用法就跟刚才那个自下而上是一样的，可能到某些时候我们确实需要开放。就是教师把鲜活的实践的智慧生成的经验反哺回这个系统，让它有一个循环，我觉得这样的话才能让系统活起来。至少我在的机构，我们在疫情刚开始的时候，也做过类似的工作，就是搭一个平台把所有在线的东西全部放到一起，现在还有多少老师会去访问那个平台，去用那里面的工具，我觉得是要打问号的，所以这在某种程度上来说是一种前期的探索，也不是很成功的探索，其实给我们后来如何建平台，如何去用这个平台都有很多的启示，这是我的一些思考，谢谢，谢谢。

**余海龙：**

在一起交流，确实是收获很多，自上而下也好，自下而上也好，磨合对接也好，包括你刚才讲到的抖音的模式，我既能够汲取对方的长处，同时我又可以把我个人觉得比较好的成果通过视频的形式呈现出来，它是能参与的，不是被动地看的，那么这样的一个传播模式，它就是活水，就有来有往，在平等对话的过程当中，它生成的内容就会特别好。在这个过程当中，其实我们之前也关注到了，比如说原来有一些课程，就像廖老师介绍的一样录下来，给它放到网上去，大家有没有看？效果会不会好？毕竟脱离了具体的空间和具体的时间，还脱离了具体的语境，脱离了这三个元素以后，可能有的时候在进行教学的时候，会有一点点的问题，所以我们的想法可能很好，但是真的是要在具体的实践当中不断地摸索，比如说当下对于短视频这样的一种传播，它就把你现有的一些传统的传播打败了，那么我们在做课程资源的时候，如何借鉴新媒体短视频的传播，我觉得也是值得考虑的，当然这是肤浅的一些想法，跟两位交流一下。

好，我们整个讲座又到了尾声，这个时候我们把说话的权利还是交给廖博士，请您用两分钟左右的时间，对今天的大讲堂做一个总结，有请。

**廖伟：**

好，谢谢余老师。突然间给我这个任务我的压力很大，但是聊得非常愉快，我认为今天的讲座包括后面我们的对谈，实际上是关注到了当下我们国家教育教学改革过程当中的一个关键的议题，首先就是这种信息技术的变革。它体现在社会里面，体现在教育里面，同时更加需要通过教师这样的关键群体来推动。特别感谢余老师，还有葛老师，在讲的过程当中提到了教师教育，因为我是做教师教育的，我们经常说的一句话就是教师教育是教育工作的基础，它是一个非常基础性的源头性工作，所以当我们从宏观的角度抓准政策点，以及在这个政策点下，对于我们在自己所在的机构所在的岗位要去做的这个事情，我们再去展望我们要做什么的时候，需要有一种系统性的思维。这种系统性思维就要求各个部分之间协同，来共同推进事情的发展。我觉得我们国家的一个很大的优势就在于它这种特别强大的行政治理能力，从我们这次疫情的防控就可以看得出来，借助于这样的一种强大的国家治理制度和它的优势，再加上我们对关键议题的把握，在大家集体合作共同推动的情况下，肯定可以实现教育事业的现代化发展，最终实现我们整个国家的现代化事业。当然我们也希望能够弯道超车，能够在国际竞争当中取得很好的发展。今天要特别感谢葛院长的分享，五个方面非常系统全面，特别具有实用性实操性，也非常具有理论启发性，我觉得这是毫无保留的分享。如果有时间的话，特别期待这个时间能够延长一些。最后要特别感谢我们这次的活动，这个“西部课堂创新大讲堂”平台的邀请，在这个过程当中说实话我学到了非常多，我接下来要进一步对这个领域做更多的研究，争取能够在教师教育的工作研究里面，往前再做一些。

**余海龙：**

好，谢谢廖老师，太精彩了。我们经常讲愉快的时间总是短暂的。其实我也跟各位汇报一下，刚开始说安排我来担任这样的系列讲座的主持人的时候，真的是倒吸一口凉气，我就想会不会很辛苦，会不会很累？但实际上每一次同专家、教授在一起交流的过程中，我觉得是再一次的学习和头脑风暴的过程，也是不断更新自己的认知、不断更新自己的知识体系的一个过程，同样是与贤者同行贤的过程。与贤者同行，自己的提升永远是最快的。

非常感谢今天晚上做客我们“课创大讲堂”的两位专家，一位是葛文双教授，一位是廖伟博士，而且我们已经正式向廖博士发出了邀请函，邀请廖博士担任我们“西部课创大讲堂”的特约观察员。

我们研究院的院长李贵安教授特聘您担任我们整个“课创大讲堂”的观察员，希望您后面有时间多多参与我们的活动，将您的研究成果第一时间在我们这里面发布。非常感谢非常荣幸，期待以后有机会再与大家一起交流学习。欢迎疫情结束以后有时间到西安，到陕西师大来看一看我们这样的一份热土。

好的，再次感谢两位。我们今天的讲座到这里结束，感谢所有听众的关注，谢谢大家。

# 第9讲

# 迈向学习共同体

**主讲人：冯加渔 教授**

**（与谈人：常亚慧 教授；主持人：余海龙 老师）**

**【摘　要】**在课程改革全面深化的新时期，课堂教学亟须迭代革新。从“教中心”到“学中心”的转型，关键在于课堂教学组织及方式的革新。旨在把学习还给学生，让课堂焕发生命活力，为学生终身发展奠基的学习共同体的理念与实践，能够有效促进课堂教学的深度变革，助力课程改革新要求落地生根。构建学习共同体，需要遵循协作、对话、关心和共享的基本原则。在学习共同体构建过程中，课程形态跨越边界走向融合，教师、学生、校长、家长等也重构了人际关系，合作互助、同生共长成了学校的主旋律。由此，学校成了学生收获新知、全面发展的乐园，也成了教师言传身教、自我实现的家园。迈向学习共同体是课程教学迭代革新的过程，更是师生生命意义彰显的过程。

**【关键词】**学习；共同体；学习共同体；课程改革

**余海龙：**

各位老师、各位同学、各位关心中国教育和改革创新的朋友们，大家晚上好！欢迎大家来到由陕西师范大学西部课堂创新研究院主办，教育部陕西师范大学基础教育课程研究中心、中国西部师范大学教师教育创新与发展联盟、陕西师范大学教师口语教学与研究中心联合协办的“西部课创大讲堂·课创三人行”的讲座直播现场，我是主持人余海龙。

为了进一步促进高等教育与基础教育课程改革创新，经陕西师范大学社科处批准，陕西师大西部课堂创新研究院于2022年4月15日正式揭牌成立。研究院挂靠学校物理学与信息技术学院，由陕西师范大学校党委常委、物理学院院长、博士生导师李贵安教授担任西部课创研究院院长，研究院的研究员以陕西师范大学课改团196名教授、学者为主体，同时还聘请了来自全国各高校、各研究机构的多名专家、教授，以及各级教育行政管理人员、大中小学一线的优秀教师。陕西师范大学西部课堂创新研究院立足于立德树人的根本任务，发挥教师教育的特色，聚焦西部课堂创新研究，不断推动中国西部基础教育高质量发展。研究院将整合校内外各种研究资源，加强与国内外高等院校、中小学、学术机构以及政府部门的联系，协同创新大中小学衔接的育人模式。陕西师范大学西部课堂创新研究院将不断努力奋斗，持续为中国西部教育发展和课堂改革提供研究、培育、咨询、指导、评估与服务，切实推动西部高等师范院校与基础教育教学质量的提升。

今天晚上，我们请到的主讲嘉宾是陕西师范大学教育学部的副教授冯加渔博士。冯老师作为第九期的主讲人来到“西部课创大讲堂·课创三人行”，和大家交流关于“学习共同体”的主题。有请冯加渔博士开讲！

**冯加渔：**

各位老师好！非常荣幸作为第九期的主讲人来到“西部课创大讲堂·课创三人行”直播现场，和大家一起交流关于“学习共同体”的主题内容。

当前的一些教育政策文件，无论是国家层面的，还是省级层面的，抑或地市层面的，包括一些学校自定的，都在不同程度地谈及推行“学习共同体”。除此之外，大家在日常生活当中也会听到“共同体”的说法，比如“铸牢中华民族共同体意识”，还有“构建人类命运共同体”。可以说，共同体已成为当今时代生活的一个主题，无论是在社会当中，还是在学校当中，大家都以不同的方式在接触共同体。今天，我将围绕着学校当中的最重要的活动即学习的活动来谈谈共同体，也就是学习共同体的议题。本次报告主要围绕三个方面来展开：一是学习共同体的含义；二是学习共同体的特征；三是学习共同体的构建。

## 一、学习共同体的含义

为什么谈学习共同体？前面也提及，国家教育政策文件当中提到了学习共同体。我以一个文件为例：2021 年 4 月，教育部办公厅印发了《中学教育专业师范生教师职业能力标准（试行）》等五个文件，其中涉及的师范生教师职业能力框架就提到了“学习共同体”。师范生的教师职业能力关系着基础教育的质量问题。为什么这个政策文件当中会写进“学习共同体”？显然就是决策部门，包括研制专家，以及一线老师认可学习共同体的作用，所以才会把它从一种学术的概念上升为指导当前教师教育改革乃至指导基础教育改革的重要政策行动。

概而言之，师范生走出学校、进入社会成为一名教师的时候，他所具备的职业能力也就成了教师的职业能力了。当师范生要求具备“学习共同体”的能力的时候，这意味着新生代的教师就应该具备“学习共同体”的能力。学习共同体何以成为师范生必须具备的职业能力之一呢？或者说学习共同体何以成为新生代教师要具备的能力之一呢？这即是今天要探讨的问题。我想：教育行政部门在文件当中提到“学习共同体”，肯定是为了促进当前教师教育的改革，同时也是为了促进基础教育的改革。当前的基础教育有成就，也有挑战，还有一些需要去着力解决的问题。学习共同体能够帮助我们破解难题，助推教育发展。

关于基础教育的困境，巴西著名教育家保罗·弗莱雷有非常经典的精辟论述。他在个人的传世名著《被压迫者教育学》中有如下总结：“教师教，学生被教；教师无所不知，学生一无所知；教师思考，学生被思考；教师讲，学生听——温顺地听；教师制订纪律，学生遵守纪律；教师做出选择并将选择强加于学生，学生唯命是从；教师做出行动，学生则幻想通过教师的行动而行动；教师选择学习内容，学生（没人征求其意见）适应学习内容；教师把自己作为学生对立面建立起来的专业权威与知识权威混为一谈；教师是学习过程的主体，而学生是纯粹的客体。”通过教师教育教学行为与学生教育教育行为的对比，显然可以发现教师处在先导的地位，教师是中心。用保罗·弗莱雷的结论就是：教师成了主体，学生成了客体。

众所周知，学校的存在，如果从学生的角度，从学习的角度来说，学生应该是主体而不应该是客体。但由于现实种种原因，如行政管理层面的、学校组织层面的、教师观念层面的，导致了教育教学存在着教师位于中心而学生处于边缘、教师是主体而学生是客体的困境。

如何去转变这种状况，从而让学习成为学生的事务，让学生成为学习的主体，还原学习的本来面貌？显然，这就需要种种的变革行动了。学习共同体就是破解教学之困的一个有效途径。为什么说“学习共同体”是破解教学之困的有效途径呢？这需要从它的内涵、它的特征、它的行动策略谈起。

学习共同体实际上就是一个合成词——学习与共同体的合成。首先，来了解一下学习。现在有学习科学专门来研究学习问题。当年我们作为学生，或者如果我们现在是学生，学习是日常很重要的一个活动。那么，到底什么是学习呢？如果说我们现在是教师，我们在教学生进行学习，那么，教别人学习又意味着什么呢？这些都需要我们去了解。除此之外，我们还要再去了解什么是共同体，然后学习何以能够跟共同体进行一种关联，构成了学习共同体。

关于学习，古往今来有很多代表性的论述。现代早期的学习观是行为主义学习观，代表人物就是教育心理学之父、美国著名的心理学家桑代克。他长期研究学习的相关理论，研究学习到底是怎么发生的，什么样的行为、什么样的事件可以称之为学习。他做了很多有意思的实验，其中代表性的就是饿猫迷笼实验。桑代克找了一只饿猫，把它关在一个经过巧妙设计的笼子，里面有一些机关装置，笼子外还放了一盘鱼来引诱猫。当猫触碰到机关装置，笼子门就打开了，猫就能从里面跑出来。猫本来就很饥饿，外面还有一盘鱼在引诱，它本能地想从笼子里跑出来饱食一顿。当桑代克第一次把猫放进笼子的时候，明显地看到它慌张无措，不停地动弹撕咬，想打开笼门。无意中，当这只猫把机关装置不小心碰了一下，门开了，然后猫就从里面跑出来吃鱼了。然后，桑代克就反复做实验，一次又一次。他发现这只猫好像变得越来越聪明了，以至于当同一只猫被放进这个迷笼里之后，猫第一时间就知道触碰机关装置而后瞬间跑出来。桑代克就推理出猫好像从某种无意识的状态变得聪明起来，知道怎样摆脱了一个困境，学会了一种本领。桑代克就基于这种行为主义的理论对学习进行了界定，认为：学习实际上就是一个试错的过程或者试误的过程，通过不断地尝试，难免会有很多的错误，然后慢慢积累经验发现一种正确的答案，于是通过反复强化练习予以掌握。今天的学校当中有一些学习行为依然是一种试错或试误的学习，有一些学习依然强调强化练习，翻来覆去地一遍又一遍地巩固强化，以至于让学生对知识、技能熟能生巧、烂熟于心。当学生遇到同类的或者相近的学习问题，短时间能准确地予以解决。题海战术就有这种行为主义学习理论的指导。

随着时代的发展，人们就发现这种试误学习费时费力，而且更多的是个人的去尝试。我们知道，人之所以接受教育，除了个人成长、个人的发展，还有很重要的因素即个体的社会化。人进入学校当中学习，一方面是个体的个性化，另一方面就是个体的社会化。众多的同学聚集在一起，不可能只是个体的试误学习，还需要合作交往。于是，有的专家就开始反思，更进一步深化研究，就提出了交往的学习。交往学习观可以称之为现代的学习观，跟所谓传统的试误学习观相对。

一些学者认为交往学习观是西方学者率先提出来的，是从西方引进的。其实不然，如果回到我们中国的教育文化源头，就会发现我们的先辈很早就强调交往、互动学习。我国的典籍当中有不少关于学习的论述，我就以其中两个为例来呈现古人的交往互动学习观。

第一个是《诗经》中“国风”篇里的《淇奥》，其中一句是“有匪君子，如切如磋，如琢如磨”。古人就认为，如果一个人在学问品行方面，不仅自己能够反思深化，而且能够与同伴进行交流互动，那么就是一个君子。这显然是对交往互动学习的推崇。

第二个论述来自《学记》。《学记》是世界上最早的关于教育教学问题的论著，是先秦时期儒家的经典，里面有许多关于学的论述，其中有一句非常经典："独学而无友，则孤陋而寡闻。"这句话流传沿用至今，在一些场合当中还会提到。它的意思很明显，即：人的学习不应该是单独的个体行为，还需要有朋友同伴交流。这也是一种对互动交往式学习的强调。

所以，谈交往学习、谈互动学习、谈对话学习，并不是说对西方观念的引介，而实际上是对中国优良传统的学习观的彰显。国际层面，日本教育学者佐藤学在此基础上进行了阐发，他认为：学习不是个体围绕书本展开的被动接受学习，而是一种对话的过程，包括与世界的对话、与他人的对话、与自我的对话。在与世界的对话过程中，人去认识世界、去体悟世界，最终形成对世界的认知、构建关于世界的观念和知识。人还可以与他人进行对话，即与老师、与同学进行对话，那么就涉及人际关系了，在此过程中，就建构了一种与人共处的伦理关系。人还要与自己对话，涉及自我反思的问题，例如，我为什么去学习知识？这些知识有什么意义、有什么价值？通过与自我的对话，人就形成了自我认同。所以，学习不仅是学习书本！学习书本内容、学习教材知识只是表象，更深层次的是通过书本为桥梁，去认识世界、去认识他者、去认识自我，这是一种全方位、立体化的学习。显然，这种学习观更符合我们当前这个时代对学习的需求，我们今天要构建学习型社会，时时可学、处处可学、人人可学，就要改变传统学习观，转向强调与世界对话、与他人对话、与自我对话的新学习观。

在理解了学习的基本含义之后，我再来谈谈共同体的内涵。共同体是典型的一个社会学术语，最早的提出者是德国的社会学家滕尼斯。滕尼斯在他的名著《共同体与社会》当中就论述了社会当中人跟他者之间种种组合，种种聚集的不同形式和类型。他区分了两种很典型的形态：一种叫作共同体，一种叫作社会。共同体有人把它翻译成社区，有人则把它翻译成公社或者社群，教育学界更多是把它翻译成共同体。

滕尼斯生活在 19 世纪，《共同体与社会》这本书出版于 1887 年。滕尼斯研究人类从古代到近代再到他当时生活时代的社会种种聚集类型。他认为人类早期的时候，更多的是通过自然的方式聚集在一起，因为有自然的联合关系，人聚集在一起，比如说依靠血缘的关系，形成了血缘共同体；人们常说的"血浓于水""血脉相连"就是对血缘共同体的描述。然后，有共同的要素把人们聚集在一起，比如说生产资料，形成了地缘共同体；人们常说的"老乡见老乡，两眼泪汪汪"就是对血缘共同体的描述。随着文化的发展、人类社会的进步，形成了一种信仰为纽带、把人聚合在一起的精神共同体，这种精神共同体包括有宗教信仰方面的、也有种种政治信仰的，等等。血缘共同体、地缘共同体和精神共同体是三种典型的形态。

滕尼斯认为共同体的形态是一种有机的，跟社会不一样。社会是有特定目的的、社会是复杂的，社会是一种人为的、是一种机械的；而共同体是一种有机体，共同体种的人相互依存、互帮互助，并有一种共同领会的价值观。滕尼斯提出共同体之后，对后来的社会学、人类学乃至教育学有很多的启示。于是，有教育研究者提出可以组成学习共同体。现代学校的形式和构成比早期的学校要复杂得多，学生之间可能不再有血缘或地缘关系，更多的是因为学习这项活动聚集在一起，由此构成了班级，构成了同学关系，构成了师生关系。又因为学习，学生有共同的任务、有共同的价值观，于是构成了一种学习共同体。

关于学习共同体有很多的界定，在此，我认为：所谓学习共同体，是指由学习者及其助学者共同构成的团体，他们彼此之间经常在学习过程中进行沟通、交流，分享各种学习资源，共同完成一定的学习任务，因而在成员之间形成了相互影响、相互促进的人际联系。

## 二、学习共同体的特征

了解了学习共同体的含义之后，可以进一步思考：生活当中有很多的组织聚集在一起，比如有各种各样的协会，比如各种各样的广场舞组织，那么，能不能称之为共同体呢？具体就学校而言，现在不少学校都在倡导各种各样的小组学习、合作学习，能称之为学习共同体吗？什么样的小组，怎么样的合作组织能够称之为学习共同体呢？这就涉及学习共同体的判定问题。由此，我做了一个总结，提炼出学习共同体的一些特征，主要有四个方面：第一个特征是协作；第二个特征是对话；第三个特征是关心；第四个特征是共享。接下来，我从每一方面进行展开论述。总的来说，在我看来，当一种合作的组织，如果具备了四种特征，就可以称之为学习共同体。当然，其他的学者、专家、老师也有其他的判断依据。

第一个特征是协作，主要是讲同伴支持、协作参与的问题。学习共同体，不是独学式的，更多强调一种共学，强调一种群学，那就需要集体参与。作为个体的人聚集在一起，怎么进行学习，每个人都有自己的主张，每个人都有自己的经验，每个人都有自己的潜在理解，当聚集在一起的时候，围绕着一个学习问题、学习任务进行讨论、进行合作的时候怎么办呢？是自说自话吗？是七嘴八舌的吗？显然不是！既然倡导学习共同体，强调共同的一面，就需要去齐心合作了。这种齐心合作就是一种协作性的。那么，怎么去协作呢？就是要改变应试强化的高利害竞争，单纯认为学生的学习是竞争的关系、是敌对的关系，所谓“提高一分、干掉千人”。学习共同体反对不合理的、已经异化的竞争，相反强调彼此共存，强调成员间相互支持，强调每个人都能参与其中、每个人都能从中受惠，这即是协作性关系。

第二个特征是对话，强调人与人之间的沟通交流。通常情况下，每个人都会对问题形成自己的理解，对同一个问题的认识或深或浅，对同一个问题的洞见或多或少。当人们聚集在一起的时候，每个人都应该有自由表达的权利，每个人都能够各抒己见，而不应成为垄断话语权的灌输者或者丧失话语权的沉默者。

在某些课堂中，有的老师的讲课完全是一种独白，自顾自地讲授，滔滔不绝地讲授，不分场合一讲到底，挤占了甚至压制了学生的表达，导致课堂变成了一言堂。只有老师在畅言，学生没有表达、没有交流，更谈不上对话。这是一种典型的非学习共同体。

另外，还有一种典型的非学习共同体情形。学生与学生之间有时候会建立一些小组，比如三个同学、四个同学或者同桌之间。有时就会出现某些积极性很高、表达欲很强的同学，在小组讨论期间滔滔不绝地发表己见，以至于其他同学没有机会参与、没有时间发言。这也是一种独白，自然也谈不上对话。

我所倡导的学习共同体是强调每一个学生都应各抒己见，有充分机会、有充足时间自由表达自己真实的想法，同时都应尊重其他每一个学生各抒己见、自由表达，然后在彼此的倾听和表达中形成话语交流、思维碰撞。因此，在日常课堂场域当中，老师跟学生之间、学生与学生之间要进行对话，而不是老师单方面去灌输，也不是个别少数同学单方面去表达。老师应当注重给每一个学生各抒己见的机会、时间和空间。

第三个特征是关心。为什么谈到关心呢？这就涉及情感方面的价值。人与人之间，之所以交流对话，不仅仅是出于所谓的知识传递、信息传播，还涉及人与人本身的关心。美国著名教育学者诺丁斯在她的著作《学会关心》当中写道："人总是处在各种关系之中。我们的人生开始于关系，我们一开始便是母亲的一部分。我们个体的发展也离不开关系。我提出的关怀理论，就是一种关系伦理。这意味着教育应当从关系入手，而不是从个人、个体开始。"人与人聚集在一起，每个人都有宝贵的独一无二的生命价值，每个人都从人之为人的角度去关心周遭的世界、关心同伴，而不仅仅是为了各自的读书学习。人类的学习有着比知识更为重要的目的，那就是人性的完善。终归来说，经由学习，既实现个人的发展，也助力实现他人的发展，千千万万的人聚集在一起，大家互相关心、平等友爱。因此，学习共同体绝非是为了知识交换、信息互通而进行合作，而要关注人与人之间的内在情感。

在学习共同体中，教师、学生、校长、家长等构建了关心型关系，大家互相关心、平等友爱。彼此尊重、温馨互助、自由生活是学校的主旋律。学校是学生收获新知、精神成长的乐园，也是教师言传身教、自我实现的家园。

第四个特征是共享。这种共享涉及一种智慧的共享，和谐的共生。在知识学习过程中，需要转识成智，不仅是关于认识世界的智慧，还有认识他人、认识自我的智慧，有知识建构，有学习体验，有生命感悟，有真情流露。在学习共同体中，每一位学习者都各抒己见、畅所欲言，互相倾听、交流对话，在充分讨论反思的基础上，分享彼此的知识、技能、经验、情感，从而实现了智慧共享，促进了共同发展。每一位学习者既是智慧的贡献者，同时也是智慧的汲取者。个体之间与群体之间和谐共生。

当然，这四个方面的特征还可以进一步展开。结合着我自己有限的教研经历，结合着去一些学校的观摩学习经历，总的来说，当一个组织或者当一个群体具有以上四个方面特征的时候，围绕着学习展开相关活动，就可以称之为学习共同体。

## 三、学习共同体的构建

各位听众老师或未来的老师，如果认为学习共同体很好，也认同政策文件当中提及的学习共同体主张，怎么去落实呢？这就涉及构建层面的实践策略。

首先要明确愿景，明确目标。既然学习共同体是不同的人、不同的学生围绕着学习聚集在一起而形成的有机体，那么，大家的学习为了什么呢？大家的学习试图达到什么呢？大家的学习的目标是什么呢？就宏观层面而言，教育工作者有立德树人、教书育人的目标，致力于培养德智体美劳全面发展的社会主义的建设者和接班人。2022 年印发的《义务教育新课程方案》提出培养有理想、有担当、有本领的时代新人的培养目标。具体就学习共同体而言，我们应该也要去明确学习愿景是什么。无论是长期的，还是中期的，还是短期的，都要去明确目标是什么。现实当中有很多的合作学习、小组学习，可能就是临时性的任务聚集在一起，同桌之间、前后排之间进行一个交流，但这种交流因为没有明确的愿景、没有明确的目标，以至于解决这个问题、知道答案之后就结束了。如果没有一种愿景、没有一种使命、没有一种目标在长期对学习关系进行潜移默化的强化，必然会导致组织的松散，很多时候就是一种名存实亡的集体。所以，日常的学校课堂有小组这种组织，但是合作效果不佳。显然，需要在理念层面，从哲学的角度来明确到底为何而学。

通过学习指向什么？可以从愿景的角度来展开分析，有长期的使命、有中期的目标、有近期的学习任务，等等。无论是何种，都具有导向作用，就像一座灯塔在为我们指引方向。愿景是有感召力的，看起来感觉说，学习的愿景、学习的使命、学习的宗旨很宏大，但是确实有凝聚力、向心力、感召力。我自己去过一些学校、去过一些班级调研，就发现：如果学校班级的学习文化氛围很浓，学生对学习有认同感，那么，他们的学习就很投入，学习表现就会很积极，学习热情就会很高涨。这种所谓的学习文化，这种所谓学习的认同感，就需要在精神层面进行建设引导，就需要学习的愿景、学习的使命，学习的目标。不同的学生对学习的认识不一样，不同的学生的学习目标不一样，各自确立的学习的目标不一样，需要去求同存异，然后最终达成一个共同的愿景。共同愿景确立之后，就能够有效地指引学生共同的学习。现实学校当中就有很多有意思的案例，值得我们深究。为什么读书？这个问题对每名学生来说都是必须直面、难以回避的问题。为什么读书？有很多的理由，如有现实的回答、有功利的回答、有实用的回答，当然也包括很有责任感的回答。共同愿景就是一种责任感的导向，而不是实用的或者功利的。

为什么而读书？少年周恩来就给出了一个很有感召力的回答：为中华之崛起而读书。当我们确定这种共同愿景的时候，学生会认同，学生会有使命感、责任心，他就能够迸发出潜在的精神力量，克服当下一些困难和挑战。这就是愿景对学生学习投入激发促进的作用。不要小看愿景，它确确实实能够发挥强大的精神力量。因此，我们需要明确共同的愿景。

其次是组建合作组织。合作组织有很多组建方式，比如最常见的学生分组。人数最少的分组是同桌之间的两个人，然后是前后排的四个人或者六个人，有的时候是八个人，有的时候还有十人分组。需要思考的是，是不是把两个人，或者四个人、六个人、八个人归在一起，就能建立一个合作组织呢？并非如此！很多时候，学生聚集在一起看起来在热火朝天地讨论，但是深入去倾听，就发现有时候的讨论跟学习议题没关系。这就需要通过种种任务的设计、通过过程设计明确每个人的任务是什么，每个人怎么去参与，个体参与之间怎么去配合。协调组建一种真正的合作一起的、凝聚力很强的合作组织，就是我们现在所倡导的学习型组织。学校就是一种学习型组织，班级也是一种学习型组织，所谓的学习小组，无论是两个人、四个人、八个人，甚至更多人数，都应该成为学习型组织。由此，我们需要思考怎么通过有意识的任务设计和过程的引导来发挥出学生作为学习主体的自发性、自觉性、自主性的一面。

我们可以去思考，比如说，四个学生一个小组的可行性如何？如果说，这个班级人数过多，或者种种原因，四人小组不合适，需要六人小组或者八人小组，组员显然人数较多，那么，教师应当去协调组织，杜绝“搭便车”的行为，让小组当中的每个人都能够积极参与。这就涉及组建合作组织的一些策略方法。对学生的学习来说，教师要指导组建所谓的深度学习的共同体。对教师来说，教师也是学习者，在信息化时代、人工智能时代，新的理念、新的要求、新的挑战层出不穷，教师也要不断学习实现自身专业发展，他们也可以组建所谓的专业学习共同体。学校内部或者校际推行的教研组、教研室、学科组等群体的交流，也可以构建成校本研修共同体。家校合作也可以构建家校合作共同体。也就是说，一种合作组织如果想成为一种共同体，有很多的类型。需要明确的是：基于某一种特定类型，结合成员的特质，让每个人围绕着学习任务都能进行深度的交流，然后构建一个凝聚力、向心力很强的组织。

再次是开展学习实践。学习共同体是围绕着学习聚集在一起的，归根结底，是要开展种种学习实践活动。这种学习实践结合着学科教学，就成了一种学科实践。2022 年版的《义务教育课程方案和课程标准》反复强调“学科实践”，还强调了跨学科的主题学习。无论是学科实践，还是跨学科主题学习，对目前很多学生来说就是一个挑战，个人很难胜任；对一些老师来说，想去落实新方案、落实新课标，也是一种挑战。对此，需要开展合作性学习实践，围绕着学习这个中心要务，展开群体之间的交流互动。通过教师这种有意识的常态化的学习实践，可以提升他们的专业素养，反过来，可以去助推学生学习素养的提升，最终实现和尊重每一名学生的学习权。

之所以强调学习共同体，实质是强调学习是学校的一个中心。学习是学生的事务，学生是学习的主体，那么，就要把学习还给学生，把课堂还给学生，而不是让教师的教来代替学生的学。所以，要开展以学为中心的相关学科实践活动、跨学科主题学习实践活动等。在此过程中，教师的角色发生转变，从传统的教授者转变为助学者、促学者、导学者。教师的角色要发生变化，同时要意识到家长、社会人士也可以参与学习共同体。学习的发生不再以学校围墙为界，不再以课堂教授为界，而是一种开放式的、包容式的、互动式的实践活动。学习共同体追求持续的改进优化。教师和学生不满足于既有的成绩，在学习中反思，在反思中改进，推动着学习共同体的不断发展，践行着终身学习的理念。

事实上，各种各样的改革实践也是如此。比如课程改革，是一个长期的工程、一个艰巨的工程。当教师有勇气有决心去改革的时候，并不是一蹴而就的，可能需要通过一次又一次的尝试，不断地去行动、去反思、去优化。这也是一种“做中学”。所以，“做中学”不仅仅对学生有意义——学生通过实践去提升，对教师的专业成长来说同样有意义。在推行学习共同体过程中，一次失败了也没有关系，或者多次失败也没关系，只要不断地去反思、不断地去总结，最终定能实现促进学生学习的目标。

学习共同体对今天的教育发展来说，是有现实的真切意义。无论是大学的课堂，还是中小学课堂，都可以构建学习共同体。通过每一所大学、每一所中学、每一所小学乃至每一所幼儿园开展学习共同体实践的尝试探索，学校教育就发生了变化，就不再是一种强迫性地把学生聚集在一起的机构，而变成一种真正的学习的乐园。学校对学生来说不再是牢笼监狱、不再是让他们如坐针毡、头疼苦恼的地方。当学校成为学习共同体，学生收获积极的学习体验，享受自由学习的意义。

总之，学习共同体是一个很丰富的一个话题，也有很多的理论与实践探索。如果追溯来源，有早期的萌芽形态，有近人的探索思考，也有现代教育大师如杜威、陶行知等人的相关或相近的论述。他们没有用“学习共同体”这个词语概念，但是所主张的教育教学理念和行为，与学习共同体所倡导的相同。可以说，学习共同体已成为教育家们的共识了。在当下，学习共同体已经写进了政策文件，成为每一个师范生应该具备的职业能力，也就是每一个新生代教师应该具备的能力素养。作为教师，我们不妨在自己的课堂当中——无论是大学课堂，还是中小学课堂，去实践学习共同体，真正成为学生成长发展的引路人。

以上是我的报告交流，谢谢大家！

**余海龙：**

谢谢加渔老师，辛苦啦！时间把握得特别好！还是按照咱们的惯例吧，先请与谈人常老师用几个关键词帮助我们快速地消化理解冯老师今天的报告内容。有请常老师！

**常亚慧：**

谢谢海龙！谢谢加渔！很有幸今天成为讲座的与谈人。整个报告听下来之后，有一个非常重要的感受就是：当前的课堂教学过程正发生着重大变革！我们知道，教学是相长的，教师和学生是相伴而生的，而加渔老师今天从学习的角度、从学生的角度，非常深入地让我们感受到了在课堂这样一个场域当中，如何更加有效、更加能够接近教师和学生生活的路径来理解课堂教学。今天这个报告我觉得内容非常的丰富，而且主题很明确。我想用三个核心的概念和或者核心的主题词来概括：

第一个就是报告题目当中一个很重要的概念“共同体”。加渔老师在整个的报告当中，从不同的维度非常深入地分析了共同体的内涵、外延，以及实质，特别是魂灵性的要素。第二个关键词要概括，我会用“协作”。第三个关键词，我觉得非常重要的，也是加渔老师报告当中我觉得最吸引人的地方，就是“共享”。学习共同体的目的要干什么，最终达成一个什么样的目标，那么，一定要实现这种共享。加渔老师从不同的层面、不同的维度给出了非常丰富的支撑。这三个关键词是我今天听了报告之后，捕捉到的三个很重要的信息。

详细来说，首先是“共同体”。共同体这个概念是滕尼斯最先去使用的。在这个概念当中，实际上滕尼斯想要和既有的社会来进行区分，所以，滕尼斯提出的“共同体”有一个非常重要的内涵：共同体不是一个松散的，也不是一个随意的，而是一个非常稳定的有机体。何谓有机体？有机体是有它独特的功能、独特的运作模式、独特的机制，有能够把共同体的所有成员连接起来一些内在的特质、魂灵性的因素、价值性的因素。这就是滕尼斯共同体的内核。

加渔老师今天用“学习共同体”这样一个标题来讨论我们的课堂教学，我想他也正是在共同体作为有机体的这样一个内核意义上来使用概念。所以，共同体要达成，一定是需要一些非常重要的条件、需要一些非常重要的机制去支撑它。在加渔老师的报告当中，他提到了对话，提到了关心。共同体的成员之间一定是平等的，一定有共同的参与机会，有尊重、有彼此之间的最基本的对对方存在的一种尊重和关心。加渔老师在报告中也提到了诺丁斯的关怀教育哲学，所以在这个意义上，共同体中的对话一定是不仅与自己对话，还有与他者对话、与世界对话。共同体的实质就是社会交往，而课堂教学就是教师和学生在场域当中、在生活当中的交往，只不过是发生在一个特定的时间和空间当中的、有特定主题的社会交往。所以，我第一个概括出来的概念是共同体。

第二个我想谈的就是“协作”。协作与合作是不一样的。协作是什么？作为有机体的社会，所谓的协作就是有机体的活动当中，每一个构成部分都是其他部分所不能够替代的。也就是说，每一个部分的存在，都是有它独特的意义和价值的。我觉得在这点上，这也是加渔老师使用共同体这个概念的另外的一个很重要的内涵。为什么要协作？加渔老师在报告当中也提到了，我们可能在课堂上最常用的一个方式，就是通过小组教学、小组合作学习。那么，多少人的合作是合适的？什么样的合作才是我们所要讲的共同体的合作？绝对不是其中的某一个同学或者说某几个同学的独白，而是大家的共同参与。所以，这也是我想说的第二个关键词“协作”的内涵。正是因为在共同体当中，我们关注到了或者我们注意到了每一个学生的独特存在、意义和价值，我们才可能做到协作，才能够真正地实现平等对话交流，才能够真正地达成学习任务。

我上次听海龙老师的报告有很深感受，就是把学生带回课堂，把作为人的学生带回课堂。在今天加渔老师的讲座当中，我觉得是一个很好的延续，继续我们对课堂创新、课堂革命的这样一种以教师和学生为主体的双方共同参与、共同交流的对话。协作的背后，其实就是把作为人的学生带回课堂，带回到学习当中来。学生来自不同家庭，是具有不同社会经济地位、不同教养方式的人。这样的特性，在共同体学习当中一定是要关注到的。只有关注到这一点，我们可能真正能够做到“协作”，能够知道不同性格的孩子、不同学习特点的孩子、参与能力不同的孩子，将以什么样的方式比较合适地参与到共同体的学习当中，而不是那种虚假的参与或者虚假的合作，这可能是协作最主要的内涵。也就是强调在平等、在交往的层面上的协作，强调共同体当中的每一个人的存在都是不能被忽视的。

第三个非常重要的词语是“共享”。在共同体当中的共享，是协作达成的共享，但不只是知识的共享这种表层的东西。我们要达成一个更深层的东西，可能共享的是情感，共享的是价值观。这不仅仅是我们的课堂教学，也是我们的学校教育真正要达成的目的。更深层的东西，也是加渔老师刚才提到的很重要的另外的一个词“愿景”。那么，为什么我没有选“愿景”，我选择了“共享”呢？我个人觉得共享可能是比愿景更深层的、更重要的一个因素，也是我们学校教育真正的内核，或者是它的宗旨。因为我们最终的目的培养的是德智体美劳全面发展的社会主义建设者和接班人，我们一定要在价值的层面上，要在主流的文化观的层面上培养人。这样的人一定是通过更深层的情感的共享、价值的共享、文化的共享实现的。就像加渔老师在一开始讲到共同体的时候提到了“铸牢中华民族共同体意识”，那么，它一定是用这样一个更深层的内核，紧紧地把来自于不同家庭、不同社会阶层，具有不同特质的学生真正地连接起来。要做到共享，我们会发现其实对我们的教师的要求是非常高。因为课堂教学是一个互动的交往的过程。要达成这样一个共享的情感、共享的价值，教师需要以什么样的方式来设计我们的教学、来设置我们的情境？在教学设计的环节当中，如何做到把学生能够摸透、能够读懂、能够理解？所以，看起来我们是在讲学习，借由学习共同体来讲教学，但实际上更深层的，我们是要回应教学理念、教学组织、教学方法等的变迁、变化、改革、适应。这就是我听了加渔老师的报告后几个感受和三个很重要的关键词。

**余海龙：**

谢谢常老师！

**冯加渔：**

谢谢常老师！

**余海龙：**

刚才常老师讲到的几个关键词：共同体、协作、共享，对我们深化理解很有帮助。其实，通过这些年很多的培训也好，或者说接触一系列政策文件也好，大家对于合作、对于探究式教学，都在进行种种摸索。我们深入很多课改名校去看的时候，就会发现传统的一排一排的座位布局现在已经按小组的形式来重新改造，比如说四个孩子围坐一圈、六个孩子围坐一圈、八个孩子围坐一圈。教师进行教学的过程当中，学生可以随时到属于本组的小黑板那儿去将自己的学习心得和观点用粉笔呈现出来，有些学校的老师称之为叫作“趴板”——趴在黑板上写。但是，这里面其实真的还是会有问题。我觉得还是要问一下加渔老师。

刚才常老师谈到的很重要的一个话题就是协作。但是协作里边，包括您刚才在讲座中也谈到了这样的一个问题：有一些孩子，比如说把他分组了以后，他们之间的协作的关系特别得好。而且一旦关系和谐，做得特别好了以后，整个的小组的学习的效率特别高。但是，我更关注的是另外一种，就是：小组分配了，但好像也没有一个学生能够承担起小组学习的领头人的角色，整个小组在所有的教学环节当中有小组的形式，学习的效果却比较差。从构建共同体的，或者说构建学习共同体的角度来讲，加渔老师您怎么看待这个问题呢？

**冯加渔：**

好的，谢谢您的提问。这个问题确实很有现实针对意义。

日常当中，确实很多的学校在推行小组合作学习，但效果不尽如人意，有些同学参与其中，但只是一种形式来参与，并没有实质的这种提升。返其根本，要思考老师们为什么要开展这种小组合作学习。老师们要明确：小组合作并非花里胡哨的形式，更多是为了促进学生的深度学习、高效的学习或者有质量的学习。

既是如此，我们要对小组合作学习任务和过程进行有意识、高质量的设计。如果对任务缺乏设计，比如任务并没有按照四个人或者六个人或者八个人来进行设计，只是给出一个笼统的任务，而这些任务可能对一些同学来说不需要合作都能很好地完成，那么自然就会认为是浪费时间，自然会流于形式。对另一些同学来说，这个任务很难，一个同学滔滔不绝地讲着，自己却不知道讲什么，结果也没有一个深度思考。这些都是缺乏对学习任务设计的表征，除了有小组这个形式，还要有实质，要有与之相应的学习任务。老师需要对任务本身进行一个解析，要对小组当中哪些同学做什么有明确的设计。

另一方面，也可以通过一些教学的指令、教学的引导让更多的学生真正地参与其中。比如说，以四人小组为例，一个班上就有十个小组。如果老师只是在黑板上抛出一个题目或者一个任务，然后说"同学们你们讨论一下吧，待会儿请同学来分享交流"。按照指令，学生就开始讨论起来。几分钟之后，老师请某名同学来交流。那么，这名同学的发言到底是小组合议共识，还是个人一己之见，还是部分同学的意见？现实当中，许多老师没有注意这方面的细节，学生之所以如此，也是因为前期老师的教学指令笼统而模糊。如果说强调协作，强调每个人都要参与、每个人都是不可替代、不可分割的，那么，即便小组只有一名代表同学来发言，也可以通过预先指令，要求他通过提炼归纳把小组中每一个成员的意见呈现出来、把大家的分歧和共识表达出来。这样，前期可以体现每一名同学注意倾听、注意提炼、注意归纳，这样才可能在发言时符合要求。因此，通过有意识的任务设计和过程指引，是可以让每个同学深度的参与的，而不是成为看起来大家七嘴八舌谈了很多，或者某一个同学、某两个同学声音很高，而其他同学边缘参与甚至没参与的现象。

**余海龙：**

确实是这样子的！因为我在自己的演讲课上也一直推行的是小组合作化教学，就会发现有一些孩子哪怕是小组讨论的时候依然是话语权很强的领袖式人物，但有些孩子可能既不参与全班的展示，也不参与小组的展示，就是做一个看客。

现在又得把问题抛回常老师这边儿。常老师，我阅读过您的一篇论文，是从社会学的角度来谈合作教学，有两个词我觉得特别有意思：一个是契约，一个是私交。想请您对这两个词深入解读。

**常亚慧：**

谢谢海龙的这个问题。我接着刚才加渔老师的回答往下走。也是跟加渔老师一样，我在中小学的课堂当中看到合作学习的种种样态，就发现了这样的问题：可能四个人一个小组、五个人一个小组当中，有的时候真的就变成了其中的一个人完成任务，其他人都是静默者。加渔老师刚才也提到了这种情况。正是在课堂的观察调研当中，我发现了这个问题，于是形成了这篇文章，提炼出契约和私交两个关键词，我的论文副标题就是合作学习的关系逻辑。其实，文章也用了共同体的这个概念，就是看到了每一个孩子是来自不同的家庭的，他的知识的构成、性格的特点，包括他的交往的方式都是不一样的。合作学习现在是我们中小学教学当中一个非常重要的教学组织形式。因为在相对的大班额还不能够完全改变的情况之下，只能是通过不同的座位编排的方式，在适当的范围之内去改变课堂教学组织形式，达成我们想要的课堂教学改革。那么，在合作学习的过程当中，我们会发现，比如教师主导的课堂纪律和他主导的座位编排方式是一个制度性的、一种纪律性的、一种规范性的，不可以随意拆解的组织方式，所以我把它称为“契约”，就是要实现群体之间的互动。这可能是教师在设计合作学习或者小组教学时很重要的教学理念。但是，在做的过程当中，就像刚才加渔老师所说的，我怎么样能够保证孩子们都能够参与进来，比如汇报时不只是在汇报自己的意见而要把小组当中每一个人都关注到呢？我发现有时候老师的话并不管用、并不起作用，并不能让小组成员能够更好地协作起来。比如，老师说：你们四个合作吧，但实际上就是一个人做，两个人旁观，另外一个人完全是游离状态。在这个调研过程当中，我们发现很有意思的现象：四个成绩非常一般的孩子组成的一个小组，老师布置的学习任务是比较难的。因为我追踪这个班很长时间了，对孩子们的学习状况比较了解，按照惯常的猜想，对这四个孩子来说，他们根本就完不成这个任务，或者说完成情况只能做到百分之五六十。但是很奇怪，恰恰是在这四个孩子构成的小组当中，我发现在他们的参与过程，也就是小组讨论的过程，四个人讨论得非常激烈，而且会懂得彼此观点的交融和发言的谦让。我继续观察，就发现他们其实除了能够在课堂上进行高质量的小组合作，课下的私人关系也是非常好的。比如说，很多时候他们共同游戏、共同网络、共同聊天，所以，我就注意到了这种非正式的交往，将它称之为“私交”，也就是私人关系，我在想怎么样能够把它带入课堂学习当中来。

除了观察之外，我也做干预，会跟老师在后台商量说，这段时间第一周把谁的座位调一调，跟另外的一个人合作，跟另外一个人坐在一起。然后，在下次合作学习的时候，我观察他们的不同行为。我发现：当把学生们的私交放进来之后，合作学习的效率提高了，学习过程变得更加精彩了，至少在合作的过程当中，小组的旁观者越来越少了，大家都能够参与进来了。当然，会有一些排列组合方式，详细的我就不在这里讲了。有兴趣，大家可以去读读那篇文章，里面有三个模型。文章的最后，其实也是在创建一个学习共同体，这个学习共同体强调的就是加渔老师今天报告中所提到的深层的互动、深层的共享，一定不仅仅是共享知识，一定是共享情感、共享价值观。

**余海龙：**

突然有一个问题问常老师，这个问题可能会比较敏感一点儿。按您刚才的说法，私交好的孩子关系配合好，有父母告诉孩子，要跟学习好的同学处好关系、一起玩儿。这个观点您认同吗？

**常亚慧：**

如果非得有一个答案，我一定会赞成。因为在日常生活当中，我们也会讲跟优秀的人交往，你只能是变得越来越优秀。当然我得知道这个优秀的标准是什么，那么它一定是符合，比如对学生来说，是符合学校教育当中最基本的教育目的、教育规范，符合我们最基本的社会交往规则和体系的。在这样的前提之下，我们同样是鼓励跟优秀的人交往，所以我觉得海龙这个问题其实问得非常得刁钻。

结合我写的这篇文章，就我的研究而言，我发现一个很有意思的现象，这也是社会学的一个规律：五人小组是最稳定的。五人小组之间，因为它可以随时保证整个小组处于一个群体交往，很少会出现单个的个体。而在四人小组、三人小组当中都很容易出现单个的个体。大家很奇怪，四人小组怎么也会有单个？这也是很有意思的现象。刚开始，觉得四人小组应该是不可能有落单的个体，可能两两组合会比较多，但是有时候会出现三一组合。那么，在五人小组当中，很少会出现四一组合，通常是三二、二三这样的组合。所以，在这个小组教学的干预过程当中，每次的设定把学生的成绩分成了 ABCD 四类，五人小组中每一次一定有一个 A、有一个 B，而绝对不会说把 C 和 D 都分在一起组成一个小组，也很少会说只让小组当中有一个 B、两个 C 或者两个 D，或者说两三个 C、一个 D，小组里面一定会出现一个 A。因为从整个团体的角度来讲，从组织的角度来讲，它是需要一个能够掌舵的人，也就是说能够领导或者说引导整个小组合作的方向的人。刚才加渔老师所提到的一个很重要的东西——愿景，愿景必须得有一个人去坚守它。那么，为什么会选择比较优秀的孩子？他之所以优秀，因为优秀的标准恰恰是学校的标准、是制度的标准、是规范的标准，也就是说小组学习一定是用学校规范的标准、制度的标准来框定。在这个前提之下，我们再把不同的学生引导过来。

**余海龙：**

谢谢常老师！突然想到了一个问题，如果说真的能够建立这种学习共同体，它要比老师单独在课堂上讲授教学方式的效果会更好。谈到学习共同体的建设，一线老师该怎么做呢？加渔老师能不能给我们一线老师分享做到的方向，或者说是指导？

**冯加渔：**

好的！时代对一线老师的要求是越来越高了，实际上这也是我们时代社会进步的一种表现。比如说过去，一个人如果会识字断句就能当老师，但现在完全不一样了，有更高的职业能力要求。构建学习共同体是当今时期对新生代教师的要求，也是现实教育发展之需。对老师来说，可能是挑战。但是当我们直面挑战，把它落地生根，就是实现了自身的专业成长。

老师怎么做呢？简言之，就是要勇于尝试。假如您的班上现在没有采用所谓的小组合作学习，不妨去尝试，无论是几人小组，先去试一试，总有一种适合您。先去试一试，在试的过程中要注重积累经验，做一个有心人去记录，然后去反思。当然，尝试做的过程当中，可能会遇到很多的困惑。对此，您可以跟同伴交流，如果没有交流的对象，也没有关系，您可以去阅读。很多的书上、很多文章当中都涉及学习共同体，很多一线老师已经在做着。这不是一个前无古人的事情，已经有人在做了，您可以去阅读吸收，然后转化为实践。

第二种就是班上已经开始了这种所谓的小组合作学习的实践了，还想再提升进而达到今天讲的迈向学习共同体。那么，老师就要去思考了何谓学习共同体。我讲的一些内容特征，包括刚才常老师讲的一些内容，如果觉得认同，可以把这些内核拎出来，然后进一步去改造。比如，可能过去只关注于所谓成绩好的同学的发言，把更多的机会留给他们了，其他同学则成为旁观者、边缘者或者沉默者，压根就没有参与对话或者发言的机会。这样，我们就要有意识地为每一名同学的表达，为每一名同学的发言，为每一名同学的交流对话创造更多的机会和平台。关注到每一名学生，我们的课堂教学自然就走向深化了。五人小组也好，六人小组也好，或者四人小组也好，怎么通过制度的设计、规则的设计、任务的设计、过程的设计，让每一名学生都去参与，是值得深究的。我们的设计是多层次、多维度且有生长性的，而不仅仅是抛出一个好像适合于中等水平学生的问题或任务——那对其他类型学生意义不大。所以，合作学习绝非是形式上去设计几个人一组，而是要设计相应的适切任务。如果是五个人一组，每个人怎么参与，是三二组合，还是不分差别一起参与？这需要有意识的设计。如果觉得五人小组不适合，可以尝试其他的组合或者设计其他的任务。总的来说，学习共同体的构建是一个过程性的，而不是一次性的，并没有一个所谓统一的标准规范，它有很多面向。刚才常老师讲到了，有不同的学校背景、不同的家庭背景类型，因此，学习共同体在不同学校、不同班级呈现出来的样态也是不一样的，学习共同体的构建是一种求同存异、百花齐放的过程。

**余海龙：**

谢谢加渔老师！对我来讲，从今天的这个讲座受益良多，因为很多时候就是在摸着石头过河，没想到比如说像常老师的研究，已经就是从契约、从私交的角度研究得很深入了。听完今天两位老师的与谈，我觉得也要重新去设计自己的教学，尤其是对于学习任务的设计，包括在学习过程当中对学生的指导干预。还有最后两分钟的时间，我在这儿就不画蛇添足了，有请常老师为我们做今天讲座的总结。

**常亚慧：**

谢谢海龙！谢谢加渔老师今天给我一个很好的学习机会，因为我觉得也是让我们从另外一个角度去理解课堂教学。以往我们看到课堂教学的时候，可能首先会想到的是教师，但是在加渔老师今天的讲座，包括上次我提到海龙的讲座当中，我们其实会看到另外一个很重要的课堂当中的社会角色，也就是学生。教学是相长的过程，教和学也是一对范畴，它们一定是相对而生的。我觉得加渔老师今天的讲座，使我们真正地看到了课堂是什么、教学是什么。教师和学生不仅仅是教师，也不仅仅是学生，我们一定要认识到他们是社会角色，是社会中的人。社会中的人一定是具体的，也就是具体的时间空间、具体关系当中的人。在这个意义上，我们去理解课堂教学，就会发现课堂教学正是加渔老师刚才所讲的：我们是做中教、做中学，在做的过程中，把我们的课堂教学做得越来越好。所以，我觉得今天的讲座使我们从更深的角度、从不同的立场来回应课堂教学，来理解课堂教学以及理解课堂革命、课程改革的内核与主旨到底是什么。其实，我们就是为了人，而课堂教学就是人与人之间的交往。这是我今天在加渔老师的讲座当中感受最深的。谢谢海龙！谢谢加渔老师！

**余海龙：**

谢谢！再次感谢两位教授做客"西部课创大讲堂·课创三人行"！也非常感谢各位不同渠道的听众，来收听收看我们的讲座！再见！

**常亚慧：**

谢谢海龙！谢谢加渔！再见！

**冯加渔：**

谢谢余老师！谢谢常老师！谢谢各位听众！大家再见！

# 第10讲

# 智慧教学及创新实践

**主讲人：何聚厚 教授**

**（与谈人：衣新发 教授；主持人：余海龙 老师）**

**【摘　要】**智慧教学成为人工智能时代教育教学发展变革的趋势，是实现技术增强学习，通过教育信息化实现教育现代化，进而提升教学质量的重要举措。智能技术为教与学的环境提供了前所未有的改变，同时，真正支撑并促进学习质量提升的是技术智能，还是教师有效利用智能技术重构教学的专业能力，即教师智慧，成为智慧教学有效开展过程中两种不同的声音。技术智能为教育教学重构提供了良好的支撑环境，而教师能够基于学生学情、学科特点、育人目标等，以及基于智慧环境对教学重构设计与实践的先进理念、教学模式及有效方式方法，是发挥智能技术增强学习的关键。因此，深度理解智慧教学背景下如何实现育人目标有效达成的教学创新理念、思路与途径的内涵，并能够基于智慧教学环境开展有效教学实践，是智慧教学背景下教师专业发展的挑战，也为教师专业发展提供了新的机遇。

**【关键词】**智慧教学；教学创新；人工智能；技术智能；教师智慧

**余海龙：**

各位老师、各位同学、各位关心中国教育和教育改革创新的朋友们，大家晚上好。欢迎大家来到由陕西师范大学西部课堂创新研究院主办，教育部陕西师范大学基础教育课程研究中心、中国西部师范大学教师教育创新与发展联盟、陕西师范大学教师口语教学与研究中心联合协办的“西部课创大讲堂·课创三人行”的讲座直播现场，我是主持人余海龙。为了进一步促进高等教育与基础教育课程改革创新，经陕西师范大学社科处批准，陕西师大西部课堂创新研究院于 2022 年 4 月 15 日正式揭牌成立，研究院挂靠学校物理学与信息技术学院，由陕西师范大学校党委常委，物理学与信息技术学院院长、博士生导师李贵安教授担任西部课堂创新研究院院长，研究院的研究员以陕西师范大学课改团 196 名教授、学者为主体，同时还聘请了来自全国各高校、各研究机构的多名专家、教授，以及各级教育行政管理人员、大中小学优秀的一线教师担任特邀研究员。陕西师范大学西部课堂创新研究院立足于立德树人的根本任务，发挥教师教育特色，聚焦西部课堂创新研究，不断推动中国西部基础教育高质量发展。研究院将整合校内外各种研究资源，加强与国内外高等院校、中小学、学术机构以及政府部门的联系，协同创新大中小学衔接的育人模式。陕西师范大学西部课堂创新研究院将不断努力奋斗，持续为中国西部教育发展和课堂改革提供研究、培育、咨询、指导、评估与服务，切实推动西部高等师范院校与基础教育教学质量的提升。今天晚上，我们请到的主讲嘉宾是陕西师范大学现代教学技术教育部重点实验室副主任何聚厚教授，作为第十期的主讲人，来到“西部课创大讲堂·课创三人行”，和大家交流关于智慧教学及创新实践的主题。有请何聚厚教授开讲！

**何聚厚：**

各位老师好。非常荣幸作为第十期的主讲老师来到“西部课创大讲堂·课创三人行”讲座直播现场，和大家一起交流关于智慧教学及创新实践的相关问题。

## 一、前言：智慧教学的时代背景

如果大家注意一下，就会发现不管是针对大学、高职高专还是中小学，智慧教学是一个热门话题，为什么呢？因为现在处于信息化时代，智能技术正改变着我们的生活和工作，当然也改变着我们学习的环境。那怎么样能够有效地利用智慧技术增强育人效果呢？这需要教学创新，所以我们“西部课创大讲堂”里很重要的一个思路，就是通过课堂教学创新来提升教学质量。那么今天晚上，我给各位老师和各位同学带来的主题就是如何有效地将智慧技术应用到教学里，帮助教师更好地开展教学，提升教学效果？

在今天晚上的核心内容报告开始之前，我想给大家看一个很重要的背景，教育部最近启动的教育数字化战略行动。在这个战略行动里，教育部希望通过教育信息化来推动教学现代化，提升教学质量。因此，在 3 月 28 日，教育部启动了国家智慧教育公共服务平台。如果大家进入这个平台，会发现其中的国家中小学智慧教育平台不仅仅有各种中小学课程的教学资源，更重要的是还有教师发展以及教改教研相关的资源。还有针对职业教育、高等教育的智慧教育平台，如果大家进去看一下，会发现这里面的资源非常丰富。

丰富的资源放到平台上就能够发挥真正的作用吗？显而易见，仅仅是这样发挥作用有点困难，所以怎样将国家智慧教育公共服务平台提供的优质资源，利用到教学里面去，帮助教书育人质量的提升，成为中小学老师、职业教育老师以及大学老师，面临的一个重要挑战。在国家智慧教育公共服务平台启动时，教育部特别强调“应用为王”，也就是说我们要把这些资源用起来，真正地应用到教学育人里。

对各位老师来说，现在已经不是资源匮乏的时代，而是怎么样更好地将资源利用到教学过程中，通过教学重构发挥资源助力教学质量提升。也就是说，智慧教学平台已经提供了非常丰富的资源，目前的主要问题是，如何通过教学重构把优质的智慧教学资源应用到教学过程中并确保教学的有效性。因此，首先需要确保教学的科学、规范，我为什么话题开始之前特别强调要确保教学的科学、规范、有效呢？因为我指导帮助许多学校开展智慧教学的过程中，发现一个非常重要的问题，即很多老师在提到智慧教学的时候，首先想到的是各种智能技术，强调技术多么先进、技术多么好。其实对于智慧教学而言，核心词是教学，智慧只是智能技术支撑或应用的表明特征而已。就像我们之前强调的“信息化教学”“互联网+教学”以及现在强调的智慧教学、信息化、互联网+、智慧等，这些词只是一个环境、一个技术而已，核心点还在教学这一根本任务之上。所以对于智慧教学而言，其核心还是把智能技术应用到教学中，并确保教学科学、规范和有效。

我们经常说“教学有法，教无定法，贵在得法”，教学有法即不管环境发生什么样的改变，首先必须要遵循教育学、心理学的基本理论、理念和方式方法，也就是说有效的教学必须是在科学规范的教学理念指导下的教学。其次，要开展科学规范的智慧教学，首先要得法，要深度理解开展智慧教学设计和实践的理念、途径和方式方法的内涵，眼中不能只有各种智能技术而没有以育人为核心的教学。那么怎么样才能在智慧环境下，通过教师的“教”有效帮助学生的“学”呢？需要深度把握智慧教学设计实践的思路、理论理念和方式方法的内涵。因此，只有在有法、得法基础之上，才能做到教无定法。教无定法，要以智慧教学的理论理念和其背后相关的思路与方法为依据，将学生学情和学科特点作为基础，以人才培养目标为导向，进行科学、规范、有效的智慧教学的设计实践。

我们可能面临一样的智慧教学环境，但我们学生学情、课程特点、人才培养目标可能不一样，教学的差异性是客观存在的。在教无定法的背后，如何开展有效教学呢？那就是教学创新。基于智慧教学的一般理论，确保智慧教学的科学性和规范性，同时针对上述的教学差异性，创造性地进行智慧教学设计与实践，并能够确保达成育人目标，这就是智慧教学创新需要解决的核心问题。那么基于智慧教学的一般理论和教学差异性问题，如何能够确保开展科学、规范、有效的智慧教学？针对这一问题，今晚我差不多用一个小时的时间，通过理论和实践分析来解答。我的报告内容包含两部分：第一部分是智慧教学的发展趋势介绍；第二部分是智慧教学创新实践。

## 二、智慧教学发展趋势：技术如何增强学习

我们首先看一下智慧教学发展变革的趋势。对于教学而言，“教”的核心目的是为了帮助学生有效学习，从教学诞生时就有技术促进“教”和“学”。比如在信息化教学之前，老师用一个三角尺或者一个自制教具，就能够形象生动地开展教学。很多优秀老师非常有智慧，使用一些木片、竹片、手工制作的纸片，或者一个圆规、一把尺子，就能够把一个复杂的理论给学生栩栩如生地展示出来，这就是技术支撑教学、促进学生学习的典型应用。后来随着信息技术的快速发展，尤其是投影等技术的出现，全世界范围内开始大力推广多媒体教学。有效的多媒体教学优势明显，因为它能够把一些复杂的问题、不易理解的原理，通过多媒体的图像、文字、动画和音视频等，形象生动地展示给学生，进而帮助学生有效学习。

在多媒体教学开始的时代，老师也碰到很多困惑，比如怎样制作动画，如何把教学思维和教学过程通过课件有效实现等。现在，大家对如何制作课件已经没有太大的技术障碍了，这是技术长期积累和课件设计制作普及的结果。多媒体教学普及后，随着技术的进一步发展，一些智能技术开始应用于教育教学，信息化教学开始进入智慧教学时代。在智慧教学时代，不仅要解决如何使用信息技术展示教学内容和教学思维的问题，更重要的是教师如何有效使用智能技术，实现对教学过程、教学行为、学生学习生成知识的分析诊断，让老师更深刻地理解学生学习，更好地控制教学进度，更好地发现学生未解决问题，从而进行精准化教学。可以看出，从多媒体教学到智慧教学，已经由展示为主开始变为深度交流。

大家可能已经注意到了一项新的教育技术，那就是元宇宙教育。元宇宙教育和智慧教学、多媒体教学一样，都是新的技术出现以后催生教育教学新应用形式的一种改变。无论是多媒体教学、智慧教学，还是元宇宙教育的核心都是技术发展促进应用形态的新改变。比如说，现在很热门的智慧教学和元宇宙教育背后就是云计算、物联网、移动网络、大数据以及虚拟现实等技术，通过虚拟现实来感知虚拟情境，通过云计算实现虚拟情境

中的决策、判断等。

智慧教育和元宇宙教育等究竟给我们的教学带来了什么改变？第一个是预测，教师依据学生目前的学习状态能够预测学生将来的学习状态，例如对目前学习态度、学习行为的跟踪分析，可预测学生是否会挂科，或学习发展等。第二个是决策，例如学生学完知识点后，下一步应学习 A 知识点还是 B 知识点？或者当学生做错题目后，应推荐 A 资源还是 B 资源来帮助其学习。第三个是生成性问题，比如念诗“两个黄鹂鸣翠柳，一行白鹭上青天。”之后，会呈现一幅漂亮的画面引申到诗词背后的故事情节，促进学生的理解，这就是典型的通过文本描述，呈现一个更生动的二维或三维空间画面，让学生深度沉浸式的感知学习情景。元宇宙中生成性的学习体验，则是通过“我现在某个地方，我碰见了什么，我想怎么做”等生成学习情境，让学生进行现场探索与感知。大家是否发现生成就是智能计算背后的故事，环境感知是虚拟现实等技术实现的，随着技术的快速发展变革，应用需求与应用形态都在发生改变，教学随之发生变化。

“人工智能+教育”除了刚才分享的案例以外，还在教学中的许多地方带给我们新的感受与新的应用。第一个应用场景，教师让学生在课前预习或提供微课学习后完成测验，以此来了解学生的学习效果，只要测试题目与知识点能够足够恰当的对应，那么通过学生做题的对错，教师能判断出学生对知识点学习的效果怎么样，明确教学的重难点，这时候教师利用系统自动提供的相关教学资源进行备课，这对于老师来说是非常便捷的。第一，教师能够非常准确地定位学生今天所学知识的难重点；第二，教师能够便捷地获得相应的资源为教师备课所用。对于学生而言，做完题目以后，系统不仅能诊断对错，还提供了相关的资源，使学生能够针对自己的薄弱之处进行学习，以至于学生能够在课前解决自己的不足，其对学生个性化学习需求也是非常好的支撑。

第二个应用场景，以前我担任陕师大本科生申请“4+2”研究生面试评委时，发现学生板书时经常写对字，但笔顺是错的。导致这种情况的原因是小学听写生词时，都是老师念学生写，老师最后检查学生是否写对，但没有检查在听写过程中检查笔顺。现在系统基于智能技术不仅能够在学生写汉字时判断对错，更重要的是能够对笔画、笔顺、间架结构等准确分析。如果学生的字写对了，但笔顺或笔画出错，系统会提醒学生错误并纠正，就相当于学生在写汉字时，旁边站着一个老师能够不停地提醒对错以及如何修改错误。我想，通过这样的训练，学生汉字的书写、笔画笔顺结构不会出问题。

第三个应用场景，批改作文对于很多老师说是很头疼的事，因为任务量很大。其实，现在基于人工智能技术，不仅能够对作文进行有效批改，而且能够有效评价作文的主题、结构、用词等。因为系统“见多识广”，从而能够准确批改作文。例如针对七年级学生以“人生”为主题的作文，系统可能已经学习了十几万篇关于“人生”主题的作文，也学习了老师如何批改作文。当把作文提交系统后，系统基于对已有作文学习所获得的规则，能够对作文进行批改。有时候系统的批改比老师的批改还要准确，最大的好处是能够减轻老师的工作量。对于老师来说，作文批改系统提供了非常好的诊断，老师能够知道作文的主要问题在哪，讲解作文时主要解决哪些问题，也把老师从繁重的工作中解放出来。一般的作文批改系统对于中英文作文批改已经完全没问题了，不仅仅是告诉你写得好不好，而且系统会对存在问题的时态等进行准确批改。同样的，技术还可以准确判断简单的证明题，例如教师在课上讲解勾股定理，学生在纸上完成解答题目，通过摄像头跟踪学生解题过程，然后判断题目证明方法是否正确；以及对考试试卷难易度分析，这些都是现在的技术可以实现的。

第四个应用场景，基于知识图谱的个性化定制学习。通过对知识点的跟踪判断，构建知识图谱，实现智慧学习、个性化学习。比如针对数学八年级下册的勾股定理，可以将相应知识点的逻辑关系构建出来，形成知识图谱后，对应相关知识点，这样可以将微课讲解、测验等关联起来，通过学生的课上学习测验和课后作业能够追踪学生熟练掌握哪些知识点、哪些知识点错误率高等，那么在给学生布置作业时可以依据学生实际情况个性化地布置作业，而不是全班同学作业都一样。换句话说，班级里 45 名学生，可以布置 45 份不同的作业，实现个性化学习，这对“双减”政策是非常好的支撑。如果学生的问题比较多，相应的作业就要多一点；如果学生学得非常好，相应的作业少一点。分层教学的核心是教师给学生的学习支持程度要分层，但是对学生的要求、对学生的目标不能分层。所以使用基于智能知识图谱个性化定制学习，可以很好地解决学生作业减负问题，可以降低学生的作业量。将基于知识图谱的个性化定制学习应用到教学中，发现单点知识的训练量降低了 50%，因为通过知识图谱追踪能够看出学生学习效果，从而制定个性化学习作业，那么平均下来以后单点知识量的训练量以及作业的时间都有很大的降低，而学生的课外活动时间增加了很多，最重要的是焦虑情绪降低了很多。因为个性化的作业是依据学生学习能力而制定，由简单到复杂，从自我效能感的角度来说，能更好地增加学生学习兴趣。

但是也存在一些学校使用了非常好的系统，但学习效果却不好。这就是需要思考一个问题：智慧教学的核心是使用技术智能解决问题，还是说需要教师的智慧来解决问题？有些学校认为花了大价钱买了智慧教学系统，构建了智慧教室，教学效果就应该很好。这就相当于一个医院，买了非常先进的检测设备和治疗设备，但是医生全变成设备的操作员了，没有发挥医生的智慧。医院里先进的检测设备和治疗设备只是给医生的检测和治疗提供了便捷，但是最终治好病人的不是设备，而是医生渊博的知识、丰富的临床经验和敬业的精神。那么对老师也是一样的，学校里面建了非常好的智慧教室，使用非常先进的智慧教学技术，但是真正对学生学习起决定作用的不是设备，而是老师怎么样发挥自己的智慧将技术应用到教学里面去，帮助学生的学习用到教学环节里面去，这个才是核心。我们要让智慧教学真正发挥作用，老师要利用设备将技术应用到教学设计、教学活动的每个环节里面去，帮助学生学习。所以需要智慧教学的创新实践。接下来我们一起进入报告的第二部分智慧教学创新实践。

## 三、智慧教学创新实践：技术智能支撑教师教学智慧

首先，作为智慧教学老师不仅要具备扎实的专业能力，更重要的是要具备人工智能素养。教师不用详细知道人工智能技术如何工作等问题，但

至少要知道人工智能技术能干什么，以及要用人工智能思维去解决现存问题。其次，以专业能力和人工智能素养作为基础，教师一定要热爱教师职业，有崇高的职业理想，同时还要具备先进的教育教学理念。比如以学生为中心的理念，而不是以教为中心，以及如何通过教学有效地帮助学生学。教师的基础教学能力由专业能力、人工智能素养、职业理想、教育理念等共同构建，最终以教学行为的形式表现在课堂教学中，通过教师的教育行为帮助学生知识结构、情感道德、各项能力的发展。

对于一个教师来说不仅要具备扎实的专业能力，更重要的是具备人工智能素养，才能实现技术和教学的有效融合。比如老师建构教学内容时，要设计基于教学内容的教学方式方法，这就是 20 世纪 80 年代舒尔曼提出的 PCK，基于学科的教学设计实践能力。教师进行有效教学不仅需要知识渊博，而且还要具备相应的教育学、心理学知识，以及掌握与学科特点相结合的教学方式方法。如果教师能够做到以上要求，在 20 世纪 80 年代就是好老师。但在今天做一个好教师、卓越教师，还需要具备信息素养，尤其是人工智能的素养。那么人工智能和教学是如何结合的，以及它的本质是什么？

一是信息技术和教学内容融合，它的本质就是使用智能技术对教学内容进行表征构建。举个简单例子，如果大家没有听过今天报告的内容，那么你的相关知识可能是零，而我为了更好地给大家解释我脑中的知识，将知识通过声音作为载体转化成语言传递到你的耳朵，耳朵接收到信息后刺激神经元来接收并构建知识。如果你现在将眼睛闭上，仅通过声音构建知识，实际上是很不完备的，为了更好地给各位解释我今天报告的内容，我使用 PowerPoint 软件将讲解的内容以图形、文字加动画的形式进行表征构建，同时加上耳朵接收到的声音，构建一个新形态来帮助大家进行知识建构、理解知识。这就是一个非常典型的基于技术对内容表征构建，除此之外，还有 VR、虚拟现实、元宇宙等技术。比如我现在跟学生讲解盾构机是怎么工作的，不可能将学生带到机器的工作线上观察，因此可以将其工作过程制作成为 VR，学生通过 VR box 设备就可以对内容进行沉浸式的学习和体验，用蓝牙手柄对机器进行操作和拆装。这时学生对知识的学习不仅停留在想象层面，而是沉浸式的现场教学，这就是使用VR技术对内容进行重新表征构建，能够更好地帮助学生学习。还有中学使用的几何画板对内容重新表征后，能让学生更好地学习数形结合等。这些都是使用信息技术对内容重新表征构建，帮助学生学习，是信息技术和教学内容的融合。

二是信息技术和教学方式方法的融合，比如听写生词就是非常典型的人工智能技术和教学方法、教学过程的结合，从而帮助学生规范写字。前面提到的布置作业、对证明题的批改等，都是使用信息技术对教学过程和教学方法进行重新表征，并开展相关教学。还有学习评价，通过对测试结果、平时的作业、观看微课时长、查阅资料的习惯等进行跟踪分析，从而准确分析学生的学习能力、解决问题的能力怎么样。使用信息技术和教学方式方法融合后，更好地促进教学方式方法的开展和学习评价。因此，对智慧教学来说，要使用智慧技术结合课程特点对教学内容、教学方式方法等重新构建，进而构建一个全新的教学形态，能够更好地帮助学生学习，当然我们在真正的教育设计中还要考虑到学生学情以及教学环境。智慧教学首先要实现技术和教学内容的融合、技术和教学方式方法的融合，以及技术和学习评价的融合。在融合过程中教学要重新构建设计，如何构建设计呢？我和大家分享一种基于翻转课堂教学的智慧教学重构设计。

各位老师，因为我从事相关工作很多年，发现很多老师对于翻转课堂的理解停留在片面的角度，认为翻转课堂已经过时了，其实翻转课堂教学是非常好的教学，只不过因为有些老师的实验方法存在问题。那么怎样基于翻转教学来进行教学的重构设计，进而真正实现智能技术对教学的支撑作用呢？我们知道传统教学在课程开始前让学生预习，会出现学生因为对题目或理论不理解，导致学习无法进行，例如因为不理解勾股定理，从而无法解决勾股定理的证明题。课前预习是得不到任何保障的，学生预习时碰到问题没有人帮助，教师也无法知道学生存在的问题。很多老师所说的使用导学案，也同样存在因为碰到不理解的困惑而无法完成后续题目的情况。在课程进行时，教师为确保学生对知识点的理解，会通过问答互动来诊断学生学习情况，从而选择是否再次进行讲解，直到学生理解为止。所以，好的教学有老师讲授和学生互动，通过互动诊断了解学生学习情况，促进学生思维和能力发展。而课堂教学后，学生独自完成作业时没有老师现场帮助和同学互助，那么学生仍然存在因遇见不会的知识点导致学习无法继续的情况，这就是传统教学的流程。

那么我们怎么样基于翻转课堂教学的智慧教学帮助学生有效学习呢?首先要做到的是，不让学生课前看书预习，而是让学生观看学生微课。预习是自己看书，自己学习，而学生观看微课是听老师讲解。学生听完微课后，完成测验题，如果测验错误，则观看微课再次学习，直到正确为止。学生观看微课做测验题的过程与传统课堂教学的过程是一样的，传统课堂教学中教师讲授、提问学生、学生回答，通过学生的回答，决定讲新内容还是再次解释内容。在翻转课堂中是学生观看微课并做测验题，测验题正确则不需要继续观看，测验错误则再次观看微课，直到测试正确。通过智能技术的跟踪分析，可以实现学生自己观看微课，完成测验题，智能评价技术支撑对测验题的分析，了解学生学习动态，该过程就恰恰与传统课堂教学相似。

传统课堂教学是老师讲，如果A学生听明白了，B学生没有听明白，那么老师不得不再讲一遍内容，此时对于A同学来说时多余的，但却是B同学所需的；如果C同学还没听明白，老师会进行第三遍讲解，还是教师翻来覆去地讲，以教师讲学生听为中心。而课前学习微课是以学生为中心，学生观看微课的次数由学生自己决定。看完微课正确地完成测验题，就不用再看了；测试错误的学生可以继续观看，具体看几遍是学生说了算，这是以学生为中心的教学非常好的体现。这样的课前任务，有微课的讲解和系统支撑的自动评价，使自主学习是有保障的。那么在智能系统的支撑下，我们实现了个性化的自主学习，因为整个学习过程是学生根据自我需求确定的。

因为课前学习微课，课堂中老师就不会再去讲基本概念，而是依据学生学习情况，明确课程重难点，帮助学生解决存在的问题，开展有效的课堂教学。整个课堂教学都基于智能评价技术的支撑，通过平板、手机等跟踪分析学生的学习，对学生的学习过程、行为进行准确的分析。

这样的课堂教学相当于把传统课堂的教学整体前移，课前个性化自主学习和课堂中通过互动交流解决学生的问题，而误后只是进行简单的拓展。所以翻转课堂教学的核心不是老师不讲学生讲，而是通过翻转的流程，实现了课前的学生个性化自主学习，从原先的课堂以教师讲授为中心，变为以学生为中心。使课堂教学聚焦于学生问题的解决，实现精准化教学，这才是翻转课堂教学的内涵和核心，以及价值所在。当然在这样的课堂教学中，教师可以讲解基本概念，并让通过大数据分析的优秀学生展示解题过程。

这就是翻转教学，那为什么说是智慧教学？因为课前课堂的跟踪分析评价，是基于智慧技术支撑的。但核心还是对教学模式、教学方式、教学方法的改变，技术只是一个支撑。所以对智慧教学来说，就是通过微课学习、完成测验、任务评价和自动评价等实现了学生个性化自主学习，学生依据自我需求决定观看微课次数。基于这样的思想，才是开展微课教学和翻转课堂教学的核心，有人说翻转教学已经过时了是因为没有发现翻转课堂真正的价值。第一，翻转教学实现了学生各项自主学习，体现了学生学为中心的理念；第二，也是最重要的，通过学生课前学习知识、课堂中帮助学生发展解决问题的能力，实现了有效衔接和精准化教学，这才是翻转教学的价值和核心所在。那么智能技术的支撑能够实现个性化自主学习，从而实现了系统的自动评价、生成性知识、问题跟踪等。智能技术只起到了支撑作用，而真正发挥作用的是教学模式、教学方式方法的改变。

对于智慧教学变革来说，是从传统教学到智慧教学的改变。首先，传统教学是以教师“教”为中心，智慧教学通过教学模式、教学方式方法的改变，变为以帮助学生知识建构、能力发展为中心，即以学生“学”为中心。并且跟踪分析学生成果，决定学生应该怎么学，进而实现精准化教学、个性化教学。构建智慧教学核心是我们的教育教学理念、教学模式、教学方式方法的创新变革，而不是技术的变革。

我们团队研究的智慧教学本质是技术智能支撑着教师智慧，也就是通过技术的支撑，让教学的理念、思路、模式、方法进行改变，从而使教师跟踪分析学生存在的问题以及需要的帮助，所以智能技术通过教学理念、思路、模式、方法的创新变革，能够使教学变得更智慧，因此智慧教学的核心还是教师的智慧。换句话说，治病的不是设备，而是医生的智慧。教师需要在智慧教学背景下，具备有效使用智慧教学的技术进行教学创新变革的思维和方式方法，不是将新技术套在传统教学之上，要发挥技术的作用，其实就像刚说过翻转课堂教学模式的使用一样，需要教学理念、思路、模式、方法的创新变革。

通过将技术应用到教学之中，以教学模式、教学方式方法的转变，让技术更好地服务于教学，帮助教师更好地了解学生，更好地针对学生问题设计教学活动、教学评价、教学内容，使知识内容的表征更好地帮助学生理解，那么才能真正地发挥技术支撑教学作用。所以教师专业能力、教师智慧素养的发展，教师在现代化信息背景下的创新能力，是开展智慧教学的背景下需要大力去解决的问题。

这就是今天晚上我带给各位老师的智慧教学及创新实践的相关内容，希望对各位老师、各位同学能够起到一定的启发和引领作用，也请各位老师批评指正，谢谢。

**余海龙：**

谢谢何老师，您辛苦。衣老师，邀请您用关键词概括一下今天晚上何老师讲座的要点，谢谢。

**衣新发：**

好的，谢谢余老师，何老师辛苦了。何老师的报告言简意赅，充满真知灼见，何老师做的工作都是直面国家发展的重大需求，我主要有四点收获。第一，理念的转变是基础，我们要意识到在这样的一个时代，智慧教育的理念、方法、技术与我们教学的有机融合，是每一个教师都需要去改变并达成的理念。比如义务教育的信息技术课程标准，就不仅是一个技术问题，同时是科学概念、科学原理的问题。不能说技术层面已经进入到智慧教育的时代，老师的头脑、信念还在蒸汽时代，理念的更新是第一位的。第二，操作的转变是关键，刚才何老师也提到我们常有认识上的误区，技术的日新月异和理念的相对陈旧之间，会让我们觉得只要购买新的设备，就可以一揽子地解决教育教学的问题，过于看重硬件技术的重要性。再好的设备也是在专家型医生的使用之下才可以倍增诊疗效果，所以要打破误区，实现信息技术对于教学的支撑作用。第三，教学的重构是核心。“教”和“学”在 21 世纪都需要重构这一点，我们有各种各样的探索，不管是生字教学、笔顺教学、作文教学，还是随着信息技术提供的精准反馈，包括提供更逼真的情景等。当然最重要的目的是学生达到自我调节、自我定向的发展和学习。第四，教师的智慧是本质。一切的改变，包括技术的智能、标准的变化、教材的更新，都要支撑于我们教师智慧的迭代，变成越来越智慧的教师才能驾驭越来越先进的技术。谢谢。

**余海龙：**

何老师的报告解答了很多困惑，更新了我关于翻转课堂部分的教学理念。刚才提到了翻转课堂核心在于课前任务，我想追问何老师一下，在认识翻转课堂的正确理念之后，有些教师认为课堂讲授和播放微课很简单，但翻转教学以及重构教学很麻烦，还想请您就翻转课堂的操作层面，跟大家再聊一些您的观点。

**何聚厚：**

谢谢余老师。第一，一个好的老师要上好一节课，从来没有轻松的时候，不管是在传统教学还是信息化教学背景下，都要付出我们的真心。翻转教学核心目的是让学生的知识能力都能得到很好的发展以及帮助学生有效学习，所以老师不会轻松的。第二，从翻转教学的产生，也就是萨尔曼·可汗让学生去看微课，然后在课堂中解决问题。首先有知识的储备，然后解决问题，实施课堂里的精准化教学，发展学生的解决问题能力。而系统中微课测试加上各种任务智能评价，让学生不仅仅学知识，还能更好地评价学习情况。

我们团队问过超 8 万名的各层次学生，在刚步入大学时面对全新的知识点是喜欢听老师讲解还是自己学习。85%以上的学生选择听老师讲，因为老师的讲解会融入老师对知识的理解与经验，对知识进行加工处理，用自己独特的方法讲解，使学生豁然开朗，所以老师的讲解魅力非常重要。那么把讲解从课堂里以教师为中心的讲，搬到翻转教学里变成以学生为中心才是核心。复旦大学张学新老师推广的对分课堂也佐证了该观点，张学新老师的对分课堂里面不鼓励学生预习，先让学生在课堂中听教师讲解，然后学生带着问题自学，最后在第二次课堂中再去讨论问题。我与张老师交流过，其实对分课堂和翻转教学是一样的，只不过把老师课堂讲述变成了在线课程、个性化自主学习。

对于我们老师来说，现在要做的比前十年容易得多，因为我们有智慧教学平台的海量资源。以前我在很多学校推广的时候，教师录制微课很麻烦，现在不管大学还是中小学在智慧平台上都可以找到相关的资源。教师要做的就是把那些资源引到课程里面，让学生去观看微课学习，并依据测验发现问题，在课堂里进行针对教学。所以在智慧教学的背景下，教师已经不是由于资源匮乏需要去做微课，而是需要学会怎么整合资源、怎么重构教学课程、怎么样发挥资源作用，这才是核心的。当然如果教师认为资源没有自己讲解得好，也有多种方法可以录制微课，近几年开展翻转课堂教学要容易得多。所以翻转教学是课前实现个性化自主学习，而课堂中实现了精准化的教学，发展学生的能力是关键。

**余海龙：**

谢谢何老师，我觉得您马上就帮我们理清了思路，其实翻转课堂以及智慧教学的核心就是重构教学模式、教学手段以及教学方法。下面这问题我想请问衣老师，对于何老师提到的作文批改这种教育应用，如果在诊断和批改过程中，学生的作文出现创新，是否会误判呢，您怎么看待大数据库和学生的创新之间的关系呢？

**衣新发：**

在已经上市的产品里面也有非常多作文批改的产品，包括首都师范大学原副校长周建设教授也开发了比较成熟的作文批改系统。我觉得系统在训练时就基于海量数据，算法本身就在不断把一些新作文能够放到系统中，而且能够不断地迭代和完善，不断推出新的版本。我们原来经常讲创新思维是一种严谨的思维，那么包括歌曲的创作、诗词的创作、作文的创作，它的确有相当大的一个比重是可计算的。可被计算的部分能够实现对创新的评价，并且是有根据的，比如说缺少材料或者证据都会非常明确的指出来。所以在这个方面，我觉得这类应用还在不断完善，他们并不是完成时，还在不断进步的过程中。

该类应用的确比单个老师批改作文更有效率，有更好的准确性等，这些不可替代的优势确实可以帮助一线老师。清华经管学院原来的院长钱颖一教授，认为大学生的口头表达能力、写作能力、批判性思维能力这三大能力是大学生非常需要单独训练的。当然，我们人类有一些独有的生命体验，有独有的、创作的、个别化的感受。最主要的是人有自我意识，而机器目前还没有自我意识，更不用说意向性。我不相信机器是万能的，在我们可见的未来，它也不是万能的，但是就其可计算的部分，对于能够帮助人类更好地实现创新具有巨大潜力。

**余海龙：**

我非常赞同您的观点，第一个就是说作文批改数据库的建立，比单个教师的阅读量、感受力、个体经验更加丰富，从这个角度来讲，智慧教学的作文批改是一个进步，而不是一个按葫芦画瓢的过程。第二，在这样的一个不断的延续、算法不断改进的过程中，实际上也是一个不断完善的过程。其实在我所从事的播音主持教学中，就有全国统一使用的普通话水平测试机测软件，通过建立全国各地语言的样本数据库，将应试者的标准音与考试音进行对比得出结论。包括何老师所说的，让我想到在播音主持的教学中，南方和北方孩子的语音面貌不一样，南方孩子不容易分清前后鼻音、平舌翘舌。北方的孩子可能看一遍教学视频就掌握发音方法，但南方孩子就需要多看几次。所以我特别赞同何老师所说的，当不同学习程度的孩子进到教室时，其实教师所给的学习要求是一致的，可以利用智慧教学对学生之间的学习差距进行弥补，甚至提升。

何老师，就您在最后结尾时提到智慧教学和教师教育发展，那结合陕西师范大学以教师教育为主要特色的培养模式，想请您谈一谈智慧教学如何实现教师教育的改变。

**何聚厚：**

谢谢余老师。我觉得衣老师说得非常正确，第一，为什么我们现在叫人工智能(Artificial Intelligence)，而不是完全的智能，因为还需要人工喂数据，让其学习才能实现相应功能。刚才所说的作文批改问题，学生用文言文写一篇作文，系统可能无法判断，但系统会提示老师进行人为判断。第二，现在通过算法的改进，技术可以实现无监督的学习智能判断，比如越来越多文言文作文时，系统就会学会如何判断文言文作文，随着技术的发展，系统也是一个发展的过程。但不管怎么样，目前来说它的最大价值是可以把老师从繁杂的工作中解放出来，并为老师能提供一些更精准化的教学依据。

第二个也就是您刚才说的问题。我所在的现代教学技术教育部重点实验室起源陕西师范大学教师专业能力发展中心。因此我认为对于现在的师范生来说，要成长为一个能够以不变应万变，能够掌握将来技术发展的卓越教师，不仅仅要提升三笔字、普通话语言表达能力等教学技能，更重要的是要培养学生专业素养、核心素养。专业素养其实包含很多，其中一个就是人工智能素养，它能够有效地利用现代新技术解决自己教学的问题，事实上是一种创新思维和创新能力。我们实验室的胡老师、衣老师都在做创新思维。对师范生来说，他将来要成为一个卓越教师碰到的问题不是他现在看到的，也不是他当年的老师们碰到的，可能是前所未有的。比如现在是智慧教学，等他将来毕业之后，可能就会进入到元宇宙教学，那么这时候技术发生改变，他怎么能应对技术的变化呢？事实上要发展他的教师专业能力，也就是职业素养，专业内涵提升了，环境再怎么改变，都会将理论和技术结合。所以我强调智慧教学核心的落脚点还是“教”和“学”。教师专业能力的发展非常关键，对师范生来说，第一个要提升他的教师专业能力，第二个要培养创新思维、创新意识，尤其教学创新思维、教学创新意识。我希望我们以后能够更多地加强教学创新方面的课程和实践，例如去年和衣老师一起开展了教学创新课程，在国家级比赛中拿到了二等奖。

**余海龙：**

谢谢，请衣老师概括一下今天与谈的话题。

**衣新发：**

好的，非常荣幸，感谢余老师。信息技术领域进步的速度有一个摩尔定律，简单来说就是每一美元所能买到的电脑性能，每隔 18 个月会翻两倍以上，也就是说技术进步的速度是非常快的。但是相对而言，我们人自身，包括师范生，从基础教育到师范大学，尤其是在有关信息科技方面，知识更新速度可能没那么快，这提醒我们要不断地更新知识体系，因为从信息到知识，知识到智力，智力到智慧，然后才可能到创新。把知识变成智力，把智力变成智慧，把智慧变成创新。

**余海龙：**

谢谢，谢谢衣老师，谢谢何老师，也特别感谢今天二位教授能够做客我们的“课创大讲堂”，尤其是何老师非常辛苦地澄清了什么叫作真正的翻转课堂，在很多人认为技术至上的前提下，如何实现智慧教学及创新实践；也非常感谢衣老师，每一次与谈都能给我们带来很多新想法和新智慧，所以感谢二位教授，感谢所有听众，谢谢大家。

**衣新发：**

谢谢何老师，谢谢余老师，谢谢各位。

**何聚厚：**

谢谢余老师，谢谢衣老师，谢谢各位老师。

**余海龙：**

谢谢，谢谢。

# 第 11 讲

# 大学课堂革命：从理论到实践

主讲人： 宋永成 教授

（与谈人： 冯加渔 教授； 主持人： 余海龙 老师）

**【摘　要】**课堂革命是近年来教育部对大学和中小学课堂教学改革提出的一个方向性口号。其内涵包括打破传统的满堂灌的课堂、从教中心转向学中心、关注信息化等，但最重要的则是从班级授课制转向小组合作学习。课堂革命是世界潮流，传统课堂很难培养出国家需要的创新型人才，中小学课改倒逼大学课堂革命，同时，课堂革命也是目前提高我们教育教学质量的最好方法。从 2007 年开始，陕西师大就在大学和中小学践行课堂革命，并且推动了陕西省乃至全国课堂革命的发展。多年来的实践证明，课堂革命是提高教学质量和学生综合素养的最好路径，其最终目的就是为了实现为党育人、为国育才。

**【关键词】**课堂革命；陕西师大；小组合作学习

**余海龙：**

各位老师、各位同学、各位关注中国教育改革创新的朋友们，大家晚上好！

欢迎大家来到由陕西师范大学西部课堂创新研究院主办，教育部陕西师范大学基础课程研究中心、中国西部师范大学教师教育创新与发展联盟、陕西师范大学教师口语教学与研究中心联合协办的“西部课创大讲堂·课创三人行”讲座的直播现场，我是主持人余海龙。

为进一步促进高等教育与基础教育课程改革创新，经陕西师范大学社科处批准，陕西师大西部课堂创新研究院于 2022 年 4 月 15 日正式揭牌成立。

研究院挂靠学校物理学与信息技术学院，由陕西师范大学党委常委、物理学与信息技术学院院长、博士生导师李贵安教授担任研究院院长。研究院的研究员以陕西师大课改团 196 名教授、学者为主体，同时还聘请了来自全国各高校、各研究机构的多名专家、教授以及各级教育行政管理人员、大中小学一线的优秀教师担任特邀研究员。

研究院立足于立德树人的根本任务，发挥教师教育特色，聚焦西部课堂创新研究，不断推动中国西部基础教育高质量发展。研究院将整合校内外研究资源，加强与国内外高等院校、中小学、学术机构以及政府部门的联系，协同创新大中小学衔接的育人模式。

研究院将不断努力奋斗，持续为中国西部教育发展和课堂改革提供研究、培育、咨询、指导、评估与服务，切实推动西部高等师范院校与基础教育教学质量的提升。

今天是我们整个“西部课创大讲堂·课创三人行”的第 11 期讲座，也是本次公益讲座的最后一期讲座。我们第一阶段的工作到今天即将画上一个句号，所以很兴奋。今天恰恰也是一个很特殊的时间，国内很多地方的高考今天结束。所以，我们今天在高考结束的大背景下，再来研究、探讨教育问题，再来思考中国课改的方向问题，我觉得是特别有意义的。

今天晚上的主讲人，想必很多做课改的人都知道，就是全国课改界赫赫有名的宋永成教授。当然在这里我还是要再介绍一下宋老师。宋永成教授是西部课创研究院研究员、陕西师范大学历史文化学院教授、硕士研究生导师、教育硕士导师、陕西师范大学犹太历史文化研究所所长。宋老师今天晚上讲座的题目是《大学课堂革命：从理论到实践》。其实宋老师的讲座是由大学的课堂革命反观全国的大、中、小学一体的课堂革命。欢迎宋永成教授！

**宋永成：**

大家好！

**余海龙：**

今天晚上担任与谈嘉宾的是我们的老朋友，西部课创研究院研究员、陕西师范大学教育学部副教授、博士、教育部陕西师范大学基础教育课程研究中心中学教育研究中心副主任冯加渔老师。

**冯加渔：**

大家好！

**余海龙：**

欢迎二位教授来到我们的“课创大讲堂”！下面就有请宋老师开讲！

**宋永成：**

各位老师，各位同学，大家晚上好！

今天我们跟大家交流的核心就是课堂革命的问题。虽然我们的题目是“大学课堂革命”，但事实上，我们还会涉及中小学课堂革命。也就是说，对中国的课堂革命从总体上来做理论和实践的分析。

今天晚上我们讲的内容大概包括五个方面：一是课堂革命的内涵；二是教育部为什么提出课堂革命；三是大学课堂革命的实践；四是课堂革命的效果与影响；五是课堂革命的真谛。

课堂革命是近几年提出来的。但事实上，从2007年开始，我们就已经参与到课堂革命的实践当中。陕西高中第一节课改示范课，是我2007年带领我们历史文化学院大四的学生上出来的。全国大学最早的课改，也是从我们陕西师大2007级免费师范生开始的。所以我们今天讲的内容，既有理论性的反思，也有实践性的探索。主要从这两个方面来给大家做一个交流。

## 一、课堂革命的内涵

今天我们谈论的课堂革命，源自 2017 年 9 月 8 日，时任教育部部长陈宝生在《人民日报》上发表的一篇文章——《努力办好人民满意的教育》。在这篇文章当中，陈宝生部长首次提出："深化基础教育人才培养模式，掀起课堂革命。"课堂革命就是从这个地方发端的。陈宝生部长提出课堂革命以后，并没有做更多的细致的解释。一年以后，2018 年 6 月 21 日，教育部在四川大学召开了新时代全国高等教育本科教学工作会议。在大会讲话中，陈宝生部长再次提出，"要着力推动课堂革命……广泛开展探究式、个性化、参与式教学，推广翻转课堂、混合式教学等新型教学模式，把沉默单向的课堂变成碰撞思想、启迪智慧的互动场所，让学生主动地'坐到前排来，把头抬起来，提出问题来'"。从中可以发现，陈宝生部长已经把基础教育领域的课堂革命推广到了大学阶段。

在陈宝生部长讲话之后，2018 年 9 月 17 日，教育部就出台了《关于加快建设高水平本科教育全面提高人才培养能力的意见》。首次以文件的形式明确指出，"推动课堂教学革命，以学生发展为中心，通过教学改革促进学习革命，积极推广小班化教学、混合式教学、翻转课堂，大力推进智慧教室建设，构建线上线下相结合的教学模式"。同时还要"积极引导学生自我管理，主动学习，激发求知欲，提高学习效率，提升学生自主学习能力"。

2018 年 11 月，在广州召开的第 11 届中国大学教学论坛上，教育部高等教育司司长吴岩关于如何开展课堂革命又做了更明确的说明：大学要打造金课。那么什么是金课呢？吴岩司长做了一个明确的界定，就是"两性一度"，即高阶性、创新性，还有挑战度。关于两性一度的具体含义，我们在这里就不做赘述了。当时，我和我们教务处处长李贵安教授，还有陕西师大另外十多位教授都参加了这次会议，聆听了吴岩司长的报告。吴岩司长在讲到这个课堂革命的时候，明确提出来课堂教学的五重境界：一是 Silence，二是 Answer，三是 Dialogue，四是 Critical，五是 Debate。按照吴岩司长的理解，最好的课堂就是辩论式的课堂，而最差的课堂就是满堂灌的、静悄悄的课堂。

即便是在吴岩司长报告之后，关于课堂革命的定义，教育部也没有一个正式的界定。所以到今天为止，大家仍在讨论之中。不过对课堂革命反应最快的呢，还是我们陕西师大。2017 年 9 月 30 日，也就是陈宝生部长提出课堂革命三个星期以后，陕西师大课改团的核心成员就与中国教师报社联合，在陕西师大长安校区举办了一个“课堂革命十人谈”座谈会。在这次座谈会上，当时师大的一批教授就课堂革命到底是什么提出了自己的理解。比如，教务处处长李贵安教授提出，课堂革命就是“变独角戏为直播互动”；外国语学院院长刘全国教授提出，“改革要在继承之中创新”；衣新发教授提出，课堂革命就是“系统、科学的推进变革”；等等。后来，《中国教师报》在 2017 年 10 月 25 日全文刊登了这些教授们的观点。

根据陈宝生部长讲话和教育部文件中的相关内容，结合学者们的讨论，对什么是课堂革命，我们可以做一个总体上的简要概括。

第一，从理念上讲，课堂革命一定要从教中心转向学中心，从以教师为主体，教师是教的主体、学生是学的主体，以教师为主导、学生为主体，主体间性，一直到后来的以学生为主体（现在来看这些理念都已经过时），最终转向学习共同体。

第二，在模式上，就是要打破满堂灌的传统课堂教学模式，从班级授课制转向小组合作学习。为什么这样说呢？有两个原因。其一，日本著名教育家佐藤学教授曾经指出：“现在全世界的课堂都在由教授的场所转化为学习的场所……从班级授课的模式转向合作学习的模式”。他在这个地方特别强调了从班级授课制要转向小组合作学习。其二，全国著名课改厅长、山西教育厅张卓玉副厅长在《构建教育新模式》一书中明确指出，构建教育新模式是一场不可逆转的社会进步。那么构建什么样的教育新模式呢？他认为就是小组合作学习，用小组探究制取代班级授课制。这就是教育发展的大趋势。张厅长在书中特别指出，新教育模式最直观的变化是学生以小组为单位围坐学习，从排坐到围坐，经历着一场深刻的教育变革。

“学习小组的出现，确实是教育的一场革命，而这场革命的出现又是如此的平静。”从这一段话里我们可以看出，班级授课制一定要转向小组合作学习。

第三，在方法上，就是要充分利用信息化。为什么特别强调这个问题呢？2020 年，时任教育部部长陈宝生曾经指出，他经过深思熟虑，认为中国教育发展的方向就是信息化。2020 年 2 月 21 日，教育部新任部长怀进鹏在春节后教育部举行的第一次党组学习会上特别强调说，“把教育信息化作为发展的战略制高点，以教育信息化推动教育高质量发展，以教育信息化引领教育现代化”。这就是我们现代教育发展的一个最主要的方向。他还提出，“应用为王，服务至上，示范引领，安全运行”，目标就是全面推动信息化。

所以，关于什么是课堂革命，你可以说课堂革命是信息化，是翻转课堂式、混合式教学，是慕课，是互联网+，等等。但是，我认为课堂革命的核心，就是打破满堂灌的班级授课制，转向小组合作学习。如果做到这一点，那么其他所有的问题都可迎刃而解。

## 二、教育部为什么提出“课堂革命”？

教育部为什么会提出课堂革命？到现在为止，我们许多搞教育的人还没有真正理解这个问题。下面我从四个方面来做一个分析。

### （一）课堂革命是世界潮流

日本著名教育家佐藤学教授花了 30 多年时间，在全世界几十个国家里研究课堂教学改革。他观摩了上万节课，20 年前，他在整理他所拍摄的影像资料的时候，突然发现，原来全世界各国的课堂里都在进行着一场相同的改革和变化。因此，他写出了《教师的挑战：宁静的课堂革命》一书。他在书中指出，“现在，全世界学校的课堂中都在进行着‘宁静革命’。全世界的课堂都在由‘教授的场所’转换为‘学习的场所’；从以‘目标—达成—评价’为单位的程序型课程转变为以‘主题—探究—表现’为单位的项目型课程；从班级授课的模式转向合作学习的模式；学校不仅仅是儿童们合作学习、共同成长的所在，而且还是教师们作为教学实践专家的共同学习和成长的所在”。佐藤学在最后特别强调说：“这种宁静的革命不仅在日本，而且在世界各国的课堂里正波澜壮阔地展开。实际上，欧美各国的课堂改革潮流更是浩浩荡荡、势不可当”。

例如芬兰。一位芬兰校长曾经说，几十年以前，芬兰的课堂跟我们中国的课堂一模一样，都是老师讲，学生听。但今天芬兰的课堂已经发生了重大变化，这个变化就是老师跟学生是平起平坐的，学生在教室里可以自由地走动，做练习的时候可以相互讨论，但不能大声，不能影响别人。而且学生不一定是坐在那个地方，躺着、趴着都行，你觉得怎么舒适怎么来。特别重要的就是教师的作用发生了重大的变化。教师不再是一个满堂灌的人物，他的主要任务就是帮助、指导学生学习，而不是强迫学生学习。学生通过学校、老师提供的资源进行小组学习。课堂里的氛围宽松自由，这对儿童的学习非常有益。(指照片)这就是芬兰的小学的课堂，我们可以看得出来的，学生在这儿坐着、趴着，很自由，很随便。

广州的老师曾经到美国旧金山的小学、中学观摩学习(指照片)。他们发现，美国的课堂就是五六个学生一个小组。上课的时候，学生以小组讨论的方式进行学习。老师帮助学生学习，学生的学习非常快乐。(指照片)美国大学的课堂也是小组合作学习。

特别有意思的是，十几年前，上海财大有几个学生到瑞典的斯德哥尔摩大学交换学习(指照片)。在上课的时候，人家用的也是小组合作学习的方式，就是我们平常所说的 Seminar。有个女学生在其所写的学习感言中指出，原来在上海财大学习的时候，他们的学习方式是只听不开口、只记不动脑。现在到了国外以后，人家的学习方式则是要求学生不断地阅读专业书籍、上网搜索原版资料。一个星期就要写一篇具有创新性的论文，而且要以小组合作的形式在全班讨论。我们中国的学生原来根本就没有经历过这种学习方式。因为在上海财大的时候，他们一个学期才写一两篇论文。现在到了国外，她不得不去适应这种紧张的学习生活，一开始，她觉得自己根本不可能完成这样的任务，但最后她做到了。所以，她认为，国外的这种 Seminar 的学习模式远远超过了我们国内的传统学习模式。从中我们可以看出，课堂革命，也就是说从班级授课制转向小组合作学习，已经成为世界潮流。

### (二) 传统课堂很难培养出国家需要的创新型人才

何以见得呢？2009 年 5 月，中国校友会网站发布了中南大学蔡言厚教授带领他的课题组完成的《中国高考状元调查报告》。蔡言厚教授用了三年多的时间，对从 1977—2008 年全国各省 1120 多名高考状元进行了全面的跟踪调查。结果发现，所有这 1120 多名状元，没有一个人毕业以后成为他所在领域里头的顶尖人才、领军人物，不管是做学问、经商还是从政。这就有力地证明了我们传统的应试教育、传统的课堂，培养不出国家所需要的创新型人才。

### (三) 中小学课改倒逼大学课堂革命

中小学课改对我们今天的大学课堂提出了全新的要求。2001 年，基础教育课程改革启动。到了 2010 年，按照教育部的规定，所有中小学、所有学生、所有学科全面进入课改。课改要求我们的学生以自主、合作、探究的方式进行学习。

2017 年 9 月 8 日，陈宝生部长提出了课堂革命。2019 年 1 月 18 日，陈宝生部长在全国教育工作会议上发表讲话，再次提出来中小学要"发挥课堂的主渠道作用，打造高效课堂"。所以，大家仔细分析一下就可以发现，从 2001 年的课程改革，到 2017 年的课堂革命，再到 2019 年的高效课堂，国家的关注点已经从课程逐渐转向课堂本身。

特别是 2019 年 6 月，国务院出台了《关于新时代推进普通高中育人方式改革的指导意见》。紧接着，《中共中央国务院关于深化教育教学改革全面提高义务教育质量的意见》也颁布实施。我们仔细看一下这两个文件就能够发现，中共中央、国务院也越来越关注课堂教学改革。文件明确提出，要深化课堂教学改革，提高课堂教学效率，优化教学模式，注重启发式、互动式、探究式教学，并且要开展研究型、项目化、合作式学习。这对我们原来的课堂是一个完全的颠覆。中共中央国务院以文件的形式提出课堂改革的具体方式，这几乎还是第一次。

2013 年，陕西省人民政府教育督导团出台了《陕西省素质教育督导评估 316 工程小学、初中、高中、职中指标体系》。这个指标体系以省政府文件的形式，要求陕西所有中小学教师上课讲授的时间不能超过 1/3，2/3 的时间都必须留给学生，以小组合作学习的方式来完成学习任务。在全国，陕西也是第一个以省政府文件的形式，要求把满堂灌的课堂转变成小组合作学习。2021 年 4 月 26 日，陕西省教育厅发布了一个《关于开展陕西省中小学“课堂革命　陕西行动”活动的通知》。其中明确指出，全省中小学每年都要举办一次课堂创新大赛，而且对课堂创新提出了明确的要求。即课堂要实现物态形式和教学形态两大转变，要充分运用信息化，要全面开展小组合作学习。

在国内学术界，课堂革命的主要首倡者就是华东师范大学的钟启泉教授。钟启泉教授是教育部基础教育课程改革专家工作组的组长。他多年来一直致力于推动中小学课改，推动课堂革命，而且还专门写了一本书，这个书的名字就叫《课堂革命》。钟启泉教授特别强调说，21 世纪就是课堂革命的世纪，只有课堂革命才能够实现真正的教育公平，他把课堂革命与教育公平已经联系到了一起。这就是我们西安东城一小的课改课堂（指照片），大家可以看得出来，它就是小组合作学习的模式。这是全国课改名校杜郎口中学的课堂（指照片），也是小组合作学习、小组上台展示的模式。这是深圳市罗湖高级中学的“3+E 课堂”（指照片），他们用了信息化，用了平板电脑，也是小组合作学习。

从这些方面可以看出，中小学已经在全面推动课堂革命。所以，如果大学再不推行课堂革命的话，大学教育就会落伍。

### （四）课堂革命是提高目前我们教育教学质量最好的方法

为什么这样说呢？2016 年 12 月，著名教育改革家顾明远教授在北京举行的第八届网易教育金翼奖颁奖典礼上曾经指出：“教育的未来应该是从教到学的转变，让学生自己学，自己去探索，自己去提出问题，自己去解决问题，只有这样才能够有创新的世界，才能培养学生创新的能力。”所以我们讲课堂革命，为什么要从教中心转向学中心？原因很简单，顾明远教授已经明确地指出来，只有这样才能培养学生的创新能力。

著名的物理学家杨振宁博士、化学家李远哲博士两个人在评价中国传统教育的利与弊的时候也曾经指出说，“教育学家 100 年都有一个共识，课堂上让四五个人一起学，一起解决问题，成绩好的同学可以帮助差的同学，他往往使自己变得更强。四五个人一起学，比老师讲半天都好，而且可以从小培养团队精神。这是我们目前学校迫切需要研究的问题。”所以不少老师很困惑，“为什么我讲得这么好，不让我讲，反而要让学生去讨论呢？”其实杨振宁博士已经讲得很明确了，因为四五个人一起学，一起解决问题，比你讲半天都好。为什么你还要讲呢？

大家可以看看学习金字塔理论。这是美国缅因州的国家实验室研究出来的一个理论，许多课改学校都把它贴在教室里。学习金字塔理论明确指出，最差的学习方式就是满堂灌，最好的学习方式就是通过小组合作学习，然后让学生展示出来，讲给别人听。

2019 年 10 月 17 日，我们到天津去参加中国教育战略发展学会的年会。在这次会议上，我们遇到了中国教育科学研究院的孟万金主任。他在大会发言的时候提出了一个很有名的原则叫“六三一原则”。他认为，在我们日常教学中，60%的教学任务依靠学生的自主、探究就能够完成。另外 30%，通过小组合作学习就能完成。只有 10%，学生通过自主学习解决不了的问题，才需要老师去讲解。

美国哈佛大学有一位兰本达教授。她明确指出，一节课，如果一半时间交给学生活动，一半儿时间老师活动，那么这个老师是个及格老师。如果 2/3 的时间交给学生活动，老师的活动只占 1/3，那么这个老师是个优秀老师。如果一个老师把时间基本上都给了学生，自己一节课只用几句话进行点拨引导，最后小结一下，所占时间不超过 1/10，那么这个老师就是特级教师。她藉此昭告我们，课堂一定要还给学生，最好的老师就是引导学生自主学习的老师。

因此，2017 年，佐藤学教授在华东师大做报告的时候强调，“好老师必须重新定义!”什么样的老师是好老师呢? 19 世纪、20 世纪人们心目中的好老师就是教的专家。但现在，那些具有课堂掌控力、会教书、很会教的老师已经落伍。21 世纪的老师必须成为学习的专家，成为学生学习行为的设计者，并能对学生的学习行为及时做出反省，不让每一个学生掉队。未来学校是一个学习共同体，老师和学生在课堂上应该是平等的，相互倾听，一起学习。通过佐藤学教授这段话，我们能够发现，课堂在变，老师也必须跟着变。

由此可见，教育部之所以提出大学课堂革命，既是为了应对国内中小学课改提出的挑战，同时也是为了适应世界课堂革命的潮流。

## 三、大学课堂革命的实践

### (一)陕西师大的课堂革命

我们的课改是从 2007 年开始的。当时我跟我们李贵安教授(时任教务处副处长)，还有教科院的牛晓牧副教授等一批老师们已经开始探索大学课堂如何改革。(指照片)这就是我们历史文化学院 2007 级一班免费师范生的课改课堂。我们当时把全班学生划分成若干个六人小组。上课的时候，我大概花几分钟讲一下本节课的重点难点和概要，然后就让学生进行小组合作学习；完了再在全班进行大展示；最后我来做一个点评。(指照片)这就是当时李贵安副处长到我的课堂里去给学生做指导。(指照片)这是我们 2008 级的免费师范生课堂。在 2008 级课改的时候，来了一位重要客人，(指照片)就是这位穿着黑衣服的老先生。他是国学大师季羡林先生的开门弟子、北京大学东方语言文学系的张保胜教授。张保胜教授在观看了我们的课改课堂之后点评说，“当年我在北大上学的时候，季先生(季羡林先生)、金先生(金克木先生)就是这样教我们上课的!”所以，我们的学生听了以后非常激动。改了几年以后，《中国教师报》听到了这个消息，专门派记者到陕师大来采访。2011 年 7 月 13 日，《中国教师报》在头版、二版对陕西师大的课改做了一个全面的报道。(指照片)这是我们时任教务处长李贵安教授的课堂。这是我们余海龙老师的课堂。大家看得出来，我们的课堂都已经变成了小组合作学习。

陕西师大不仅在推动自己校内的课堂改革、课堂革命，同时也在推动全省和全国的课堂革命。2017 年 6 月，在陕师大的推动下，陕西省教育厅在陕西师大举办了陕西高校“课堂教学观摩周”。《中国教师报》在头版做了一个报道——《陕西：点燃高校课堂改革之火》。大家一看这个标题，就知道它的价值和意义了。2018 年，陕西省教育厅又把全省大学课堂教学创新大赛的任务交给了陕师大。所以，我们就承办了“陕西首届高校课堂教学创新大赛”。这次大赛的口号就是“课堂革命　陕西行动”。这在全国还是第一次。这个工作当时是由主管高等教育的副厅长刘建林推动的。前年刘厅长已经担任了教育厅的一把手，所以他把大学课堂革命也推广到了中小学。现在，陕西省中小学“课堂革命　陕西行动”大赛已经全面启动，这在全国又是首开先河。所以，我们现在除了推动校内课改之外，也要到陕西、到全国各地去推动大学课改。(指照片)这是 2019 年，我给西安石油大学的老师做大学课改报告。(指照片)这是我们李贵安处长 2019 年在中国高等教育学会主办的“一流本科教学质量保障体系”研讨会上做课堂教学创新的报告。(指照片)这是我们衣新发教授在陕西科技大学做课堂创新大学报告。所以，陕西师大现在已经成为国内课堂革命的一支生力军。

### (二)国内著名大学的课堂革命

除了陕师大之外，其他许多大学同样也开始推动课堂革命。比如北京师范大学。(指照片)2014 年到 2015 年，北师大把它的教室变成了现在大家看到的这个样子，从传统的那种排排坐的教室，变成这种小组合作学习的教室，迈出了课堂革命的关键一步。(指照片)2016 年 2 月，清华大学趁着寒假的时候，也对自己的教室进行了改造。其中有两个重大变革：一是砸掉了讲台，二是把排排坐的课桌，变成了小组围坐的这种课桌。从中我们能够看出，清华大学对课堂革命也非常重视。(指照片)2017 年 10 月，北大在自己的网站上也开始把课堂改革的照片晒出来了。大家看看这张照片就能够发现，北大也在从班级授课制转向小组合作学习。2018 年 9 月 8

日，当时中央电视台报道了四川大学的课堂教学改革。(指照片)看这个视频就能够发现，四川大学的课堂也是从班级授课制变成了小组合作学习的模式。还有复旦大学教师发展中心的副主任、微电子学院的蒋玉龙教授。他在《半导体物理学》课上也在推行课改。2018 年 1 月，他在陕西师大来做报告的时候说，他上课的模式，就是第一周上课，把任务一布置，下一周上课的时候，学生就到宿舍里头看视频，或者在图书馆查资料，不用到教室去。再到第三周的时候，学生才到教室里来，讨论交流哪些问题没有解决，没有解决的问题老师来解答。复旦大学的这种改革模式非常超前。据蒋玉龙教授说，经过改革以后，他的课堂教学的效果，期末学生考试的成绩非常好，远远超过了其他没有改的、仍旧用传统模式上课的教师。

正是在这么多大学课堂革命的潮流推动之下，2021 年 7 月，教育部在复旦大学举办了“首届全国高校教师教学创新大赛”。(指照片)这就是当时大学课堂创新大赛的一个场景。我们从中可以看出来，虽然中小学课堂革命开展得比较早，但大学课堂革命却后来居上，现在已经开始引领推动中小学课堂革命了。

### (三)陕西师大推动中小学课堂革命的活动

2011 年 12 月，在中国教师报支持下，陕西师大一批热衷于课改的老师联合西北地区的课改学校和区域，成立了全国最大的公益性区域课改组织——西北课改名校共同体。目前，西北课改名校共同体已经有上千所会员学校，跨越 20 多个省。2011 年西北课改名校共同体成立的时候，我们组织举办了“西北地区首届新课改课堂教学模式研讨会”。在这个研讨会上，我们把全国中小学课改的模式给大家做了介绍。

2012 年，我们组织举办了“西北地区首届中小学导学案大赛及导学案培训会”。为什么举办这个培训会呢？搞课改的老师都知道，课改以后，中小学老师不再写教案，而是编写导学案！但是许多学校老师不会编，所以我们专门请专家来给课改学校做培训。

2013 年，我们组织举办了“西北地区首届中小学课改学习小组建设与评价培训会”。为什么举办这个会？理由很简单，许多学校在课改以后不知道学习小组怎么建设，也不知道怎么来评价，课堂效率非常低。因此，我们就请全国的专家来给陕西和西北的学校做指导。

2014 年，经过几年磨炼以后，许多课改学校已经脱颖而出。所以，我们就组织举办了“西北地区首届中国好课堂大赛”，分为小学、初中、高中三个学段，参会的总人数超过了 2000 人，创全国之最。

2015 年，在陕西省教育厅和宝鸡市教育局支持下，我们在宝鸡举办了“西北地区首届中小学课堂博览会”。参会的有 15 个省 1800 多人。迄今为止，这也是全国规模最大的课博会。

2016 年，我们组织举办了“首届西北教育创新高峰论坛”。正是在这次论坛上，我们李贵安处长提出了“四位一体”这个理念。什么叫“四位一体”？简单地说，就是大学、中小学、教育行政部门和媒体四个方面联合起来，建立一个平台来推动陕西课改。正是因为有了“四位一体”这个平台，陕西的课改才能在全国独领风骚。到目前为止，这个平台也是全国唯一的。

2017 年，为了推动西北地区课改，我们创立了一个全新的模式，叫“西北课改名校开放周”。我们让课改名校拿一周的时间对外开放。在此期间，我们邀请全国著名的课改专家来做报告，请课改名校的老师来上示范课，让课改名校把自己所有的课堂都对外开放。同时，我们陕师大的老师去诊断课堂、做专题报告等，社会反响非常好。

2018 年，我们在西安东城一小举办了“西北地区首届小学课改名师大赛”，一共有 13 个省 1100 多人来参加，囊括了小学各个学科。

2019 年，我们举办了“全国新时代高效课堂发展趋势研讨会”。为什么要举办这个研讨会呢？因为当时陈宝生部长已经明确提出来，中小学要“打造高效课堂”。高效课堂这个概念就是我们《中国教师报》课改团队提出来的。高效课堂往哪里发展？有哪些问题需要解决？我们在这次会上做了全面的研讨。2019 年 5 月，我们举办了“西北地区首届初中高效课堂创新大赛暨课堂革命高峰论坛”。11 月，在大荔城郊中学举办了“西北地区首届高中高效课堂创新大赛暨课堂革命高峰论坛”，共有 15 所师范大学参与，有 23 个省 2000 多名教育界的同仁参会，规模创全国之最。

2020年，因为疫情影响，我们举办的活动规模相对小一点，组织举办了“西北课改名校经验交流会”。随后，又举办了“第二届全国新时代高效课堂发展趋势研讨会”。在这次研讨会上大家得出来一个结论：中国教育未来发展的方向就是信息化。

2021年，为了配合陕西省教育厅提出的“课堂革命 陕西行动”活动，我们组织举办了“陕西省‘课堂革命 陕西行动’与‘三个课堂’首届高峰论坛”。陕西师大发挥了非常重要的示范、引领作用。我们向所有的与会者仔细地阐释了课堂革命和三个课堂如何落实，如何推进。

2022年，我们拟于9月份开学以后，在深圳市罗湖区召开“全国首届新时代教育信息化发展趋势研讨会”。同样，也准备让罗湖区的数字化“思乐课堂”做全国性的展示。大家如果有兴趣，9月份可以去观摩。

## 四、课堂革命的效果与影响

### (一)效果

关于大学课堂革命的效果，我根据我们自己的实践给大家做一个汇报。

1. 学生的讲课能力空前提高

这主要表现在我们2007级一班免费师范生同学身上。2009年，在我们历史文化学院组织的讲课比赛中，他们基本上把一等奖、二等奖全都包揽了。2010年，在我们学院组织的讲课比赛中，我所带的2008级免费师范生二班的同学，又包揽了一等奖、二等奖。这是一个非常明显的标志。

另外还有两个特别的例子。第一个例子是我们2007级一班的陈光雄同学。2010年10月，他被学校派到甘肃省天水市一个中学去实习。他刚到那个地方不久，还没有听几节课，更没有上过课。周日，他正在外面去玩，突然接到实习学校的通知，说第二天我们陕西师大的房瑜校长要到学校检查实习，要听我们学生上课。所以，学校就安排陈光雄第二天上午去上课。当时留给陈光雄准备的时间非常短。但第二天上完课以后，时任天水市教育局局长李淳非常惊讶，说陕西师大的学生讲课讲得太好啦。一下课，他就去问陈光雄，“小陈老师，你愿不愿意留在我们天水工作？如果你愿意的话，我现在就决定要你！”陈光雄告诉李淳局长说，“我是免费师范生。我是从云南考出来的，按规定，必须回云南去工作！”但是李淳局长还是不依不饶地说，“如果你愿意留在我们天水，我让我们教育局去帮你办所有的手续！”当时我们房瑜校长听了非常高兴，因为我们的学生给学校争了光。

另一个例子是我们 2008 级的仇晓曦同学。2010 年 9 月，她交流到台湾国立云林科技大学文化资产维护系学习。没想到人家上课的方式和我们几乎一样。就是老师提前把任务分配到人，上课后学生依次上台展示。在资产维护系主任杨凯成教授的《社会学导论》课堂上，仇晓曦同学上台展示非常出色，技压群雄，让老师和同学都大为惊讶。杨凯成教授对仇晓曦的精彩展示也大加赞赏，给予很高的评价。

2. 学生的板书水平有了飞跃性的发展

因为我们每一节上课学生都要写板书，一个学期下来，学生的板书能力得到了很好的锻炼。整体板书水平大幅度提高。2009 年 11 月，在我们学院组织的三笔字大赛中，他们包揽了粉笔字大赛的一等奖、二等奖。

3. 学生科研能力突飞猛进

在课改过程之中，我们学生要阅读大量的书和学术文章。每次上课都要发言，都要写小论文。他们的阅读量是没有课改的学生的四到五倍。他们写的论文——按照我们学院何志龙教授、胡舶教授的说法——已经达到了大四毕业生的论文的要求。课改让他们受益匪浅。比如我们 2008 级的藏族学生杨巧英。她在期末总结时写道，“这学期我学到了很多东西，不仅仅是书本上众所周知的知识，更多的是学习的方法和思路以及新知识，这比我大学前三个学期的收获还多。更重要的是，我感觉到很充实，而不是茫然。”2020 年春季，因为疫情影响，所有学生都在家上网课。即便是网课，我们仍旧采用小组合作学习的模式。2018 级卓越教师班学习委员杨馥畅在期末致函老师说：“就本学期的课程情况来看，世界现代史普遍是大家收获最多的一门课，也是学生参与度和专注度最高的一门课。老师的方法确实非常有效。”

4. 学生合作学习能力得到了锻炼

因为我们所有的同学都是通过小组合作的方式来学习的，这就迫使同学之间要学会沟通、学会交流。我们的学生中有一些新疆维吾尔族、哈萨克族的同学，特别是一些女同学，原来很少跟汉族同学说话。但是，在我们课改的课堂上，我们把所有少数民族的同学都分配到不同的小组，一个小组一个人。这就迫使她们不得不跟汉族学生进行交流、进行合作。一个学期下来，她们的汉语得到了很好的锻炼，讲得非常流利。另外，她们跟汉族同学的关系也越来越密切。所以，我们通过课改把民族团结都搞得越来越好了。

5. 学生的修养有了很大的变化

我们历史文化学院提出的培养目标是把男生培养成绅士，把女生培养成淑女。这个目标提得非常明确，非常好，但是怎么做到就成了一个问题。我通过多年的实践发现，只有课改才能真正做到这一点。因为每次我们上课，学生上台展示都有严格的规范。比如上去以后先要问老师、同学们好！展示完了要向大家说谢谢！所有这些环节，看起来很简朴，但我们就是通过一个一个细节来培养我们学生的优良品质的。

6. 学生的专业素养全面提升，为学校赢得了各种各样的荣誉

比如2007级的杨昌志同学。在我们上《罗斯福新政》一课时，我们要求每个同学替罗斯福撰写一篇总统就职演说词。没想到杨昌志同学用英文撰写了一篇，并且给大家做了一个现场演说。从中我们就能够看得出来，免费师范生通过课改的方式，素质得到了全面的提升。正因为如此，杨昌志同学在校的时候，就为学校赢得了不少大奖，包括国家级大奖，比如全国高等院校学生语言基本功大赛一等奖。大四毕业的时候，他去北京师大参加了首届免费师范生毕业典礼，受到温家宝总理的接见。

2018年我们进行课改的时候，当时我们卓越教师班的姜佩君、卞润梓两个同学参加学校的讲课比赛，都拿了很好的名次。姜佩君同学参加第六届全国高等师范院校历史学专业本科生教学技能大赛，还获得了二等奖。

学生工作以后，也表现非凡。比如我们刚才讲的杨昌志同学，他就获得了教育部的“一师一优课，一课一名师”的证书，并且被评为长沙市教学能手。还有许多人撰写的论文在核心期刊上发表等，都充分证明课改以后我们学生整体素养得到了全面提升。

### （二）影响

#### 1. 国家级媒体进行了报道，兄弟院校前来交流学习

其中有教育部门户网站的报道、《中国教育报》的报道、《中国教师报》的报道。（指照片）这是太原师范学院赵怡副院长带教务处处长一行来陕西师大观摩交流课改。

#### 2. 把大学课堂革命的经验推广到全国 20 多个省，打造出一批影响很大、独具特色的课改名校和课改示范区

其中课改名校有陕西宜川中学、西安市东城一小、庆安初级中学、宝鸡市高新一小、大荔县城郊中学等。课改示范区包括陕西省宝鸡市、柞水县等。所谓课改名校、课改示范区主要有两个标志：第一，形成了自己的课改模式，比如东城一小的灵动课堂、宝鸡市高新一小的大爱课堂、宜川中学的双自主课堂、高陵一中的 553 智慧课堂、柞水县的 524 高效课堂模式。第二，中考、高考质量全面提升。比如宜川中学，从 2004 年二本上线 187 人，到 2021 年达到 2345 人。大荔县城郊中学 2016 年二本上线 68 人，到 2019 年达到了 380 多人，翻了 6 倍。柞水县教育质量原来一直上不去，经过三年课改以后，2017 年全县中考平均分超越第二名 40 多分。这就是课改最明显的效果。当然，在立德树人方面成效也非常显著。另外，我们还出版了《西北课改名校共同体系列丛书》，现在已经出版了 11 本。未来还要出一二十本。

#### 3. 荣获 10 多项国家级和省级教育教学成果奖

比如 2018 年国家级高等教育教学成果一等奖、2017 年第五届全国教育改革创新优秀奖、2017 年第十届陕西省基础教育成果奖一等奖，还有 2015 年陕西省高等教育教学成果特等奖等。

#### 4. 到 10 多所大学交流课堂教学创新经验，推动大学课改

我们陕西师大课改团队的老师应邀到全国各地去做课改报告。刚才讲了，我们李贵安处长、衣新发教授、余海龙老师等，都先后到全国各地做报告。我也先后到北大、北师大、西北师大、西北政法等十多所大学做课改报告。特别是我们的课改成果得到了教育部基础教育司和北师大领导的高度评价。比如 2019 年在教育部召开的一次有六所部属师范大学和南京师大、湖南师大、华南师大、福建师大参加的会议上，北京师范大学校长董奇和教育部基础教育司吕玉刚司长在听了我们的经验介绍后，都对陕西师大的课改做出了高度评价。

### 五、课堂革命的真谛

今天讲了这么多。那么，课堂革命到底是为了什么呢？许多人可能认为，课堂革命就是为了改变一下课堂教学模式。如果这样想，那就把我们的工作简单化了。事实上，课堂革命的最终目的，就是为了全面提高我们的人才培养质量，就是为了给国家培养更多的创新型人才，最优秀的人才。拿我们陕师大来说，就是要为基础教育培养最优秀的老师。所以，我们所做的这些工作，包括在中小学课堂革命方面所做的这些工作，其目的归根到底就是八个字：为党育人，为国育才。

这就是今天晚上我想跟大家所做的一个分享。谢谢大家！

**余海龙：**

谢谢，宋老师很辛苦，而且时间把握得特别好，刚刚 8 点。您稍微休息一下，我把冯教授的话筒打开。

**冯加渔：**

好的，余老师好！

**余海龙：**

冯老师好！依据“西部课创大讲堂”的惯例，首先还是有请您用几个关键词帮我们快速掌握宋老师整个讲座的核心点。

**冯加渔：**

好的。听了宋老师的报告，感触很多。我多年来跟宋老师有长期的交往接触。作为宋老师长期课改的见证者，而且是同行者，对宋老师为代表的一批师大人，包括其他高校的课改人深有敬意。我想从几个方面来提炼一下，这也是我个人的学习感悟。

第一个关键词是教育自觉。为什么谈教育自觉呢？我们都是教育人、教育工作者，到底什么是教育，大家都有自己的理解。我这里想分享国内著名的教育学者、华东师范大学原副校长叶澜教授对教育的一个界定。她说，教育就是教天地人事，育生命自觉。那什么是教天地人事呢？她认为，天地人事是我们中国文化传统的一种表达，天地与我们的自然相关，教天地人事就是帮助学生更好地去认识外部的世界，促进学生外在的发展，但最终还得指向内在的，内在的就是育生命自觉。她认为，教育事实上就是直面人的生命，通过人的生命，最终为了我们生命质量提高的一种社会实践活动。这就意味着：我们的教育要有一种生命在场、生命关怀，我们的教育不仅仅只是说把知识、把外在世界的这些真理教给学生。不能忘记了我们的对象，不能忘记了学生是一个生命存在，是活生生的人、具体的人，通过教育，能让人悦纳自我、感受到生命的意义，然后通过自我的觉醒，通过自我生命的发展，实现个人与社会价值的统一。所以，我认为“教天地人事，育生命自觉”这个界定非常精辟。作为老师——无论是大学老师还是中学老师，我们面向的是学生，那我们如何去育生命自觉呢？那显然要有一种教育的自觉，意识到我们的教育是一种很崇高的事业，做到教书育人、立德树人。我们要有一种先觉后觉的意识，我们老师应该有这种教育自觉。通过刚才宋老师的分享可以知道，从 2007 年开始到现在有 16 年了，这种长期默默地参与课程改革、引领课程改革，确实就体现了一种教育自觉。对我们这些后来者，对我们这些有意从事课堂革命——无论是大学课堂革命还是中小学课堂革命的老师来说，都应该要有一种教育的自觉。

第二个关键词是知行合一。有了自觉之后怎么办呢？要去付诸实践！但这种付诸实践不是盲目的，也不是轻率的，需要知行合一。知行合一是非常重要的一个方面，这可能也是方法论层面的。中国古代的先哲荀子就对知行合一有很经典的论述，他说："不闻不若闻之，闻之不若见之，见之不若知之，知之不若行之，学至于行而止矣。"他认为，我们的学习是有不同层次的，从闻到见到知最后到行。课堂革命也是如此，无论是大学还是中小学的，都有很多前人在进行着课改研究，提出了他们的学说、主张、理念，包括我们国家层面有很多关于课堂革命、课程改革的政策要求，我们听到之后、知道之后，最终付诸实践，那就做到了知行合一。知为行之始，行是知之成。当我们知道了这些理念，知道了政策的要求，就要付诸实践，也就是要做到知行合一。宋老师不仅仅把课改理念进行自己的内化，而且还转化为行动，并在自己的课堂改革，以及参与中小学的课改。对于我们这些后学者来说也是如此，做到知行合一，就是把我们所认同的先进的、科学的理念化为具体的实践。

第三个关键词是课堂革命，也就是宋老师今天的报告主题。宋老师引经据典谈到了不同学者对课堂革命的论述，包括我们国家教育行政层面一些文件当中对课堂革命的论述。课堂革命不像其他的革命，它是一种静悄悄的革命，用日本教育家佐藤学的话来说，就是发生在每一个课堂当中、每一间教室里、每一个师生身上的改变。通过这种改变，让我们的教学，让我们的教育焕然一新，最终促进每个人的成长，包括教师的专业成长和学生的生命成长。所以，"课堂革命"这个关键词也给我很多的启发。以上是我的拙见，谢谢。

**余海龙：**

好，谢谢加渔教授！非常感谢您的分析。这样的总结和提升，让我们能够迅速掌握宋老师整个讲座中的重点。刚才加渔教授在总结的时候，我也在思考，比如他谈到了教育自觉的问题，我觉得，这种教育自觉，对于我们陕西师大人来讲更多是一份情怀、一份责任，因为我们学校就是以教师教育为主要特色的。可能还有其他的一些感受，比如，一所大学的校名里如果不带师范两个字，这所学校对于整个中国教育的影响，或者说对于中国教育事业的责任心，可能没有师范大学的使命感来得强烈。所以我们经常讲，我们是育育人之人，教教书之人。只因为如此，有时候，国家和社会对师范大学的老师的要求反而更高一些。现在我要把话题仍然给到宋老师。

宋老师，我们知道您是陕西师大历史文化学院的教授。您的本职主业是一名大学老师。但是刚才从您的报告当中，我们听到了一个很有意思的现象：那就是从 2007 年开始，您作为一名大学教师、大学教授，在象牙塔里做学问、术业有专攻的专家，怎么就开始关注并且参与到当时简称课改，现在叫课堂革命的工作中去？这是为什么？是什么促使您要去做这件事？

**宋永成：**

这个问题问得好。我为什么会参与课改呢？事实上，我们李贵安处长，还有师大许多老师心里头都会有一个同感。因为陕西师大是培养师范生的地方，给中小学培养老师的。2001 年，国家基础教育课程改革就已经全面启动，尤其是 2007 年，陕西高中课改启动。当时，教育部把陕西高中课改骨干教师的培训就放在陕西师大。我们参加了高中课改培训以后才了解到，目前我们基础教育领域面临一场重大变革。事实上，就是因为那场培训，让我发现中国教育还有一个新大陆，这个新大陆就是我们的课堂从满堂灌变成了小组合作学习。因为当时给我们来培训的有深圳、东莞等地方的老师。他们讲得最多的就是他们如何把班级授课制变成了小组合作学习。我们当时感觉到，这就是教育的一个新大陆。因为从我们上学开始，一直到那时，我们上课基本上都是满堂灌。

**余海龙：**

嗯。

**宋永成：**

作为大学老师，尤其是师范大学的老师，当我们看到中小学正在推行这样一场课堂革命以后，心里头就大为震撼，发觉我们如果按照原来的满堂灌的模式再培养学生，可能就会贻误我们的学生，误人子弟。而我们的学生一旦毕业以后，如果不能够适应中小学课改的需要，不懂小组合作学习、导学案编写，那么真的可能就会贻误中小学的发展，贻误整个国家的课改。这就是我们当时的初衷。正是为了适应、推动中小学课改，我们才投身于中小学课堂革命当中。同时，也开始在自己的大学课堂里对我们的师范生进行改革。这大概就是当时的初衷。

**余海龙：**

是。这就是为什么要问这个问题的缘由。直到现在，也有很多的网友、朋友不停地在问，为什么是陕西师大在全国课改界，首先推动了陕西师大本校的课堂教学改革，进而推动了陕西省课堂教学的改革，然后由省级大赛影响到全国大赛，一直到今年马上要举行的第二届全国高校教学创新大赛？为什么这个事不是北师大在做，不是华东师大在做？包括其他的985 高校，他们人才济济，可能更具有优势。借着这样的机会，采访您，包括采访李贵安老师。李贵安老师在当教务处处长的时候，他亲自给物理系的师范生上课，还给全校的师范生上美国课堂教学赏析，讲美国课堂是如何进行教学的。您二位都在自己的教学实践当中，践行课堂革命的理念，而不仅仅只是说说而已。我也是特别感谢宋老师，把我们很多大学部的老师带到中小学观摩，原来中小学的课堂已经变成这个样子了。特别是小组合作学习，我们一看，连座位都不是传统的一排一排了。我记得最清楚的就是当时咱们到西安市高陵一中去，一大早包了大巴车去高中观摩教学的做法。课改其实对老师的教学组织能力和整个课堂的驾驭能力提出了新的要求，所以我特别感兴趣。刚才宋老师也提到了这一点，就是我们现在培养的学生，不应该只是按传统师范院校的这种模式培养——就是你的老师怎么讲课，你就怎么讲课，很明显这种教学方法已经滞后了。

我突然想起咱们陕西师范大学国家级教学名师傅钢善教授谈到一句

话。他说，你们看中小学的课堂现在已经发生了这么大的变化，学生小组合作学习、课堂展示。在中小学学习时，学生们已经是坐着火箭、坐着飞机了。结果一来到大学，我们又回到传统的讲授法。当时傅老师用了一个词，我记忆非常深刻，他说我们的学生由坐火箭、坐飞机的时代又回到了刀耕火种的时代。

**宋永成：**

这是对咱们大学老师的教学模式提出了中肯的批评。

**余海龙：**

那好，宋老师您休息一下。我先把这个问题抛给加渔教授。因为前一段时间，加渔教授刚刚做过一期讲座，里边也谈到了小组合作的标准，包括课堂的重构，包括怎么样让学生重新学习、掌握一种新的方法。那么在您看来，我们目前在师范生的培养过程中，对教师专业能力培养还存在哪些欠缺呢？

**冯加渔：**

好的，余老师提的这个问题非常有意义、有价值。首先谈谈师范生培养的能力标准的问题。我在上次的讲座里面谈到，教育部层面专门印发过师范生培养的能力标准，不仅仅是面向中学师范生的，还有小学师范生的、学前师范生的、特教师范生的、职教师范生的，涉及所有师范生都要掌握的一些能力标准。今天的师范生们对一线基础教育的了解，可能更多的来源他当年自己做学生的时候。进入大学，本科师范大学学制四年，事实上这个变化非常快的，知识内容、教育理念、技术手段都会发生变化。这意味着师范生要不断地学习、不断地钻研问题，会涉及师范生的素养问题。那么，师范生素养从何而来呢？一方面需要他自己去学习、自主去实践，另一方面来自我们这些大学老师的示范引领。在我看来，师范生对师范的理解更直观的是来自老师的示范。纸上得来终觉浅，绝知此事要躬行。教师专业能力培养，必须要付诸实践。就比如说小组合作或共同体的学习，可能有人告诉你三人小组效果最好，有人告诉你四个人小组最好，有人告诉你六人小组最好，甚至有人告诉你八人小组最好，到底哪种最好呢？你自己可以去实践，总有一种适合你的，没有标准，但是一定要去做，这样的话才可能改变。总之，师范生专业能力培养需要落在每一堂课的教学实践中。

**余海龙：**

是。

**冯加渔：**

不仅仅涉及师范生本人，他的成长成才的问题还关乎千千万万所中小学校，涉及千千万万个家庭。

**余海龙：**

各家各户的孩子们的未来。

**冯加渔：**

对，是的！所以，对于我们每一个师范大学的老师来说，在我们自己的课堂上去变一变，或早或晚，或大或小，或快或慢，都是非常有意义、非常有价值的。

**余海龙：**

是的！我自己也有这样的感受，只有我们大学老师先动起来，尤其是师范大学的老师先动起来，才能给学生这样的引领。大学的老师，不应该仅仅只有一些新鲜的观点、观念，如果我们自己不去做、不去尝试，那么永远不知道真正的教学改革该如何落地。像加渔教授刚才谈到的这个问题，小组合作学习，究竟是四个人一个小组、五个人一个小组，还是六个一个小组？他的这个人数的分配，哪个更合理？我觉得不同的课程可能有不同的标准，而只有脚踏实地地引领示范，让师范生看到，原来我们的大学老师都动起来了，他们自己才会去改变。有一次我参加全国的教学会议，我们新闻传播界的一位教授就指着电视说，我们不是要培养今天在电视上能看到的记者，而是要去培养超越他们的人。可能和刚才加渔教授的观点不谋而合。所以大学未必是要让学生仅仅掌握是什么和为什么，更重要的是，当大学生们来到大学以后，面对相对宽松、更为开放、更为灵活的空间时，学生考虑的是我如何去适应时代发展的需求，以此更好地来调整自己的学习，并且提升自己最终的学习成果。

这是我跟冯加渔教授的一个对谈，不当之处请各位多多批评。这个问题同样要问宋老师。我们知道，您不仅仅从事师范生的本科教学，而且您还担任教育硕士的导师。那么，在您看来，我们当前师范生的教师专业能力培养过程中，无论本科生还是教育硕士，还有哪些缺失？

**宋永成：**

海龙老师这个问题问得好。

事实上，不管是本科生还是教育硕士，处在中国课堂革命的这样一个大的浪潮之下，如何去适应它？我觉着我们恐怕要从整个国家课堂革命发展的方向来理解。

我们到底要掌握哪些能力呢？

第一，我觉得是高效课堂。我们要学会运用高效课堂。高效课堂包括两大方面，一是自主学习，二是自主管理。自主学习牵涉导学案怎么编，小组怎么建设，课堂怎么评价。自主管理牵涉学生的整体成长。为什么？山西教育厅著名课改厅长张卓玉曾经提出了一个非常重要的观点：课改以后，学生在学校里形成了一个学生社会。学生未来走向社会所需要的各种能力都得到了很好的锻炼。张厅长在这地方特别强调的就是课改学校。传统学校，尤其是一些传统名校，没有做课改，所以它们的学生就培养不出来这种能力来，特别是跟人沟通的能力、课堂展示的能力、演讲的能力等。所以，我觉得高效课堂是我们学生现在就需要掌握的一个能力。

第二个，就是要关注信息化。因为教育部已经明确提出来，信息化就是中国教育未来发展的方向。如果我们还是一块黑板、一支粉笔，想靠着它们打天下，将来绝对是要被时代所淘汰的。所以，怎么样能够适应教育信息化的需求，尤其是我们刚才讲的高效课堂的导学案，发展到信息化时代，就变成了自主学习单。我们今天的免费师范生、教育硕士，如果连什么是导学案、什么是自主学习单都不懂，那么他将来一定会遇到重大的挑战，甚至根本就没有办法适应未来教育改革的需要。

第三个，就是脑科学。目前国家对脑科学非常关注，我们国内也有一批脑科学的专家，一直在宣传推动脑科学。脑科学对学生上课前用什么样的音乐，早上什么时候起床，起床以后应该干什么都有具体要求。在传统名校，例如衡水中学，早晨铃声一响，学生就飞速跑向操场开始背书。但是脑科学可能恰好相反，要求学生醒来以后不要急着起床，在床上躺着，静静地想你昨天学了什么。晚上睡觉前也一样，静静地用半小时左右，把你一天的学习回顾一下。把脑科学运用到日常教学中，我们可能就会发现，学生的学习负担将会大大减轻。而且不要求你起那么早，不要求你急着起床，反倒就是让你躺在床上静思冥想。这个结果可能比你跑到操场去，在那儿拿着书狂背要强得多。所以学生学习一定要有科学指导，尤其是脑科学，对我们师范生、教育硕士的培养非常重要，而这恰好就是我们现在整个师范生教育中一个最大的短板。我们许多人都知之甚少，所以没有办法运用。

总而言之，我觉着我们师范生的培养，首先就是要适应高效课堂改革的需要，其次就是要适应信息化，再次就是要学习掌握脑科学，从这三个方面培养可能会更好一些。

**余海龙：**

是。谢谢宋老师！我看了一下时间，又到了大讲堂的尾声了。我们把最后的时间交给加渔教授。其实这也算是第三个问题，请加渔教授对我们今天整个讲座做一个回顾式的总结。课堂革命，我们今天已经做到这样的程度上，其实做得已经很不错了。那么，课堂革命的未来何去何从？

**冯加渔：**

谢谢您的提问！这个问题我也在思考。课堂革命到底是什么？我个人的一个理解，要回答这个问题，必须要明确我们的课堂对象是谁？受众是谁？主体是谁？当我们明确之后，显然就有清晰明确的回答了。是学生！学生来到学校学习，所以，我们的课堂革命在我看来更多是一种学习革命——改变学生的学习方式。无论是大学还是中小学，在进行课堂革命的时候，我们要意识到学生走进学校、走进教室是有期待的。他们希望走进学校、走进课堂有所收获。

**余海龙：**

是。

**冯加渔：**

对大学来说，因为学生经过中小学这么多年的教育，当他进入大学之后，他憧憬着比他上中小学时更有收获、更有意义的课堂。但是如果我们的课堂一成不变，反而比中小学课堂更加保守、更加固化、更加机械，那么，学生显然是有失落感的。所以，我们就要去改革、去调整、去优化，这些就从改变学习的方式开始。大家可能都听过：在信息时代，很多的职业、行业会因为人工智能的发展走向消亡，教师群体职业是最不容易，也是最难被替代的行业之一。但这是面向群体层面的，如果作为教师个体的课堂教学不去改变、不去革新的话，那我们个人可能就会落后于时代的发展，可能就会因为落后的观念和僵化机械的行为而被淘汰。所以，课堂革命，就要从自我的革命开始，从自我教育观念的改变、从自我日常教学行为的改变开始。

**余海龙：**

是，感谢加渔教授！李常委，我把您的静音解除了。您看您方便讲话吗？

**李贵安：**

好，可以。

**余海龙：**

因为今天是本阶段公益讲座的最后一期，按照正常的流程，这一刻我们的讲座已经结束了。咱们整个讲座的第一个阶段算是圆满完成了。我们现在请陕西师大校党委常委、西部课堂教学创新研究院院长李贵安教授对我们第一阶段的工作做总结。有请李常委。

**李贵安：**

好，非常高兴！各位朋友，屏幕前的所有老师、同学、领导，看视频直播的、腾讯会议里的各位听众，还有咱们的本科生、教育硕士、教育博士，教育学院、心理学院的师生，还有许多中学老师，等等，我都看到了他们的名字。当然，还有坚守在咱们这个直播平台里的课改团队的研究员们，非常感谢！今天是第 11 讲，也是最后一讲，所以我还是简单地再说几句。刚才，冯加渔教授给出了一个非常专业的评价。我再谈谈我的感受。

西部课堂创新研究院的成立是在 3 月份。成立了以后，紧接着在 4 月份揭牌，之后大家都在想，我们必须进行一个大的行动。所以，大家一拍即合，形成共识，必须把研究院里我们的研究团队的力量彰显出来、凝聚起来。为此，大家就想到了课堂创新研究院大讲堂，简称“课创大讲堂”。这个大讲堂跟以往的讲堂要有区别，在形式上创新，就是“课创三人行”，不是一个人在战斗。有主持人、有主讲人、有与谈人。在这里，主讲人做一个小时的分享，然后半个小时大家在一块儿来交流。而且，在交流时，我们有些东西没讲到的可以补充，还可以拓展、加深。所以，这在形式上、内容上也是一种创新。因为我们是创新研究院，创新一定要渗透在研究里，我们的目标就是搭建创新平台——研究院大平台。这个平台里，我们首先还要创建一个品牌，这个品牌就是——课创三人行。

到目前为止，这 11 讲是我们设计的第一个模块。第一阶段到今天为止可以告一段落。后边我们再策划，可以把这个品牌持续做下来。通过这个平台，我们可以聚集课改力量，锤炼课改队伍。所以，这一次讲了 11 讲，有 12 位课改大腕，这都是我们心目中的偶像。大家可以看到，年龄 30 多岁、40 多岁、50 多岁都有，基本上都是教授博士，而且还有国际视野，特别是我们的研究员常常到基础教育一线，深入高等教育课堂，绝大部分成员都有重要获奖。这支队伍通过这个平台可以锻炼得更加炉火纯青。我们干的事业就是在彰显陕西师大的教师教育特色，教师教育特色也正是国家对我校主责主业的要求，所以，我们做的事情都是与国家同频共振。我们是不忘立德树人初心，牢记为党育人、为国育才使命。这是我表达的第一个方面。

第二，刚才冯加渔教授是从专业的角度进行了点评。那么我也谈一下对宋永成教授今晚讲座的感受。尽管讲座时间非常短，但是信息量非常大，他这个 PPT 总计超过了 110 页。在讲座之前我跟他说，一定要加快速度，确保在一个小时完成分享任务，所以他的执行力非常强，刚好到了 8 点钟，讲座 1 个小时。

**余海龙：**

准时 8 点。

**李贵安：**

效率非常高，信息量非常大。

总体而言，今晚的讲座有如下这么几个特点：

一是内容涉及的时间跨度非常长。从 2007 年搞课改一直到现在，整整 16 年。陕西师大的课改坚持不断，时间跨度很长。

二是内容覆盖的学段很多。诸如小学、初中、高中、大学，这些学段都涉及了，照片与内容都是我们曾经经过的人和事。

三是团队成员多。大家可以看到 PPT 里有那么多照片，讲了那么多事，提到那么多人，尤其是课堂革命的推动等。

四是对接国家战略。对接国家战略，培养创新人才，培养时代新人。谈到创新人才培养，如果按传统的那种模式来做，效率极低，也很难培养出大批的创新人才。所以，必须要进行课堂的革命。

五是研究视野开阔。关于视野开阔，我们常常说，国际视野，本土行动。至于国际视野，大家可以看到那么多照片，包括美国的、日本的、芬兰的教育等。反映国内的照片包括清华的、北大的、北师大的以及四川大学的，等等。所以他研究视野很宽。

六是对课堂革命实质的理解。他理解得非常准。课堂革命刚开始提出来时，首先的理解就是把沉默单向的课堂转变成为碰撞思想、启迪智慧的互动场所。这是一个宏观的概念。但通过今天晚上的分享，大家就知道了，课堂革命的核心就是构建学习共同体，就是要把传统的班级授课制变成小组合作学习等等。这就是最关键的东西。

七是为党育人、为国育才之情真意切。讲了一个小时，最后落脚到课堂革命的真谛——为党育人、为国育才！这一点，大家可以在 PPT 最后一页看到。

最后，我要再次表达感谢之情。我们整整直播了一个多月的时间，总计 11 讲，共涉及我们 12 个研究员。我们的团队成员每次都来参与直播，所以我首先感谢我们团队的研究员们！大家确实非常忙，我们的工作任务非常艰巨，每周两次直播，大家可以想象。海龙老师作为主持人就更辛苦了。他除了要主持每一个直播，还要准备大量的对接工作，而且自己还有一讲的任务，因此非常感谢海龙老师。另外，特别感谢廖伟博士和朱晓彧教授的参与。

**余海龙：**

谢谢李常委。

**李贵安：**

也要特别感谢咱们的与谈嘉宾，别人讲一个小时，那么与谈嘉宾要认真来听，要提前做功课，要进行专业点评，这个确实不简单，我在这里表示衷心感谢。

最后，还要真正感谢一直坚守在屏幕前收听我们直播的所有朋友。这让我们看到各位对中国教育的情怀！对于教育改革，我们是同频共振。

谢谢大家！

**余海龙：**

谢谢李常委！刚才，李常委说我在主持的过程中很辛苦，咱们的讲座频次确实比较密集，但是每一次讲座，我向各位专家、教授学习，在与与谈嘉宾请教过程中，总是能收获到特别多的内容。

这会儿，我看到还有不少网友在不停地留言。刚才有网友说，长安区的好几所小学，跟宋老师讲座里的课改名校一样，课堂教学改革做得挺好的，希望陕西师大能够关注长安区小学的课改情况。还有一些老师说，刚才没有加到老师的微信，希望后面再加一下……感谢所有老师对我们"西部课创大讲堂 · 课创三人行"的关注！

每一次讲座的举行，无论是主讲人做报告，还是与谈人点评分析，都是一种思想的碰撞。而碰撞的目的是什么呢？就是想通过我们西部课创研究院这样的平台，聚集关心中国教育、研究中国教育发展、推动中国教育改革的仁人志士们，我们一起努力去影响中国的教育，影响中国的未来。

我们可以畅想，在西部课堂创新研究院诸位研究员的引领下，在所有一线教师们的参与下，中国的教育将会变得更加美好！

再次感谢所有的老师，感谢我们所有的主讲教授，所有的与谈嘉宾来到我们的大讲堂。我们下期再见。

# 后记

课堂创新专著即将出版，在此特别鸣谢支持此项创新大业的各界朋友们。

2022 年 3 月，陕西师范大学西部课堂创新研究院的成立，堪称陕西师范大学课改历史上的一个重要的里程碑。它凝聚了无数志同道合、改革创新者的心血与汗水。为此，诚挚感谢一路走来，支持学校课改育人事业的校内外所有领导、专家、学者、老师、同学和朋友们！

感谢分管学校社科处与教师教育处的党怀兴副校长，对研究院的名称、架构、运行与目标定位进行悉心指导，以及对研究院成立揭牌仪式的大力支持。

感谢为研究院成立付出努力的陕西师范大学社科处，特别是社科处柯西钢处长，他亲力亲为，为研究院的架构、规划与目标进行了悉心指导。

感谢陕西师范大学物理学与信息技术学院，领导班子认识超前，全力支持学院和学校课改创新大业，让西部课堂创新研究院在学院落地生根，为研究院的蓬勃发展给予了鼎力支持。

“师大课堂创新”这一品牌成果的取得，得益于陕西师范大学一批长期坚守本科教学一线，具有强烈教育改革情怀、先进教育理念，不断探索研究的基层课改先锋们。星星之火，可以燎原。从陕西师范大学出发，他们把“改革创新”的火种通过各级教师教学创新大赛推动走向了陕西、西北、西部，乃至全国，实现了包括小学、初中、高中、大学、研究生在内的各学段全覆盖，尤其是教师课堂创新大赛的首创，更使陕西师范大学成为全国课堂创新的发源地。一路走来，西部课堂创新研究院将课堂改革创新的智慧推向全国各地、辐射教育各界，引领全国课堂创新育人事业不断向纵深发展。在此，向所有辛勤耕耘的课改达人们说一声，“大家辛苦了！”

在此，也特别感谢参与线上公益直播的各位研究院的研究员们。自研究院成立以来，大家群策群力，精诚合作，创设“西部课创大讲堂”，打造“课创三人行”直播品牌，精心准备每一场讲座、每一次研讨，其心可鉴，其情可嘉。本次讲堂系列直播活动共由 11 讲组成，具体信息如下：

| 讲　次 | 主讲人 | 与谈人 | 主持人 | 主讲题目 |
|---|---|---|---|---|
| 第 1 讲 | 李贵安 | 衣新发 | 余海龙 | 推动课堂创新 打造一流金课 培养时代新人 |
| 第 2 讲 | 衣新发 | 何　宁 | 余海龙 | 创新素质的激发与培养 |
| 第 3 讲 | 刘全国 | 何聚厚 | 余海龙 | 课堂教学的传承、创新与当代实现 |
| 第 4 讲 | 龙宝新 | 冯加渔 | 余海龙 | 面向新课标的中小学课堂改革 |
| 第 5 讲 | 段海军 | 衣新发 | 余海龙 | 思维型课堂教学模式创新与实践路径 |
| 第 6 讲 | 常亚慧 | 何　宁 | 余海龙 | 把知识带回课堂 |
| 第 7 讲 | 余海龙 | 常亚慧 | 朱晓彧 | 重构教学“生”动课堂 |
| 第 8 讲 | 葛文双 | 廖　伟 | 余海龙 | 数字化转型下教师信息化教学的实践研究 |
| 第 9 讲 | 冯加渔 | 常亚慧 | 余海龙 | 迈向学习共同体 |
| 第 10 讲 | 何聚厚 | 衣新发 | 余海龙 | 智慧教学及创新实践 |
| 第 11 讲 | 宋永成 | 冯加渔 | 余海龙 | 大学课堂革命：从理论到实践 |

同时，还要感谢为直播进行录音录像、调试等付出辛勤努力的各位老师和同学们，特别是担任直播主持人的余海龙老师，他自始至终，倾力协调组织，使节目按时播出，高质量推进。也要感谢为出版这本课堂创新专著而不辞劳苦的西部课堂创新研究院办公室主任、物理学与信息技术学院岳辉吉老师，感谢陕西人民出版社编辑老师与领导的大力支持。

最后，衷心感谢长期以来支持课改创新大业的全国各地的专家学者、校长局长、研究员，以及奋战在课改前线的课改实践者，特别是一直坚守在“课创大讲堂 · 课创三人行”直播课堂的成千上万课改朋友们！谢谢大家支持与厚爱，这里因你的参与变得更精彩！

感谢所有支持、关注我们成长的人！

祝大家身体健康，生活幸福，事业有成，万事如意！

编　者

2022年6月于西安